Ullstein

ÜBER DAS BUCH:

Hongkong – 1941. Für die Bewohner und Streitkräfte der Kronkolonie Hongkong scheint der Krieg in Europa weit entfernt zu sein, etwas für die Schlagzeilen in den Zeitungen und die Erzählungen der Offiziere der gelegentlich zu Besuch einlaufenden Kriegsschiffe. Japan war mit China in einen langwierigen Krieg verstrickt, und man nahm an, daß es keinen Konflikt mit Großbritannien riskieren würde. In diese sorglose Atmosphäre verschlägt es den jungen Kapitän Esmond Brooke mit seinem Kommando, der H.M.S. *Serpent*, einem Überbleibsel des Ersten Weltkrieges und Veteran der gnadenlosen Geleitzugschlachten auf dem Nordatlantik. Brooke hat genug bittere Erfahrungen gesammelt, um zu erkennen, daß ein Angriff der Japaner unmittelbar bevorsteht. Deshalb überrascht es ihn nicht, als Order aus London kommt, Hongkong zur Verteidigung und Evakuierung der Zivilbevölkerung vorzubereiten. Als der Ernstfall eintritt, bleibt die *Serpent* die einzige Hoffnung . . .

DER AUTOR:

Alexander Kent kämpfte im Zweiten Weltkrieg als Marineoffizier im Atlantik und im Mittelmeer und erwarb sich danach einen weltweiten Ruf als Verfasser spannender Seekriegsromane. Seine marinehistorische Romanserie um Richard Bolitho machte ihn zum meistgelesenen Autor dieses Genres neben C. S. Forester. Seit 1958 sein erstes Buch erschien *(Schnellbootpatrouille)*, hat er über vierzig Titel veröffentlicht, von denen die meisten bei Ullstein vorliegen. Sie erreichten eine Gesamtauflage von 20 Millionen und wurden in 14 Sprachen übersetzt. – Alexander Kent, dessen wirklicher Name Douglas Reeman lautet, lebt in Surrey, ist Mitglied der Royal Navy Sailing Association und Governor der Fregatte *Foudroyant* in Portsmouth, des ältesten noch schwimmenden britischen Kriegsschiffs.

Alexander Kent

Kurs Hongkong

Roman

Ullstein

Ullstein Buchverlage GmbH & Co. KG,
Berlin
Taschenbuchnummer: 23779
Titel der Originalausgabe:
Sunset
Aus dem Englischen von
Uwe D. Minge

Ungekürzte Ausgabe
September 1998

Umschlaggestaltung:
Hansbernd Lindemann
Illustration:
Silvia Christoph
Alle Rechte vorbehalten
© 1994 by Bolitho Maritime
Productions Ltd.
Übersetzung © 1995 by
Ullstein Buchverlage GmbH & Co. KG,
Berlin
Printed in Germany 1998
Druck und Verarbeitung:
Ebner Ulm
ISBN 3 548 23779 7

Gedruckt auf alterungs-
beständigem Papier mit
chlorfrei gebleichtem Zellstoff

Vom selben Autor
in der Reihe
der Ullstein Bücher:

Kanonenboot (23318)
Rendezvous im Südatlantik (20318)
Finale mit Granaten (23691)
Aus der Tiefe kommen wir (23619)
Torpedo läuft! (23688)
Freiwillige vor! (20765)
Feindpeilung steht! (20857)
Der Eiserne Pirat (23695)
H.M.S. Saracen (20937)
Feuer aus der See (22043)
Mittelmeerpartisanen (22081)
Atlantikwölfe (22151)
Die Zerstörer (22219)
Insel im Taifun (23692)
Die weißen Kanonen (22403)
In der Stunde der Gefahr (22509)
Das Wasser am Hals (22647)
Das Netz im Meer (22680)
Die U-Boot-Jäger (22900)

Außerdem 23 marinehistorische
Seekriegsromane um Richard Bolitho

Die Deutsche Bibliothek –
CIP-Einheitsaufnahme

Kent, Alexander:
Kurs Hongkong : Roman / Alexander
Kent. [Aus dem Engl. von Uwe D.
Minge]. – Berlin : Ullstein, 1998
 (Ullstein-Buch ; Nr. 23779)
  ISBN 3-548-23779-7

Inhalt

Danksagung

Der Autor möchte seinem Freund Robert Cheung und den Männern von H. M. S. *Tamar* in Hongkong für ihre bereitwillige Unterstützung danken.

1 Flaggenparade

Das braune Stabsfahrzeug kam zum Stillstand, und nach kurzem Zögern meinte der Fahrer der Royal Marines: »Noch kein Boot zu sehen, Sir.«

»Schon in Ordnung, ich werde eins anfordern. Bringen Sie mein Gepäck in die Hütte auf der Pier, dann können Sie zum Hauptquartier zurückfahren.«

Der Seesoldat zuckte mit den Achseln. Er war an die Marotten von Berufsoffizieren gewöhnt, zumindest dachte er das. Sein Fahrgast hatte während ihrer morgendlichen Fahrt von Kirkwell kaum ein Wort gesprochen, nur die ganze Zeit stur nach vorne gestarrt, als müsse er sich auf etwas vorbereiten.

Kapitänleutnant Esmond Brooke stieg aus dem schweren Humber und stampfte mit den Füßen auf das Pflaster. Er war von der langen Reise aus dem Süden steif und erschöpft. Trotzdem hatte er in seinem spartanischen Quartier, das man ihm in Kirkwell zugewiesen hatte, nicht schlafen können. Es war früher Morgen, und er sah ein paar Möwen auf dem stillen Wasser treiben. Sogar sie waren noch nicht bereit, auf der Suche nach Futter um die vielen ankernden Kriegsschiffe zu kreisen, die bald ihre Kombüsenabfälle über die Seite werfen würden.

Er hatte sich einfach nicht überwinden können, länger zu warten und mit anderen Offizieren, die er nicht kannte und wahrscheinlich nie wiedersehen würde, ein Frühstück einzunehmen.

Er fröstelte und blickte über die schwach bewegte weite Wasserfläche. Ungewöhnlich ruhig für diesen Ort, den viele Seeleute in zwei Weltkriegen nur zu gut kennengelernt hatten: Scapa Flow, ein sicherer Hafen für die großen und kleinen Schiffe vor dem Einsatz. Der Himmel war fahl, fast farblos, nur zwischen den Inseln des Flow, am Horizont, dort, wo sich das Wasser wie in einem riesigen See zu stauen schien, schimmerte die Oberfläche wie Silber.

Man schrieb die erste Woche im April des Jahres 1941. In Südengland, das er vor drei Tagen verlassen hatte, waren die ersten Vorboten des Frühlings schon deutlich zu spüren gewesen. Hier in Scapa änderte sich nur das Wetter. Die Inseln, die sich schützend um die Reede drängten, waren kahl und verwittert. Das Gesicht der See konnte sich hier von einer Stunde zur anderen ändern, denn zwischen den Inseln verlief ein Gezeitenstrom, der sogar alte erfahrene Kommandanten die Zähne zusammenbeißen ließ, wenn ihr Schiff plötzlich kaum noch zu beherrschen war. Dazu kamen der ewige Regen, die Schneeschauer und ein mörderischer Wind, der einen Mann bis auf die Knochen frieren ließ. Heute zeigte Scapa allerdings seine Schokoladenseite.

Für Brooke war es kein Tag wie jeder andere.

Der Seesoldat schlug die Hacken zusammen und salutierte. »Alles erledigt, Sir.« Er zögerte unsicher. »Oder liegt noch etwas an, Sir?«

Brooke nickte. »Danke, das war's.« Er wandte sich ab, als der Mann sich trollte, in den Wagen stieg und dann den Motor hochjubelte, wie um ihm zu zeigen, was er von der Sache hielt.

Esmond Brooke war neunundzwanzig Jahre alt, fühlte sich aber zehn Jahre älter. Auch jetzt versuchte er, sich über seine Gefühle klarzuwerden. Ohne die neugierigen Blicke im Hauptquartier fiel ihm das leichter. Die Jungs dort betrachteten jeden Neuankömmling als Verbindung zum normalen Leben, das sie hinter sich gelassen hatten. Trotzdem war Scapa ein vergleichsweise sicherer Ort, während der Krieg in anderen Teilen der Welt seit über achtzehn Monaten tobte und das Leben völlig verändert hatte.

Er blickte über das Wasser der Bucht. Ja, sie war geschützt, aber selbst hier hatte der Krieg zugeschlagen. Im zweiten Monat der Feindseligkeiten war ein deutsches U-Boot alle Risiken eingegangen, hatte die Sperren und Abwehrmaßnahmen durchbrochen und das Schlachtschiff *Royal Oak* torpediert. Über achthundert Tote waren zu beklagen gewesen. Wie viele andere auch hatte es Brooke erstaunt, wie einfach so ein Angriff durchgeführt werden konnte. Aber das war noch zu den Zeiten gewesen, als die ganze Nation an die unüberwindliche Stärke der Royal Navy geglaubt hatte. Ob Krieg oder Frieden, sie war immer das sichere Schutzschild gewesen, auf das man sich verlassen konnte.

Brooke dachte an das Schiff, das er erst kürzlich verlassen hatte: H. M. S. *Murray*, einer der größten Flottillenführer überhaupt. Es war Mitte der dreißiger Jahre gebaut worden, also ein verhältnismäßig neues Schiff, verglich man es mit den Veteranen, die an die vorderste Front geworfen wurden, nachdem die Deutschen in Polen einmarschiert waren. Die *Murray* war in Portsmouth in die Werft gegangen, wo sie einer mehr als nötigen Grundüberholung unterzogen wurde. Außerdem wurden neue Waffensysteme installiert und Männer daran ausgebildet, die sie in diesem Krieg, der sich von den früheren völlig unterschied, bedienen sollten. Auch Portsmouth hatte sich vollständig verändert. Ganze Stadtteile bestanden nur noch aus zerbombten, ausgebrannten Häusern. Über den Hügeln und am Stadtrand versuchten Sperrballone, die wie fliegende Wale in der Luft schwebten, die Überraschungsangriffe der Bomber der Luftwaffe zu verhindern. Gleichzeitig arbeiteten in den Werften die Männer rund um die Uhr, um die beschädigten Schiffe unverzüglich wieder seetüchtig zu machen.

Brookes Mund verzog sich zu einem freudlosen Lächeln. Wenn sie nicht gerade mal wieder streiken, dachte er bitter.

Die Besatzung der *Murray* war gemäß den Anforderungen der Flotte in alle Winde zerstreut worden. Ein Teil würde versuchen, die bedrängten Geleitzüge durchzubringen, die es irgendwie schafften, daß Britannien nicht verhungerte, andere würden die Armee unterstützen, die von einem militärischen Desaster in das nächste stolperte: Holland, Frankreich, Norwegen und jetzt Griechenland und

Kreta – die Liste schien endlos zu sein. Die *Murray* war fast überall dabeigewesen, mit Brooke als ihr Erster Offizier. Sein Kommandant, ein Kapitän zur See der alten Schule, hatte weder Tod noch Teufel gefürchtet, aber auf die neue Art der Kriegsführung, die von ihm und seiner Handvoll Zerstörer erwartet wurde, war er nicht vorbereitet.

Irgendwo in der Ferne hörte Brooke ein Horn plärren. Wahrscheinlich auf einem der Schlachtschiffe, wo die Mannschaften schon Reinschiff machten, die Decks schrubbten und Messing putzten, egal, ob Krieg herrschte oder nicht. Danach würde es endlich Frühstück geben, die beliebteste Mahlzeit der Teerjacken: Schinken mit Eiern. Nur daß nach anderthalb Jahren Krieg der Schinken durch Büchsenfleisch ersetzt wurde und die Spiegeleier aus Eipulver bestanden. Der Gedanke daran verursachte bei Brooke einen schmerzlichen Magenkrampf. Er konnte sich kaum daran erinnern, wann er das letzte Mal eine richtige Mahlzeit bekommen hatte. Kein Wunder, daß ihn der Seesoldat so merkwürdig angeblickt hatte. Wahrscheinlich hatte er gedacht, daß da wieder so ein Halbverrückter unterwegs war. Und jetzt stand er hier. Der Augenblick, der ihm den Schlaf geraubt hatte, war da. Er ging an den Rand der Pier und den Wellen zu, die gegen die verwitternden Steine klatschten, so als ob ein urtümliches Seeungeheuer versuchte, die Meeresoberfläche zu durchbrechen.

Er dachte wieder an seinen Kommandanten, an den letzten Händedruck, bevor er das Schiff verlassen hatte, um den Werftgrandies mit ihren mörderischen Schneidbrennern Platz zu machen. Es war unwahrscheinlich, daß der Kapitän – er war für seinen Rang ziemlich alt – jemals wieder auf See mit einem ausgewachsenen Sturm konfrontiert werden würde. Ein neues Kommando bei einer Ausbildungseinheit? In einem der Häuser, vor denen plötzlich über Nacht die Kriegsflagge wehte und sie in Regierungsgebäude verwandelte? In diesen Häusern wurden Schuljungs innerhalb von drei Monaten zu Reserveoffizieren gedrillt, aus Büroangestellten und Fischhändlern wurden Artilleristen, Torpedomixer und Heizer. Selbst auf der *Murray* hatte es schon eine Reihe Reserveoffiziere gegeben, die von den Profis wegen ihrer wellenförmigen Ärmelstreifen etwas von oben herab betrachtet wurden. Vermutlich würde es innerhalb eines Jahres mehr Gezogene als Berufssoldaten geben. Brooke biß sich auf die Lippe. Falls das Land so lange durchhielt.

Er hörte, daß ein anderes Auto die enge Straße herabkam, und wußte, daß es mit seiner Ruhe vorbei war.

Es war ein kleiner Wagen, dem eine ebenfalls kleine Wren* entstieg, die ihm einen kurzen neugierigen Blick zuwarf. Brooke trug einen Uniformmantel ohne Rangabzeichen und die übliche Mütze ohne Eichenlaub auf dem Schirm, was ihm erst als Commander zugestanden hätte. Sie konnte nicht wissen, wer er war. Er drehte sich um in Richtung Stadt und sah, daß die Wetterfahne der Kirche des heiligen Magnus von den ersten schwachen Sonnenstrahlen erfaßt wurde.

Er hatte sich geirrt. Die Frau salutierte, was die Wrens hier oben, außer vor sehr ranghohen Offizieren, selten taten. In dieser Einsamkeit konnten sie sehr wählerisch sein; schließlich kamen auf jede von ihnen sechshundert Seeleute.

»Kaleu Brooke, Sir?« Sie blickte betroffen. »Man hätte Sie hier nicht warten lassen sollen!« Für ihre Jugend klang sie ziemlich indigniert. »Ich werde das Hauptquartier anrufen, Sir.«

Brooke lächelte. »Das ist schon in Ordnung, ich brauchte Zeit zum Nachdenken.« Er vermutete, daß sie beim Stab arbeitete. Dort schienen sie immer etwas früher informiert als man selber.

Sie nickte ernst. »Sie sind der neue Kommandant der *Serpent*.«

Er blickte wieder auf den Flow. »Ja.«

* weibliches Mitglied der britischen Marine

Sie stieß einen Stein ins Wasser. »Ich warte auf das Boot des NAAFI-Offiziers.« Im fahlen Morgenlicht meinte er sie erröten zu sehen. »Er versucht, mir ein paar Strümpfe zu besorgen. Seidenstrümpfe.«

Wieder mußte Brooke lächeln. Das waren die wirklich wichtigen Sachen im traurigen Kriegsalltag.

Sie fuhr fort: »Man wird Sie an Bord so früh nicht erwarten, Sir.« Sie blickte ihn neugierig an. Im Hauptquartier hatte man sich an die Seeleute gewöhnt, auch an die Offiziere. Um genau zu sein, waren die Verheirateten das Hauptproblem. Doch die Vorgesetzte der Wrens war ein altes Schlachtroß, früher einmal Lehrerin an einem Elitepensionat für junge Ladys in Harrogate. Sie sorgte dafür, daß ihre Mädchen keine Probleme bekamen. Jedenfalls nicht zu häufig. Doch dieser Mann schien anders zu sein. Ein wenig hatte er etwas von den jungen Offizieren der Geleitschiffe an sich, die hier mit der Regelmäßigkeit der Tide ein- und ausliefen: Sie waren alle jung, hatten aber ernste Gesichter. Die Anspannung in ihren Augen und die Falten um den Mund erzählten von einem Krieg, den sie sich nicht wirklich vorstellen konnte, obwohl sie die Karten und die Eintragungen im Plottingraum des Hauptquartiers kannte. Kreuze standen für versenkte Schiffe; bekannte Namen wurden einfach weggewischt wie Kreide von einer Schultafel.

Als er die Mütze abnahm und sich mit den Fingern durch das Haar fuhr, verstärkte sich ihr Eindruck von innerer Disziplin, gepaart mit Wachsamkeit und der Unmöglichkeit, wirklich abschalten zu können. Er hatte krauses Haar, etwas zu lang für einen Berufsoffizier. An den Schläfen waren schon graue Strähnen zu erkennen. Er mußte jünger als Dreißig sein, denn sonst hätte er als Berufsoffizier ein wichtigeres Kommando bekommen. Sie bemerkte, wie er zusammenzuckte, als der Lärm einer tuckernden Barkasse die Stille unterbrach.

»Vermutlich Ihr NAAFI-Manager?« bemerkte er. Die

Jungs im Zwischendeck hatten ihre eigene Übersetzung für das Kürzel NAAFI, dachte er. *No Ambition And Fuck-all Interest.* Das Mädchen lächelte ihn an, als ob sie seine Gedanken lesen würde. »Ich denke, er wird mich zu meinem Schiff bringen.« Das war besser, als hier zu warten und sich Gedanken über alte Geschichten zu machen. Er ging die Pier entlang, ohne ihre Überraschung zu bemerken.

Sie blickte ihm hinterher, während die Barkasse keuchend, umkreist von hungrigen Möwen, in einer blauen Abgaswolke auftauchte.

Sie hatte ihm vorher in die Augen gesehen, sie waren braun und sehr ruhig. Solche Augen könnten dem alten Schlachtroß echte Probleme bereiten, dachte sie – oder mir.

Der NAAFI-Manager schickte seinen Mechaniker an Land, um Brookes Gepäck aus der kleinen Hütte zu holen, dann übergab er dem Mädchen ein kleines Päckchen mit den Worten: »Die besten, die ich auftreiben konnte, meine Liebe.«

Sie ging zurück zu dem kleinen grauen Lieferwagen, drehte sich nochmals um und hob grüßend die Hand.

»Viel Glück, Sir. Ich . . . ich weiß nicht, wie ihr das alles durchsteht!«

Brooke blickte sie einige Sekunden an. Später hatte sie das Gefühl, als ob er sich an irgend etwas oder irgend jemanden erinnern wollte, dann sagte er: »Wir tun es für Sie und Ihresgleichen.« Er sprang auf die Barkasse, die unverzüglich ablegte. Er drehte sich nicht um, spürte aber, daß sie dem Boot hinterherblickte. Zum NAAFI-Manager gewandt, fuhr er fort: »Hoffentlich müssen Sie keinen großen Umweg fahren?«

»Nein, Sir. Ich habe ein paar Kleinigkeiten für die Offiziersmesse der alten *Resolution* an Bord.« Er musterte seinen unerwarteten Passagier, während sich die Hafenbarkasse ihren Weg durch die endlose Dünung bahnte. Wenn er es einrichten konnte, würde er der See nie näher kommen. Ein Zerstörermann, schätzte er. Besser er als ich.

Schweigend fuhren sie weiter. Andere Boote tauchten längsseits der grauen Schatten der Großkampfschiffe und Geleiter auf. Der Hafen erwachte zum Leben. Ein neuer Tag begann.

Brooke nahm die Mütze ab und hielt schützend die Hand über die Augen, während er die Bojenkette betrachtete, die die Torpedonetze markierte, die dort zum Schutz der Reede gespannt waren. Dahinter bezeichneten grüne Wracktonnen den Platz, wo die *Royal Oak* mit ihrer toten Besatzung ruhte.

Brooke belastete sein verletztes Bein und dachte an die Wren und ihre Strümpfe vom schwarzen Markt. Er spürte, wie seine innere Erregung wuchs, genau wie die Bitterkeit, die er seit langem mit sich herumtrug. Was würde der NAAFI-Manager wohl sagen, wenn er wüßte, daß der Zerstörer, zu dem sie fuhren, sein erstes Kommando war? Bei dieser Kriegslage war jeder Berufsoffizier sein Gewicht in Gold wert. Allerdings bezweifelte er, daß sich noch viele an den spanischen Bürgerkrieg und seine Gründe erinnern würden, besonders jetzt, da ihre eigenen Existenzen und Leben auf dem Spiel standen. Auch damals hatte Brooke auf Zerstörern gedient, zu der Zeit noch als junger Leutnant. Sein Leben und seine Karriere hatten vor ihm gelegen wie ein unendliches Abenteuer. Wie schon seinem Vater und seinem Großvater schien ihm das eine Selbstverständlichkeit zu sein. Nach dem Besuch eines kleinen Internats in West Sussex, das als Ausbildungsstätte für die Söhne von Marineoffizieren einen guten Ruf genoß, war er als Kadett auf das Royal Naval College gegangen. Zwölf Jahre war er damals gewesen.

Sogar Spanien war ihm als ein Abenteuer erschienen, ein Manöver unter kriegsähnlichen Bedingungen, bei dem man seinen Ausbildungsstand testen konnte.

Dann, eines schönen Tages, war der Krieg für die Männer auf den Schiffen der unterschiedlichsten Nationen sehr real geworden. Sie waren entsandt worden, um die Staatsbürger ihrer Länder vor der faschistischen Armee Francos zu schützen, die die Regierungstruppen fast überall geschlagen hatte. Nur im Bereich um Valencia und Barcelona hielten sie noch stand. Flüchtlinge, britische Staatsbürger, die für das Rote Kreuz oder im diplomatischen Dienst arbeiteten, und alle Frauen sollten evakuiert werden. Die britischen Schiffe führten eine ähnliche Aufgabe durch, wie sie später vor Dünkirchen in die Geschichte eingehen sollte. Aber 1937 waren sie Amateure gewesen.

Während Stukas über ihre Köpfe hinwegheulten, die von Piloten der deutschen Luftwaffe – als Legion Condor von Hitler an Franco »ausgeliehen« – geflogen wurden, versuchte die Royal Navy ihre eigenen Unzulänglichkeiten mit einer seltsamen Mischung aus Mut und Hartnäckigkeit zu überspielen.

Man vermutete später, daß es eine kleine Mine gewesen war, die Brookes Boot in die Luft gesprengt hatte. Nur zwei männliche Zivilisten überlebten, eine Frau, die beide Beine verlor, drei Seeleute und Brooke selber. Das war vier Jahre her, und er wußte noch immer nicht, was ihn mehr geschmerzt hatte, sein verletztes Bein – der Fuß, der ihm beinahe von einem Chirurgen in Malta amputiert worden wäre, oder die Verzweiflung, als man ihm erklärt hatte, daß man ihn im aktiven Dienst nicht mehr benötigte. Jetzt im Krieg, wo er Männer unter den grausamsten Umständen hatte sterben sehen, konnte er kaum noch glauben, daß er an Selbstmord gedacht hatte. *War er noch derselbe Mann?*

»Da liegt sie, Sir.«

Er nickte und wollte diesen Augenblick mit niemandem teilen. Der NAAFI-Manager hielt sein Schweigen für Unsicherheit. »H. M. S. *Serpent*, Sir, so etwas wird heute nicht mehr gebaut.«

Brooke hörte ihn kaum. Während die Barkasse sich in einem weiten Bogen dem Zerstörer näherte, betrachtete er das Schiff. Sein Mund war plötzlich trocken. Es sah noch immer so aus wie auf dem Foto aus Friedenszeiten und fast so wie beim Stapellauf 1916 während jenes anderen Krieges. Damals war er vier Jahre alt gewesen. Man konnte sich leicht vorstellen, wie es hier zusammen mit Jellicoes *Grand Fleet* gelegen hatte. Im Vergleich mit dem Flottenzerstörer *Murray* war es klein, etwa zwanzig Meter kürzer, trotzdem vermittelte die *Serpent* einen Eindruck von Eleganz, den selbst ihr altmodischer gerader Steven nicht trüben konnte. Abgesehen von einem verbliebenen Schwesterschiff war sie der einzige Dreischornsteinzerstörer in der Flotte. Mit ihrem frischen hellgrauen Anstrich stach sie von den dunklen Rümpfen ringsherum ab. Auch die Erkennungsnummer H-50 war nach der Überholung gut zu lesen.

Brooke sah zwei Männer oben an der kurzen Gangway. Einer hatte seine Mütze lässig auf den Hinterkopf geschoben.

»Ich glaube, die erwarten heute ihren neuen Kommandanten, Sir?«

Brooke drückte die Mütze auf sein krauses Haar. Er lächelte, aber es erreichte nicht seine Augen. »Ja, mich!«

Zum ersten Mal verstand er, wie sich sein Vater gefühlt hatte.

An diesem denkwürdigen Morgen im April wirkte die Offiziersmesse der *Serpent* sehr groß, verglich man sie mit dem schlanken Rumpf des Schiffes. Sie lag hinter dem Maschinenraum und war durch starke wasserdichte Schotte vom übrigen Schiff abgeteilt. Sie stellte eine eigene Welt dar, war abgetrennt vom überfüllten Mannschaftslogis im Vorschiff, dem Nervenzentrum der Brücke und den Feuerleitzentralen. Sie erstreckte sich über die ganze Schiffsbreite. Auf der einen Seite aßen die Offiziere und tranken schnell etwas Heißes, wenn der Dienst auf See ihnen dazu Zeit ließ; die andere Seite wurde genutzt, wenn das Schiff ruhig vor Anker lag. Dort gab es gemütliche, wenn auch abgenutzte rote Ledersessel und Sofas, Zeitungsständer, einen verschlossenen Glasschrank mit Revolvern und das unvermeidliche Bild des Königs in Marineuniform auf der einen Seite des Kamins. Auf der anderen konnte man die Königin bewundern.

In der Mitte des Schotts hing das Wappen des Schiffes, eine Schlange, die eher an einen märchenhaften Drachen erinnerte. Darunter stand das Motto: *Hostibus Nocens, Innocens Amicus.* Tödlich für den Feind, harmlos für den Freund. In der Nähe der kleinen Durchreiche, die als Bar fungierte, befand sich das Schild der Bauwerft: John Brown & Co., Clydebank 1916.

Oberleutnant Richard Kerr spielte mit einer halbleeren Kaffeetasse und genoß die Stille. Als ob das Schiff noch schlafen würde. Das war kaum erstaunlich, da sich drei Viertel der Schiffsbesatzung, die neunzig Männer umfaßte, an Land befanden, aus diesem oder jenem Grund. Einige hatten ausgedehnten Heimaturlaub, bis die Überholung abgeschlossen war, die »Eingeborenen« hatten Kurzurlaub, und zwei Seeleute, deren Familien bei Bombenangriffen gestorben waren, waren zur Beerdigung und mußten sich die zerstörten Häuser ansehen. Aber die kleine Truppe der Wachgänger wußte, daß am Ende der Woche wieder alle Mann an Bord sein würden. Kerr war der Erste Offizier und hatte tausend Dinge zu bedenken. Ein neuer Kommandant wurde erwartet, was schon schlimm genug war, doch außerdem waren zwei Leutnants abkommandiert worden: Rowley, der Artillerieoffizier, und Oberleutnant Johns, der Navigator, beides wichtige Mitglieder ihres kleinen Teams. Ein neuer Navigator sollte in wenigen Tagen an Bord kommen, aber der einzig verbliebene Leutnant mußte die Artillerie übernehmen.

Kerr blickte sich um. Es war seltsam, den Raum so leer zu sehen. Die bekannten Gesichter fehlten, die nervösen Witze nach einem haarigen Konvoi oder Luftangriff, die aufbrausenden Streitigkeiten, die wie in einer Familie auftraten, die auf engstem Raum zusammenwohnen mußte.

Natürlich war ihm klar, daß spätestens in einem Monat die beiden fehlenden Gesichter vergessen sein würden. Er fühlte aber auch Neid. Der eine Oberleutnant war zur Beförderung abkommandiert worden, der andere kam auf einen brandneuen Zerstörer, der kurz vor der Fertigstellung stand.

Er blickte in seine Tasse. Sogar der Kommandant, Kapitänleutnant Greenwood, war zum Commander befördert worden und befehligte jetzt einen schlagkräftigen neuen Flottenzerstörer. Der Traum eines jeden Zerstörermannes.

Kerr sah auf, als sich einer der beiden anderen Anwesenden räusperte und einen seiner vielen Gartenkataloge zuklappte. Ian Cusack hatte ein Haus in Newcastle, sprach aber mit einem irischen Akzent, den man mit dem Messer schneiden konnte. Er war der Chief, *Serpents* Leitender Ingenieur. Es war ungewöhnlich, ihn in seiner besten Uniform zu sehen. Anlaß war wahrscheinlich die Ankunft des neuen Kommandanten, der die Maschinen inspizieren und auch einen Blick auf den Mann werfen würde, der für sie verantwortlich war. Cusack hatte ein markantes zerfurchtes Gesicht; wenn er in Arbeitskleidung war, trug er immer eine ausgeblichene Wollmütze mit einem Pompon obendrauf, mit der er aussah wie ein Gnom. Sein goldener Ärmelstreifen war mit Purpur unterlegt, was ihn als Ingenieur auswies, doch im Dienst der Marine trennten den Leutnant und den Chief Welten. Aber auch sonst waren sie grundverschieden. Ersterer hatte erst vor achtzehn Monaten seine Ausbildung beendet, der andere hatte seine Karriere als Junge begonnen und dann in den Maschinenräumen so fast jeden Schiffstyps Seiner Majestät geschuftet. Schließlich war er zum Offizier befördert worden und leitete jetzt sein eigenes Ressort. Er war beliebt bei seinen Leuten, den Heizern, Mechanikern und Schmierern, die dafür sorgten, daß sich die Propeller immer drehten und mit scharfen Augen darüber wachten, daß die Maschinen gut geschmiert waren. Auf Kritik reagierte er allerdings schnell beleidigt.

Kerr hatte einmal gehört, wie er den Artillerieoffizier angefahren hatte. »Wenn ihr Idioten auf der Brücke ausradiert seid, kann ich das sofort übernehmen, ihr Trottel würdet euch dagegen im Maschinenraum verlaufen. Ihr könnt ja noch nicht mal eine Taschenlampenbatterie auswechseln.«

Jetzt fragte Cusack: »Was denken Sie, Nummer Eins? Über den neuen Skipper, meine ich.«

Kerr zuckte mit den Schultern. »Wahrscheinlich ein scharfer Hund. Kommt von einem Flottillenführer. Und es ist sein erstes Kommando, habe ich gehört.«

Cusack spitzte die Ohren. Auch bei seinen Maschinen konnte er, ohne darüber nachzudenken, kleine Veränderungen der Umdrehungen heraushören. Jetzt hatte er eine gewisse Bitterkeit in den Worten des Ersten vernommen. Kerr war ein guter Offizier, kaltblütig, wenn es eng zuging, einer, der die Zügel nie schleifen ließ. Der Krieg breitete sich bis in jeden Winkel der Welt aus, und jeder junge Offizier wurde schnell befördert, auch wenn er nicht sehr fähig war. Er hatte angenommen, daß der abgelöste Kommandant sich für Kerr einsetzen würde. Cusacks helle Augen leuchteten auf. Das war es: Kerr hatte erwartet, daß er das Schiff übernehmen würde. Es wäre eine plausible Lösung gewesen. Kerr hätte das Team zusammengehalten, bis ihn eine Beförderung in freundlichere Gefilde gebracht hätte.

Cusack seufzte: »Ich wäre nicht traurig, wenn wir wieder in See stechen würden. Der Gestank der frischen Farbe macht mich ganz krank.«

Kerr rang sich ein Lächeln ab. »Ich ahnte nicht, daß einem Kellerkind so etwas überhaupt auffällt.«

Der andere Offizier, der dem Steward zusah, wie er den Rest Kaffee in seine Tasse goß, bemerkte: »Ich wette, daß sie noch ein paar unserer besten Leute abziehen, sollten wir die Aufmerksamkeit irgendeines Admirals auf uns ziehen.«

Kerr betrachtete ihn nachdenklich. Vivian Barlow trug

den dünnen Streifen eines Deckoffiziers, er war der Torpedoexperte des Schiffes und ein alter Fuchs. Die *Serpent* war sein erstes Schiff als Offizier. Wie Cusack hatte er sich mühsam hochgedient und mehr Zeit in der Unteroffiziersmesse verbracht als in der Offiziersmesse. Der Wechsel mußte ihm schwergefallen sein, denn schließlich war er seit seinem zwölften Lebensjahr in der Navy, und da hat man eingeschliffene Vorurteile, besonders Offizieren gegenüber.

In Rosyth waren sie auf dem Depotschiff der Zerstörer zu irgendeiner Feier eingeladen gewesen. Kerr hatte sich zwingen müssen, nicht ständig Barlow zu beobachten, der unsicher abwartete, wie die anderen Offiziere die vielen verschiedenen Bestecke benutzten.

Ein Jahr auf der *Serpent* hatte ihm Selbstbewußtsein gegeben, und seine derben Kommentare brachten sogar die harten Burschen zum Grinsen.

Kerr meinte: »Wir müssen es hinnehmen. So wie sich dieser Krieg entwickelt, müssen wir froh sein, wenn man uns Zeit läßt, die grünen Jungs einzuarbeiten.«

Cusack blickte Barlow an. »Zumindest haben Sie Ihre Torpedos behalten, Podger, die meisten unserer Schwesterschiffe sind in Minenleger oder Patrouillenschiffe umgewandelt worden.« Er blickte sich trotzig in der Messe um. »Die *Serpent* ist ein Zerstörer und kein verdammtes Museumsschiff.«

Der Vorhang an der Tür schwang auf, und Leutnant Nigel Barrington-Purvis betrat den Raum. Er war groß und sehr hellhäutig, sein Haar war perfekt geschnitten – das Idealbild eines Marineoffiziers.

Kerr sah ihn ruhig an. Er war der Erste Offizier und konnte es sich nicht leisten, in dieser kleinen Gemeinschaft jemanden zu bevorzugen – oder zu benachteiligen. Aber trotz aller Bemühungen war es ihm nicht möglich, Barrington-Purvis sympathisch zu finden. Was die Sache erschwerte, war, daß er trotz seiner kurzen Dienstzeit wirklich gut war. Wie gewöhnlich trug er auch jetzt einen unzufriedenen Gesichtsausdruck zur Schau, so als ob niemand und nichts seinen Ansprüchen gerecht werden konnte. Bei einer Beförderung würde er als Sohn eines Admirals den Männern das Leben zur Hölle machen. Und er würde befördert werden.

Barrington-Purvis schnarrte: »Ich habe gerade das Oberdeck inspiziert. Vor dem Frühstück muß es noch einmal geschrubbt werden, Nummer Eins!« Er funkelte den Steward an. »Frischen Kaffee, Kellock.« Er sagte niemals bitte.

Kerr sagte: »Es ist alles klar. Der neue Kommandant wird das Schiff inspizieren wollen, vermute ich.«

Der Leutnant grummelte: »Na, den werde ich mir aber genau ansehen.«

Cusack stand auf und griff nach seiner Mütze. »Ich fürchte, das wird den armen Kerl ganz sicher erschrecken.« Grinsend ging er hinaus.

Barrington-Purvis schniefte. »Na ja, was kann man erwarten?« Er folgte Kerr zur Tür. »Sie wissen, Nummer Eins, daß ich nicht scharf auf die Artillerie war, als Rowley abgelöst wurde.«

Kerr betrachtete ihn gleichmütig. »Dürfte nicht zu schwierig sein, nicht wahr? Drei 10,3-cm-Geschütze und ein paar Nahbereichswaffen, die *Warspite* ist es nicht gerade.«

Barrington-Purvis ballte die Fäuste und erkannte gerade noch rechtzeitig die Gefahr. »Darum geht es nicht, Nummer Eins, aber ich muß an meine Karriere denken, meine Zukunft. Ich will nicht mit einem alten Schiff auf irgendeine Station geschickt werden, wo man den Krieg nur vom Hörensagen kennt.«

Bei Kerr fiel der Groschen. Der Vater des Leutnants war Admiral, vielleicht hatte er seinem Sohn gesteckt, wohin sie geschickt werden sollten. Die Werft hatte neue Lüfter eingebaut, und der alte Tarnanstrich für den Atlantik war hellgrau übermalt worden. Das konnte bedeuten, daß sie in den Golf fuhren oder in die ruhigen Gewässer von Ceylon. Das würde Barrington-Purvis nicht passen, karrieregeil, wie er war. Vielleicht hatte er deshalb keine Gefühlsregungen während der Gefechte gezeigt. Der Krieg mußte genutzt, nicht gefürchtet werden. Das konnte man dem Fußvolk überlassen.

»Nun, vielleicht sollten wir diesen verdammten Krieg erst mal gewinnen.«

Der diensttuende Quartermaster steckte sein Gesicht durch den Vorhang. Er ignorierte Barrington-Purvis, der Wachoffizier war, und sah statt dessen Kerr an. »Verzeihung, Sir, aber das NAAFI-Boot hält auf uns zu.« Er zog eine Grimasse. »Würde dem neuen Anstrich nicht gut tun, wenn es dagegenschrammt.«

Kerr seufzte. »Kümmern Sie sich darum, Leutnant, das NAAFI-Boot ist für heute nicht angefordert.«

Barrington-Purvis drückte sich am Quartermaster vorbei und stürmte die Leiter zum Achterdeck empor.

Kerr nickte dem Steward zu. »Sie können aufklaren, Kellock.« Er war ärgerlich über sich selbst, weil er mit dem Leutnant so kurz angebunden gewesen war und daß er seine Abneigung so offen gezeigt hatte. Er wußte, daß er nach der Beförderung des letzten Kommandanten ganz ähnlich gefühlt hatte.

Der Lautsprecher quakte, die Stimme des Quartermasters durchdrang das Schiff: »Alles herhören! Zigaretten aus! Raustreten zum Dienst!«

Kerr blickte sich im frisch gestrichenen Messeraum um. Mühelos konnte er ihn sich vorstellen, wie er während des letzten Geleits von St. John ausgesehen hatte. Jeder Winkel war mit blutigen Verbänden bedeckt gewesen, überall lagen Verwundete, Seeleute von den Handelsschiffen, die sie unterwegs verloren hatten. Vierzig Schiffe hatten die rauhe Küste Neufundlands verlassen, weniger als zwanzig waren in Liverpool angekommen. Einige der Männer, die hier gelegen hatten, waren bereits von anderen Schiffen aufgefischt worden, nur um dann zu erleben, daß auch ihren Rettern das Schiff unter dem Hintern weggeschossen wurde.

Du hättest nicht anmustern sollen, wenn du keinen Spaß verstehst. Mit diesem Spruch überspielte man bei der Marine auch das größte Desaster. Aber der schwarze Humor schien nicht mehr ganz zeitgemäß zu sein.

Er runzelte die Stirn, als er Barrington-Purvis hochnäsig rufen hörte: »Nicht anlegen! Wir benötigen Sie nicht!«

Kerr fluchte leise und drückte sich die Mütze auf den Kopf. Sollten sie noch länger in Scapa liegen, würden sie das NAAFI-Boot selbstverständlich noch benötigen. Er erreichte das Achterdeck, als das Boot gekonnt an der Gangway anlegte. Barrington-Purvis kreischte: »Nicht hier, verdammt!«

Kerr ging zur Reling. Mit einem Blick sah er das Gepäck im Cockpit, den Offizier im schlichten Regenmantel, die Art und Weise, wie die Bootsbesatzung mit ungewöhnlicher Belustigung zusah. Er fuhr den verdutzten Quartermaster an: »Pfeifen Sie Seite!«

Er trat vor den Leutnant und salutierte. Der Ankömmling lief die Gangway hinauf und erwiderte seinen Gruß, während das Trillern einer einzelnen Bootsmannspfeife alle Männer nach achtern blicken ließ.

»Willkommen an Bord, Sir.«

Brooke blickte ihn ernst an, er spürte die Spannung. »Mein Fehler, aber ich konnte nicht länger warten.« Er sah den Leutnant genauso ruhig an und fügte dann kühl hinzu: »Barrington-Purvis, vermute ich?«

Zum ersten Mal sah Kerr, daß der Leutnant sich wand, so als ob der neue Kommandant ihm eine Obszönität ins Ohr geflüstert hätte.

Brooke ging ein paar Schritte, dann sah er, daß die Wache in zwei Gliedern antrat. Sein Kopf war voller Details über dieses Schiff, seine Einsatzbereitschaft, seine letzten Einsatzorte, deren Aufzählung sich anhörte wie die Geschichte des Krieges selbst: Narvik, Dünkirchen, Geleitzugschlachten auf dem Atlantik – ein Desaster nach dem anderen. Die Männer mußte er selber kennenlernen. Wenn er ihnen vertrauen wollte, mußten sie auch ihm vertrauen können.

Ein bulliger Mann blickte starr nach achtern, die Hand grüßend an die Mütze gelegt. Es war der Bootsmann, nach dem Ersten Offizier der wichtigste Mann auf jedem Schiff. Er war kleiner, als er auf den ersten Blick aussah, aber gebaut wie ein Panzer. Er trug – wie zu erwarten – das Abzeichen mit den gekreuzten Torpedos am Ärmel, und an der Mütze erkannte man, daß er Oberbootsmann war. Ein Mann, den man nicht vergessen würde. Der Bootsmann übernahm das Ruder in allen schwierigen Situationen: beim Ein- und Auslaufen, beim Ankern oder beim Fischen einer Festmacherboje bei acht Windstärken. Natürlich war er auch Gefechtsrudergänger. Darüber hinaus war er Beichtvater und Betriebsrat, der über das Wohl seiner Männer wachte, aber auch Büttel bei anstehenden Bestrafungen vor dem Richtertisch des Ersten Offiziers. Er wurde oftmals gefürchtet, aber in erster Linie respektiert.

Kerr sah den Austausch von Blicken und war überrascht. George Pike, der Bootsmann, zeigte kaum jemals Gefühle, er schien darüber zu stehen.

»Das ist der Bootsmann, Sir.«

Pike marschierte auf sie zu. »Es tut mir leid, Sir.« Er hatte eine tiefe, rauhe Stimme. Wahrscheinlich stammte er ursprünglich aus London, vermutete Brooke, aber er schien dort nicht viele Jahre verbracht zu haben. »Ich war mir nicht sicher, bevor ich Sie sah, Sir, sonst wäre alles besser vorbereitet gewesen.«

Kerr beobachtete sie. Die plötzliche Gewißheit im roten Gesicht Pikes, die Anspannung im Gesicht des neuen Kommandanten.

»Sie kennen mich?«

»Das hier war mein erstes Schiff, Sir, ich war ein kleiner Torpedomixer, als es in Dienst gestellt wurde.« Seine

Augen verloren sich in der Ferne. »Damals war Ihr Vater der Kommandant. Als Sie die Gangway hochkamen, hatte ich das Gefühl, ihn zu sehen.«

Brooke lächelte. Er konnte sich nicht vorstellen, dem Manne zu ähneln, den er vor ein paar Tagen zuletzt gesehen hatte. Todkrank ... Er versuchte es zu akzeptieren ... *Sterbend.*

Kerr meinte vorsichtig: »Das wußte ich nicht, Sir.«

Brooke wandte sich um und winkte dem NAAFI-Boot lässig zu, das, in eine Dieselwolke gehüllt, rückwärts ablegte.

Kerr fuhr fort: »Ich zeige Ihnen jetzt Ihre Kabine, Sir, und sorge für ein Frühstück, falls Sie möchten.« Er musterte die Gesichtszüge. Gut geschnitten, aber tiefe Falten um den Mund und Schatten unter den klaren braunen Augen. Ein Mann mit Vergangenheit. Und nur George Pike hatte es sofort gesehen und verstanden.

»Ja, das wäre gut.« Brooke folgte Kerr durch die Lobby des Quartermasters mit dem kleinen Stehpult und der Tafel mit den Namen der Offiziere, hinter denen entweder *An Bord* oder *An Land* stand. Er sah sich um und blickte auf den Ständer mit den Entermessern und Gewehren. Vielleicht für das letzte Gefecht.

»Ich fürchte, Sir, daß Unteroffizier Kingsmill, unser Steward, noch an Land ist, aber ...« Er brach ab, weil er nicht wußte, ob der andere Mann ihm zuhörte oder nicht. Er sah, wie er seinen Regenmantel auf die sauber gebaute Koje warf. Auf der linken Brustseite erkannte er das DSC, rechts ein anderes Ordensband, das von der Humane Society verliehen wurde. Brooke blickte zu dem kleinen Skylight in der Mitte des Decks auf, in dessen Glas sich das Wasser und die Möwen spiegelten. Die Stahlabdeckung war wie zum Zeichen des Willkommens geöffnet.

Eine Stimme flüsterte etwas an der Tür. Kerr erklärte: »Zeit für die Flaggenparade, Sir.«

Brooke hörte ihn den Niedergang hinaufeilen, zweifellos fragte er sich, an was für einen Verrückten er da geraten war. Ein erfahrener Offizier, dem es widerstrebte, die Hand des neuen Kommandanten zu halten. Aber er wußte, daß mehr hinter der Anspannung Kerrs stand. Er durchquerte die Kabine und blickte durch die Tür in die angrenzende Tageskabine. Seine Anspannung ließ nach. Was für ein Luxus! Auch hier hing das Wappen, darunter waren die Einsatzorte des Schiffes angebracht. Aus einem anderen Krieg, der nur noch Geschichte war: Dover Patrouille, Belgische Küste, Zeebrügge.

An Deck polterten Füße, dann quakte wieder der Lautsprecher: »Achtung! Stillgestanden, Augen achteraus!« Dann eine andere Stimme, die direkt über ihm erklang: »Klar zur Flaggenparade, Sir.«

Kerrs Antwort war kurz: »Übernehmen Sie!«

Die Pfeifen schrillten jetzt auf allen Schiffen, die in Scapa lagen. Brooke stellte sich vor, wie die Kriegsflagge am Flaggenstock emporstieg. Routine, vielleicht sogar notwendige Routine, trotz des Krieges und aller anderen Dinge.

»Rühren! Weitermachen!«

Nach der Durchsage schien das Schiff wieder zum Leben zu erwachen. Er stellte sich vor, wie die Männer über ihren neuen Kommandanten, der ihr Leben von jetzt an zu bestimmen hatte, diskutieren würden. Er mußte die Männer kennenlernen: die Guten, die Schlimmen, die Tapferen und auch die, die bei falscher Führung zusammenbrechen würden.

Er versuchte, sich seinen Vater in dieser Kabine vorzustellen, aber nicht den gebrochenen Mann, den er zuletzt im Krankenhaus gesehen hatte.

»Erzähl mir beim nächsten Mal, wie sie jetzt aussieht!«

Brooke öffnete ein kleines Kästchen und entnahm ihm eine Fotografie. Sein Vater hatte darauf bestanden, daß er sie auf das Schiff mitnahm. Er hatte wohl gewußt, daß sie sich nie wiedersehen würden. Laut sagte er: »Sie sieht gut aus, Vater. Es ist genau das richtige Schiff für mich.«

Es war ein neuer Anfang.

Der Offizier mit dem zerknitterten Marineregenmantel, der im Erste-Klasse-Abteil am Fenster saß, bewegte sich, um dann sofort wieder regungslos zu verharren. Angespannt und lauschend wie ein erwachendes wildes Tier. Er gähnte und schaute auf die leuchtenden Zeiger seiner Uhr. Bald würde der Morgen dämmern. Durch die aus Sicherheitsgründen verklebten Fenster war nichts zu erkennen. Er zog eine Grimasse. Hier oben war ein Luftangriff kaum zu befürchten.

Es kam ihm so vor, als würde er schon ewig mit diesem Zug unterwegs sein. Von einem finsteren Büro des R. T. O. zum anderen, immer in überfüllten Abteilen voller Lärm, ständigem Lärm.

Er streckte seine Beine aus und erinnerte sich noch rechtzeitig, daß ihm gegenüber eine junge Frau saß, die in Edinburgh zugestiegen war. Die anderen beiden Fahrgäste im Abteil, Artillerieoffiziere der Armee, schliefen fest, der eine mit offenem Mund. Sie hätten auch tot sein können.

Im Abteil, in dem nur kleine Lämpchen über den Sitzen brannten, war es so dunkel, daß er nicht erkennen konnte, ob die Frau schlief oder nicht. Er hatte bemerkt, daß sie ihn beobachtet und neugierig spekuliert hatte, wohin er wohl fuhr.

Er mußte ruhig geschlafen haben, trotz all des Wahnsinns, der ihn quälte. Vielleicht würde ihm sein neues Kommando auf der H. M. S. *Serpent* helfen, sich wieder zu beruhigen. Vergessen . . . Er hatte das Schiff mehrere Male gesehen. Klein und alt. Sehr alt. Er spürte, wie sich sein Magen zusammenzog. Nach einem Flugzeugträger würde es winzig wirken.

Er spürte, daß ihn der Fuß der Frau berührte. Sofort entschuldigte sie sich: »Es tut mir leid. Ich muß eingeschlafen sein.«

Sie blickte unsicher aus dem Fenster. »Haben Sie eine Ahnung, wo wir sind?«

»Bei dieser Geschwindigkeit sind wir in einer Stunde in Inverness.« Er wollte sich nicht unterhalten.

»Es ist eine lange Reise . . .«

»Toby Calvert, Oberleutnant.«

Als sie seinen Namen wußte, schien sie Zutrauen zu bekommen. »Ich hoffe, daß ich bald bei meinem . . .« Sie zögerte wieder. »Meinem Mann bin.«

Calvert hatte schon die kleine Anstecknadel mit Diamanten gesehen, die wie ein Mützenabzeichen geformt war. So etwas verschenkten Marineoffiziere häufig an ihre Ehefrauen oder Freundinnen. Auch beobachtete er, wie sie den Ehering an ihrem Finger drehte. Der war neu.

»Landkommando?« Er spürte ihre plötzliche Anspannung und fügte hinzu: »Ich weiß *Feind hört mit*, aber . . .«

Er sah ihre Zähne im Dunkeln schimmern, als sie lächelte. »Ich habe mich noch nicht daran gewöhnt.« Sie hob das Kinn mit offensichtlichem Stolz. »Er dient auf der *Hood*.«

»Ich steige auf einem Zerstörer ein, der *Serpent*. Ich bin Navigationsoffizier – jetzt.«

Stiefel polterten auf dem Flur. Calvert hatte sich in der Nacht seinen Weg einmal durch den Flur gebahnt, als er zur Toilette mußte. Männer und Frauen aller drei Waffengattungen hockten auf ihrem Gepäck, manche lehnten aneinander, um es sich bequemer zu machen. Vieh wurde komfortabler transportiert, dachte er.

Sie fragte: »Kennen Sie die *Hood*?«

Er stellte fest, daß er lächelte, und wollte diesen Moment festhalten. »Natürlich. Ich denke, jeder kennt sie. Das größte Kriegsschiff der Welt, jedenfalls war sie das früher. Ich habe sie ein paarmal gesehen.« Was machte die *Hood* hier? Als er kürzlich von dem großen Schlachtkreuzer gehört hatte, war er noch in Gibraltar stationiert. Er merkte nicht, daß er laut sagte: »Glücklicher Bursche.«

Sie betrachtete ihn und schätzte ihn auf Ende Zwanzig, obwohl er wegen des blonden Bartes älter aussah. Sie hatte beobachtet, daß er ihn sich gekrault hatte, so als ob er noch nicht an ihn gewöhnt wäre. Ihr Mann hatte ihr erzählt, daß sich manche jungen Offiziere einen Bart stehen ließen, um wie alte Salzbuckel zu wirken. Dieser nicht, entschied sie. Im Profil, wenn er aus dem Fenster blickte, machte er einen verbitterten Eindruck – aus welchen Gründen auch immer. Ständig wachsam, kaum in der Lage, sich zu entspannen.

»Ich frage mich, wie es sein wird«, murmelte sie.

Er blickte sie an. »Ähnlich wie Edinburgh, vermute ich. Kalt und regnerisch. Je weiter Sie nach Norden kommen, werden Sie zwei Dinge feststellen: Erstens wird es immer ungemütlicher, und zweitens gibt es weniger Bäume.«

Sie lachten. Einer der beiden Armeeoffiziere verschluckte sich fast beim Schnarchen.

Er fügte hinzu: »Ich muß noch weiter.« Er dachte darüber nach: *Scapa.* Dort war er zum letzten Mal gewesen, als sein Schiff zum unglücklichen Norwegenfeldzug ausgelaufen war. Er dachte an all die Gesichter, die er niemals wiedersehen würde. Vielleicht würden sie mit der Zeit verblassen. Er mußte akzeptieren, daß sie tot waren. Keine Landungen mehr auf dem Deck eines Trägers bei jedem Wetter, keine wilden Partys mehr, keine Starts und Aufklärungsflüge über der unwahrscheinlich schönen Küste mit ihren tiefen Fjorden. Schön und doch verdammt abweisend.

Er strich sich über den Bart, seine Augen lagen im Schatten. Wahrscheinlich würde er ihn bald abnehmen können, doch die Narben würden bleiben. Die Leute würden ihn anstarren, Fragen stellen. Wieder und wieder . . .

Er schloß die Augen und lauschte dem gleichmäßigen Rattern der Räder. *Klack-Klack, Klack-Klack.* Auch ein gleichmäßiges Pladdern war zu vernehmen, wahrscheinlich Schneeregen, der hier im April sehr häufig war. Er dachte über sein neues Schiff nach und über die Männer, mit denen er darauf leben würde. Auf einem Schiff blieb nichts vor den anderen verborgen. Es war eben ein Schiff – eine andere Welt.

Der Navigationskurs und die Einweisungen in die Manöverkunde waren ihm nach seinen Erfahrungen in der Fliegerei unglaublich einfach erschienen.

Er würde nie wieder fliegen. Früher hatte er geglaubt, daß er eher sterben würde, als so eine Entscheidung zu akzeptieren. Jetzt wußte er, daß er nie wieder fliegen *konnte*. Niemals.

Die Zug wurde langsamer, und eine rauhe Stimme rief den Flur entlang: »Inverness! Inverness!«

Bei den Soldaten, die keinen gültigen Marschbefehl hatten, herrschte die übliche Anspannung. Sie fuhren einen Umweg, um jemanden zu besuchen, den sie liebten, oder waren desertiert. Da draußen wartete der »Feind«, die Militärpolizei mit den roten Mützen, die R. A. F., und die Marinestreifen mit ihrem weißen Koppelzeug und Gamaschen. Es würden einige im Zug sitzen, die einfach zuviel Angst hatten, um zu ihrer Einheit zurückzugehen.

Kurz angebunden meinte er: »Ich besorge Ihnen einen Gepäckträger.«

Sie stand auf und hielt sich am Gepäcknetz fest, als der Zug abrupt anhielt. Türen klappten auf, Menschen rannten los und riefen lauthals. Eisig kalte Luft erfüllte das Abteil.

»Danke, das ist nicht nötig«, hörte er sie sagen, »ich werde erwartet.« Sie sah ihm zu, wie er ihren Koffer herunterholte.

Was immer auf dem Bahnsteig passierte, im Zug war es ruhig geworden. Der Flur war leer, die Artilleristen verschwunden, als ob sie nur Geister gewesen wären.

Sie blickte ihn an. Im grauen Morgenlicht sah sie unsicher aus. Einerseits wollte sie gehen, andererseits schien sie bleiben zu wollen.

»Danke, daß Sie mit mir geredet haben.« Sie reichte ihm die Hand. »Viel Glück, Oberleutnant Calvert.« Sie sagte es so ernsthaft, daß sie plötzlich verletzlich erschien.

Calvert griff nach seiner Mütze. Glück? Das hatte ihn

seit jenem schrecklichen Tag vor Norwegen verlassen. Vor zehn Monaten.

»Ich werde es versuchen . . .« Aber das Abteil war leer.

Er lächelte und griff nach seinen Koffern. Sie hatte ihm noch nicht mal ihren Namen genannt. Dann kletterte er auf den nassen Bahnsteig, und die Kälte kroch in seine Knochen. Er schien jetzt anfälliger dafür zu sein als früher.

Ein Unteroffizier mit einem weißen Gürtel tauchte aus der Dämmerung auf und grüßte lässig.

»Mr. Calvert, Sir?« Während er eine Liste überflog, fuhr er fort: »Der Transportoffizier hat ein Frühstück für Sie vorbereiten lassen, ich führe Sie hin.« Er blinzelte auf die gedruckte Liste. »Danach fahren Sie mit dem nächsten Zug nach Thurso weiter, richtig?«

Calvert nickte. »Scapa.«

Das wettergegerbte Gesicht des Mannes verzog sich zu einem Grinsen. »Das sagt verdammt alles, Sir!«

Ohne es zu bemerken, packte Calvert den Arm des Mannes. Die plötzliche Kameradschaft berührte ihn, als ob man einen lange vergessenen Freund unerwartet wiedersah.

Er gehörte wieder dazu.

2 Narben

Richard Kerr, der Erste Offizier der *Serpent*, sah neugierig zu, wie sich sein neuer Kommandant aus dem weißen Overall schälte, den er sich für seinen Rundgang im Maschinenraum ausgeliehen hatte.

Es war Sonntag. Vor einer guten Woche war Brooke etwas unorthodox mit dem NAAFI-Boot an Bord gekommen. Seitdem war er durch mehr Abteilungen des Schiffes gekrochen, hatte mehr Waffen und Ausrüstungsteile inspiziert und mehr Listen geprüft als jeder Kapitän vor ihm. Es schien eine Art Sucht zu sein, die Brooke unermüdlich antrieb.

Brooke griff nach seiner Uniformjacke und grinste: »Etwas kühl nach der Hitze im Maschinen- und Kesselraum des Chiefs.« Er nickte anerkennend. »Er hat seinen Laden toll in Schuß. Man könnte von den Bodenplatten essen!«

Plötzlich sah er wieder sehr jugendlich aus, dachte Kerr, die Anspannung war aus dem Gesicht verschwunden. Er machte sich Gedanken über das Humpeln des Kommandanten, das immer besonders deutlich wurde, wenn Brooke in Gedanken war und es nicht zu verbergen suchte. Aber er war ihm persönlich noch nicht nähergekommen. Er fragte sich, ob Brooke seine Enttäuschung spürte, daß nicht er Kommandant geworden war. Viele andere hatten ein Schiff bekommen – von einem alten Zerstörer bis hin zu bewaffneten Yachten. Sogar Reservisten kommandierten auf den Brücken. Enttäuschung? Oder war es ein alter Groll, den der plötzliche Abgang des alten Kommandanten noch verschärft hatte?

Brooke spürte den prüfenden Blick des anderen Mannes, doch in Gedanken war er noch beim Chief und seinen Maschinen. Der hatte einen polierten Handläufer gestreichelt und mit seiner rauhen Stimme gesagt: »Siebenundzwanzigtausend Pferdestärken, Sir! Es mag 'ne alte Dame sein, aber wenn ich den Hahn aufreiße, macht sie 36 Knoten!« Er war zu Recht stolz, denn das erreichten nur wenig neue Schiffe.

Er sah den Ersten Offizier an. Kerr verstand seinen Job und wurde allgemein respektiert. Kein Mann, der sich etwas vormachen ließ. Er war groß und sah gut aus, sein schwarzes Haar war immer vorbildlich in Form. Das Schiff hatte Glück, daß er an Bord war. Jedenfalls noch für eine gute Weile. Er lächelte verhalten. *Ich habe Glück, daß er hier ist.*

Wie verändert das Schiff jetzt war, da die Besatzung fast vollständig wieder an Bord war. Die *Serpent* lebte auf. Der neue Navigationsoffizier mußte jede Minute eintreffen, und nur ein Seemann war noch abwesend. Einer der beiden, die auf Trauerurlaub waren. Der andere war zurückgekehrt und von seinen Kameraden schweigend empfangen worden. Sie wußten, daß er mit der Zerbombung seines Hauses alles verloren hatte. Brooke roch den Duft des Rums, der durch das Schiff zog. Ein wichtiger Augenblick für die Besatzung, besonders an einem Hafensonntag, wo außer den Wachen nur Putz- und Flickstunde angesetzt war.

Brooke setzte sich. »Einen Drink, Nummer Eins?«

Kerr lächelte. »Gerne.«

Brooke drückte einen Klingelknopf. Das war ein gutes Zeichen. Kerr schien sich etwas zu entspannen, bisher hatte er immer Entschuldigungen vorgebracht. Vielleicht hatte er vermutet, daß der neue Kommandant ihn prüfen wollte, ob er zuviel trank oder zu vertraulich wurde.

Bert Kingsmill, der Chefsteward, ein kummervoll, ja mürrisch dreinschauender Mann, schlüpfte herein und öffnete den Getränkeschrank. Er war für die Offiziersmesse verantwortlich, doch zuerst kümmerte er sich um den Kommandanten.

Brooke wandte seine Aufmerksamkeit wieder Kerr zu. Greenwood, der vorhergehende Kommandant, hatte einen ungewöhnlichen Bericht über ihn verfaßt, doch hatte er nichts Präzises enthalten. Zwei Worte waren ihm ins Auge gefallen: impulsiv und starrköpfig. Eine Erklärung dafür gab es nicht. Auf Zerstörern war es nichts Ungewöhnliches, das eine oder das andere zu sein. Er kannte Kerr noch nicht gut, aber er würde die Gründe schon noch herausfinden.

Ansonsten waren die Offiziere ein ziemlich typisches Gemisch. Er hatte sogar herausgefunden, warum sich Barlow, der Torpedooffizier, den Spitznamen Podger* zugelegt hatte. Aus irgendwelchen Gründen war ihm sein eigentlicher Vorname, Vivian, für einen aktiven Torpedomann unpassend vorgekommen. Leutnant Barrington-Purvis schien seine Arbeit gut zu machen. Kerr hatte das

* Bulle

bestätigt, aber er schien mit einem monumentalen Dünkel gesegnet zu sein, der ihn bei allen herzlich verhaßt machte. Die Tatsache, daß sein Vater Admiral war, erleichterte die Sache auch nicht gerade.

Kerr fragte plötzlich: »Der neue Navigator kommt von den Marinefliegern, das ist doch ziemlich ungewöhnlich?«

Brooke nahm sein Glas und stellte fest, daß es unbemerkt wieder gefüllt worden war. Unteroffizier Kingsmill mußte geräuschlos hereingekommen sein. *Ich muß aufpassen.* Aber es war guter Scotch, einer der Vorteile eines eigenen Kommandos. Er erwiderte: »Er müßte heute eintreffen, dann wird er Ihnen alles erzählen, denke ich.« Brooke merkte, daß Kerr plötzlich wieder abblockte.

»Was ist mit unseren Auslaufbefehlen, Sir?« Er war wieder der Erste Offizier und im Dienst.

»Morgen, vermute ich.« Er sah, wie Kerrs Augen auf dem Bild des Schiffes in dem silbernen Rahmen ruhten, das auf dem Schreibtisch stand. Wahrscheinlich ärgerte es ihn noch immer, daß er nicht gewußt hatte, daß der Vater des Kapitäns der erste Kommandant der *Serpent* gewesen war. Der Bootsmann hatte es gewußt – und so etwas schmerzt.

Brooke meinte: »Benachrichtigen Sie die Wache, daß der neue Offizier gleich nach der Ankündigung von Land an Bord kommt. Unsere Telefonleitung ist ja wohl für einen wichtigeren Neuankömmling gekappt worden.«

Kerr zögerte. »Wollen Sie heute abend in die Offiziersmesse kommen, Sir? Ohne große Formalitäten.«

»Danke, Nummer Eins.« Er blickte auf das blankgeputzte Bullauge. Schwere Regenschauer klatschten gegen das dicke Glas. Scapa zeigte sein anderes Gesicht. »Wahrscheinlich das letzte Mal für längere Zeit.«

Kerr beobachtete ihn jetzt aufmerksam. Im Schiff kursierten die merkwürdigsten Gerüchte. Der Urlaub war vorbei, das Schiff war seeklar, aber wohin würde es auslaufen? Der hellgraue Anstrich und die neuen Ventilatoren deuteten auf warme Klimazonen hin. Unter den Buchmachern im

Zwischendeck stand Ceylon an erster Stelle, andere tippten auf das Mittelmeer, wo die Marine während des Desasters im Griechenlandfeldzug viele Zerstörer verloren hatte, so daß auch eine kleine Verstärkung hochwillkommen war.

Aber nicht wieder auf den verdammten Atlantik. Nicht schon wieder. Langsame, überladene Handelsschiffe, von denen das langsamste die Geschwindigkeit des gesamten Konvois bestimmte, erleichterten die Arbeit der Geleiter nicht gerade. Die *Serpent* war auf Geschwindigkeit gebaut worden und nicht dafür, um 45 Grad um die Längsachse zu rollen, so daß die See wie ein Wasserfall über die Brücke rauschte. Bei einem Konvoi war das Wetter so schlecht gewesen, daß der Kommandant und der W.O. die Brücke nicht verlassen konnten. Die anderen Offiziere waren achtern abgeschnitten gewesen, bis sich das Wetter etwas beruhigt hatte.

Es würde gut sein, die wütenden Gewalten des Nordatlantiks hinter sich zu lassen, und sei es auch nur, um die Verluste nicht zu erleben, die Hitlers U-Boote mit ihrer neuen Taktik erzielten. Nach dem Fall Norwegens, der Niederlande und Frankreichs saß der Feind jetzt an einer Küste, die vom Nordkap bis in die Biskaya reichte; beinahe fünftausend Meilen, die eine ständige Bedrohung für die so bitter benötigten Geleite und ihre überbeanspruchten Verteidiger bedeuteten.

Wie hatte es George Pike, der Bootsmann, ausgedrückt? »Soll doch mal ein anderer Idiot die Drecksarbeit machen! Mir gefallen Palmen und Hula-Hula-Mädchen auch besser.«

Hoffnungen, dachte Kerr. Der Lautsprecher quakte, dann erklang eine Stimme, die aus dem Wasser zu kommen schien.

»Alle herhören! Alle Männer zum Essenfassen!«

Kerr sah den Kapitän lächeln, der wahrscheinlich an den unausgesprochenen Teil der Durchsage dachte. *Offiziere zum Lunch.*

Kerr verließ die Kabine des Kommandanten und begab sich in die Offiziersmesse. Seine Kameraden saßen vor dem Kamin auf dem Sofa oder in den abgenutzten Sesseln. Er entspannte sich etwas. Vielleicht brauchten sie alle einen Wechsel, einen neuen Anfang. Er machte dem Steward ein Zeichen. »Gin, bitte!« Er dachte an den Mann, den er gerade alleine in seiner Kabine zurückgelassen hatte. Vielleicht war es das, was auch Brooke benötigte. Kerr nahm das Glas, zeichnete den Messebon gegen und blickte dann aus dem regennassen Bullauge.

Alles war besser als Scapa.

An diesem Sonntag wurde es besonders früh dunkel. Der Regen hatte aufgehört, aber der Flow war voller weißer Wellenkämme, die Aufbauten der Schiffe glänzten wie Glas.

In der Messe überwachte Unteroffizier Kingsmill mißtrauisch seine Männer, die die Gläser aufstellten und Platten mit kleinen Snacks verteilten, die sie für diese Gelegenheit vorbereitet hatten. Ein paar Offiziere kamen von einem anderen Zerstörer herüber, damit es eine richtige Party für den neuen Kommandanten wurde. Kingsmill war stolz auf seine Fähigkeiten, zeigte es aber nie. Wie immer sah sein trauriges Gesicht so aus, als ob er das Essen und die Drinks persönlich bezahlen müßte.

Kerr blickte auf die Uhr am Schott und fragte sich, was Brooke von seinen Offizieren halten würde, wenn er sie *en masse* sah und nicht einzeln bei der Arbeit.

Ein Gesicht erschien in der Tür. »Verzeihung, Sir! Das Boot der *Leicester* kommt längsseits.«

Kerr sagte: »Auf geht's, Sub*, begrüßen Sie unsere Gäste. Sie sind doch heute das Mädchen für alles, wenn ich nicht irre?«

»Warum immer ich?« Barrington-Purvis stellte sein Glas ab und schlurfte hinaus.

---

* von Sublieutenant, Unterleutnant = Leutnant

Kerr meinte zu den zwei Deckoffizieren: »Ich warte, bis unsere Gäste da sind, dann sage ich dem Kommandanten Bescheid . . .« Er brach ab, als er einen Jungen mit dem Abzeichen eines Signalgasten sah, der in die gemütliche Messe stierte. Zweifellos stellte er Vergleiche zu seinem überfüllten Mannschaftsdeck an.

»Eine Nachricht, Evans?«

»Aye, Sir. Vom Hauptquartier, Sir. Der neue Offizier wartet am Ponton auf Abholung.«

Kerr grinste. »Sagen Sie es Mr. Barrington-Purvis. Das wird seinen Tag abrunden.« Die anderen lachten. Es hatte wieder zu regnen begonnen. Kurz darauf hörten sie die Durchsage: »Achtung, herhören! Die Besatzung des Motorboots an Deck!«

Es würde eine ziemlich ungemütliche Überfahrt werden mit dem kleinen Motorboot der *Serpent*, das »rasende Schüssel« genannt wurde.

Die anderen Offiziere betraten die Messe und machten es sich bequem. Man kannte sich gut und hatte viele Konvois gemeinsam begleitet, darunter waren auch einige wirklich schlimme Überfahrten gewesen.

Barrington-Purvis stürmte herein, sein Hemd vorne vom Regen durchnäßt. Er wütete: »Das H. Q. will kein Boot schicken, Nummer Eins. Es bleibt wieder an uns hängen!«

»Nehmen Sie es nicht so schwer, Sub.« Kerr sah, daß ihn der Erste der *Leicester* angrinste. Wenn man keinen Fähnrich fuhr, war ein Leutnant immer so eine Art Brückenmoses*.

»Signalisieren Sie ihm doch, daß er das NAAFI-Boot nehmen soll, wie der Alte letztens.« Das kam von Podger Barlow. Der Alte, dachte Kerr, war Greenwood schon vergessen?

Kerr fand den Kommandanten an seinem Schreibtisch vor, neben sich ein leeres Glas.

* Moses = Schiffsjunge

»Fertig, Sir?« Er wartete und versuchte, die Stimmung zu ergründen. Nervös, unsicher vor dem Zusammentreffen?

Brooke strich sein Jackett glatt. »Ich bin froh, daß Sie die Jungs von der *Leicester* eingeladen haben, Nummer Eins.«

Kerr sah, daß die braunen Augen in die Ferne starrten. Wieder eine Erinnerung und offensichtlich keine gute.

»Ich habe ein Boot für den neuen Leutnant losgeschickt, Sir.«

Brooke betrat die Messe und fing den traurigen Blick des Stewards auf, der ihm ein Tablett hinhielt, in dessen Mitte wie hingezirkelt ein Glas Scotch stand.

Kerr sah zu, wie sein Kommandant im Durcheinander verschwand. Die Zahl der Anwesenden war genau richtig. Er nickte Kingsmill zustimmend zu, doch der Steward schien durch ihn hindurchzusehen. Dann wurde an der Tür geflüstert. Kerr drehte sich irritiert um, dort stand jemand mit einer Signalkladde. Er fauchte: »Was ist los? Ist unser Boot untergegangen?«

Aber diesmal war es kein Signalgast, sondern Unteroffizier Alan Brock, der die Abteilung leitete, höchstpersönlich. Man hatte ihn offensichtlich aus der Koje geholt, wo er seine Rumration ausschlafen wollte. Die goldenen Knöpfe seiner Jacke waren falsch zugeknöpft, doch etwas im Gesicht des Mannes irritierte Kerr.

»Was ist los?«

Der Mann trat von einem Fuß auf den anderen und blickte über Kerrs Schulter.

»Für den Kapitän, Sir. Persönlich.«

»Kann das nicht warten? Er ist gerade . . .«

Brock sagte ruhig: »Sein Vater ist gestorben, Sir.« Er reichte Kerr den Zettel, als ob er ihn loswerden wollte. Kerr las die Nachricht. Es mußte heute morgen passiert sein, als Brooke durch das Schiff gegangen war. Das Schiff seines Vaters. »O Gott!« Er sah, daß Brooke ihn fest ansah. Er hatte das Gefühl, daß Brooke es schon geahnt hatte.

Kerr überreichte ihm die Nachricht. »Mein aufrichtiges Beileid, Sir. In diesen Zeiten . . .«

»Ja.« Brookes Augen waren ausdruckslos, als er ihn ansah. »Machen Sie hier weiter, bitte. Ich muß etwas aus meiner Kabine holen.« Dann war er verschwunden.

Der Erste Offizier der *Leicester*, der alles mitbekommen hatte, fragte: »Sollen wir abhauen, Dick?«

Kerr schüttelte den Kopf. »Nein, Bill, ich glaube, das möchte er nicht.«

Der andere Mann seufzte. »Niemand sonst scheint es mitbekommen zu haben.«

Kerr packte einen Steward am Arm, der sich vorbeidrängte. »Lassen Sie den Bootsmann holen. Er soll sofort zu mir kommen.«

Einer der Männer lachte ohne Ende, und es waren schon mehrere Gläser zu Bruch gegangen. Kerr sah in ihre Gesichter. Nach allem, was sie während der letzten Geleite durchgemacht hatten, war es ein Wunder, daß überhaupt noch etwas zählte.

Oben an Deck über der Messe fluchte Leutnant Barrington-Purvis, während ihm der Regen von der Mütze wie Eis in den Kragen lief. Auch er hatte das Gelächter gehört. In seiner Phantasie sah er alle mit den Drinks in der Hand herumstehen, die später aus der Gemeinschaftskasse der Messe bezahlt wurden. Er durfte nicht hinunter, bevor er die Bootsmannschaft wegtreten lassen konnte. Nachdem sie den Neuankömmling an der Gangway abgesetzt hatten, verholten sie das Boot unter den Ladebaum und kletterten dann selbst an Bord. Die Tatsache, daß die anderen auch durchnäßt waren, verschaffte ihm keine Befriedigung.

Er hörte den Quartermaster mit dem neuen Offizier sprechen, drehte sich um und schnarrte scharf: »Ruhe! Ich bin der W.O., mischen Sie sich nicht ein!«

Oberleutnant Toby Calvert sah zu, wie sein Gepäck aus dem strömenden Regen in den Vorraum gebracht wurde.

Mein Gott, ist das Schiff klein. Man hätte es problemlos im Hangardeck eines Flugzeugträgers verstecken können.

»Nun, wer immer Sie sind . . .«

»Calvert, Oberleutnant, neu dazugestoßen. Als W.O. sollte man Ihnen das gesagt haben, denke ich.«

Er sprach ruhig, aber für Barrington-Purvis war es wie ein Schlag ins Gesicht.

»Natürlich weiß ich das.«

»Na dann.« Calvert stieg über das hohe Süll in die Lobby und wartete darauf, daß der Leutnant, dessen nasse Uniform wie schwarze Seide glänzte, ihm folgte. Amüsiert fügte er hinzu: »Sie sehen ziemlich naß aus, alter Junge.«

»Hier entlang, ich zeige Ihnen den Weg.« Barrington-Purvis versuchte sich wieder zu fangen und sah nicht die schadenfrohen Blicke, die zwischen dem Quartermaster und der Gangwaywache ausgetauscht wurden. »Außerdem möchte Sie der Kommandant ohne jede Verzögerung sofort sehen.«

Es war hoffnungslos. Der aufmüpfige Neuling, der mit seinem zerknautschten Regenmantel und dem lächerlichen Bart den alten Salzbuckel spielte, war nicht beeindruckt.

Calvert hörte den Lärm aus der Messe. »Ah, ist heute eine Party? Es scheint, als wäre ich zur rechten Zeit gekommen.« Er sprach lässig, ruhig, aber die Wut brannte in ihm wie Feuer. Noch ein Augenblick, dann hätte er – Zeugen oder nicht – den Leutnant niedergeschlagen.

Barrington-Purvis sah einen Steward in der kleinen Pantry einen tiefen Zug aus einer Zigarette nehmen.

»Ogle! Nehmen Sie den Mantel dieses Offiziers!« Zu Calvert gewandt, bemerkte er reserviert: »Darf in der Messe nicht getragen werden. Würde Sie eine Runde Drinks kosten.«

Calvert schlüpfte aus seinem Mantel und reichte dem Steward seine Mütze. »Danke.« Dann ging er, gefolgt vom Leutnant, in die Offiziersmesse.

Ein großer Oberleutnant trat auf ihn zu. »Ich heiße Kerr,

bin die Nummer Eins. Die meisten anderen hier sind Besucher von der *Leicester*.« Calvert sah, daß sein Blick auf die Pilotenschwingen fiel, die über seinen beiden geschwungenen Ärmelstreifen aufgenäht waren. Vielleicht wunderte er sich auch nur, wie sich seine Marine veränderte.

In den paar Sekunden war es Barrington-Purvis gelungen, einen Gin pur hinunterzukippen, der sofort zu wirken schien. Er war wahrscheinlich das einzige Mitglied der Messe, das nicht wußte, daß er Alkoholiker war. Laut tönte er: »Unser erster Reservist, Nummer Eins!« In die plötzliche Stille hinein fuhr er fort: »Und er hat auch einen Orden.«

Kerr wollte sich einmischen, sah aber den Kommandanten in der Tür erscheinen. Sein Haar war zerwühlt, die Augen gerötet.

Brooke ging an ihnen vorbei, packte Calverts Hand und bemerkte dabei dessen unterdrückte Wut.

»Willkommen an Bord, Pilot*.« Unter großen Anstrengungen lächelte er. »So kann ich Sie ja wirklich guten Gewissens anreden.« Er drehte sich halb zu Barrington-Purvis um, das Lächeln war verschwunden. »Sie sollten besser hinschauen, Sub.« Er bemerkte die Verwirrung des jungen Offiziers und fauchte: »Man sieht nicht allzu oft ein Victoria Cross!«

Calvert meinte: »Es tut mir leid, Sir.«

»Mir auch.« Zu Kerr gewandt, fuhr er fort: »Weisen Sie ihn ein. Ich werde morgen zu Ihnen allen sprechen.«

Dann drehte er sich wieder zu Calvert um, dem Mann, der seinen Flugzeugträger hatte warnen wollen, daß er zwei deutsche Schlachtkreuzer vor der norwegischen Küste gesichtet hatte. Der mit ansehen mußte, wie der Träger von den schweren Geschützen in die Luft geblasen wurde;

* Pilot hat im Englischen mehrere Bedeutungen: Flugzeugführer, Navigator, Lotse

die dünne Panzerung hatte den Granaten nicht standgehalten. Sein Schiff, sein Zuhause, seine Freunde starben und verbrannten. Die nutzlosen Flugzeuge rutschten in die See, als der Träger kenterte. Calvert war mit seinem langsamen, überalterten Torpedobomber umgekehrt und hatte die Schiffe angegriffen, bis er vom Himmel gefegt wurde. Seine Besatzung war an diesem Tag gestorben. Brooke wußte, daß er immer an sie dachte, wenn jemand das kleine rote Band mit dem Kreuz erwähnte. *Für Tapferkeit.* Jedes Mal kamen bittere Erinnerungen auf und der Schmerz um die Männer, die er in den Tod geführt hatte.

Ein Steward verschwand, und Brooke wußte, daß sich die Neuigkeit in Sekunden auf dem Schiff verbreiten würde. Er dachte an den Bootsmann, der wenige Minuten vor der Szene in der Offiziersmesse bei ihm gewesen war. George Pike, der unter seinem Vater gedient hatte und ihn in seinem neuen Kommandanten wiedererkannt hatte. Er hatte am Schreibtisch gestanden und ohne Zögern ein Glas Scotch angenommen.

»Ich habe gerade davon gehört, Sir. Für diese Dinge gibt es keine Worte.«

Brooke hatte sich selbst antworten hören: »Er war seit Jahren krank. Er hat sich nie geschont, wie wir beide wissen. Ich wünschte nur, ich hätte ihm noch vom Schiff erzählen können, bevor . . .«

Der Bootsmann hatte sein Glas abgestellt: »Von *unserem* Schiff, Sir.« Dann war er gegangen.

Barrington-Purvis' Stimme unterbrach seine Gedanken wie ein Fanfarensignal. »Ich wollte nur zum Ausdruck bringen, Sir . . .«

Brooke blickte ihn mit kalten Augen an. »Wenn es für mich an der Zeit ist, einen Bericht über Sie zu schreiben, Sub, dann erinnern Sie mich bitte an Dinge, die es wert wären, erwähnt zu werden. Bis jetzt fällt mir in dieser Beziehung nichts ein.«

Als sich der Vorhang an der Tür schloß, packte Podger

Barlow den Leutnant am Jackenärmel, der immer noch naß war vom Oberdeck.

»Sie müssen auch einstecken lernen, wenn Sie austeilen. Ich hätte es nicht besser ausdrücken können.« Er grinste. »Also reißen Sie sich zusammen, wir können auf diesem Schiff keine Feindschaft gebrauchen, verstanden?«

Unteroffizier Kingsmill produzierte in *seiner* Messe Drinks für den Neuankömmling und den Ersten Offizier. Er hatte Podger Barlows sanfte Warnung mitgehört. Es war lachhaft, dachte er, die beiden würden sich erst am Tage des Jüngsten Gerichts verstehen. Er sah zu dem neuen Offizier hinüber und merkte, daß Calvert ihn direkt anblickte. Einen fürchterlichen Augenblick lang dachte er, laut gesprochen zu haben. Eins war sicher, wofür dieser Calvert auch immer das V. C. bekommen hatte, Kingsmills Meinung nach hatte er es sicher verdient.

In seiner Kabine saß Kapitänleutnant Esmond Brooke in Gedanken versunken im Schein der Schreibtischlampe. Lange nachdem die Besucher auf ihr Schiff zurückgekehrt waren und »Ruhe im Schiff!« gepfiffen worden war, hatte er über den schicksalhaften Zufall nachgedacht, der ihn auf das Schiff seines Vaters verschlagen hatte. Er lauschte dem gelegentlichen Poltern der Füße an Deck, wenn der Quartermaster oder der Wachposten ihre Runde machten. Von Zeit zu Zeit hörte er das Rauschen der Strömung an der Seite der *Serpent*, es kam ihm dann vor, als ob sich das Schiff wie nach einem langen Schlaf schüttelte. *Unser Schiff* hatte der Bootsmann mit dem harten Gesicht gesagt.

Er hoffte, daß sein Vater am Ende nicht gelitten hatte. Brooke hatte so viele Menschen völlig würdelos sterben sehen, wenn ihre Zeit gekommen war. Er griff nach der Whiskyflasche und blickte sie überrascht an. Sie war leer, und er spürte nichts.

Vorsichtig zog er seine Brieftasche heraus und entnahm ihr ein kleines Foto: Sarah, die versprochen hatte, ihn zu heiraten. Statt dessen hatte sie seinen Bruder genommen.

Die beiden würden alles Nötige ohne viel Sentimentalitäten erledigen. Er steckte das Bild zurück und stand auf. Er schwankte leicht und wußte, daß das nicht am Schiff lag. Ohne zu wissen, wie er dort hingekommen war, ließ er sich auf die Koje in der angrenzenden Kabine fallen. Aber er konnte die Erinnerungen nicht verdrängen: Wie er ihn zum letzten Mal im Hospital gesehen hatte. Seine Krankheit hatte ihn älter aussehen lassen, aber er blinzelte noch immer den Krankenschwestern zu und brachte sie mit zweideutigen Geschichten in Verlegenheit. Er hatte immer zuviel geraucht und getrunken, war aber stets ein guter Gesellschafter gewesen. Der ehemalige Marineoffizier, der früher einmal dieses Schiff kommandiert hatte.

Sein Kopf fiel auf das Kissen, und er fühlte sich wie tot. Sein Vater, der erste Kommandant der *Serpent*, und er jetzt vielleicht ihr letzter. Bei diesem Gedanken war er auch schon eingeschlafen.

»Kapitänleutnant Brooke, Sir.« Die kleine Wren hielt die Tür auf und blickte den Besucher an, bevor sie sie wieder schloß.

In dem langen Raum war es warm. Man fühlte sich nach der langen Überfahrt mit dem kleinen Motorboot seltsam sicher und geborgen. Durch große Fenster blickte man auf die Reede der Flotte. Sie waren vom Wind so mit Salz verkrustet, daß die See und die Schiffe wie ein auf Glas geätztes Bild wirkten. Der Chef des Stabes stopfte mit kräftigen Fingern Tabak in eine große Pfeife und zündete sie an, als Brooke sich setzte.

An einem anderen Tisch saß eine Wren mit ausdruckslosem Gesicht in einem Wust von Telefonen, Aktenordnern und Teetassen.

»Schön, Sie hier zu haben, Brooke.« *Paff-Paff.* »Habe das von Ihrem Vater gehört, mein Beileid.« *Paff-Paff.* »Hätte Ihnen Urlaub gegeben, aber Sie wissen ja, wie es so geht.«

Brooke fand, daß er sich bei diesem Kapitän mit dem

energischen Kinn entspannen konnte. Er hatte Sympathie gezeigt, nun konnte er weitermachen. »Wie ist das Schiff?« Er wartete die Antwort nicht ab. »Gut, gut.« Er war jetzt in Rauchschwaden eingehüllt, und Brooke bereute, seine Pfeife nicht mitgebracht zu haben.

Der Chef des Stabes fuhr fort: »Ich wünschte, wir hätten mehr Zeit, aber davon gibt es hier immer zuwenig.« Er blickte zur geduldig wartenden Wren hinüber. »Verdammtes Scapa, nicht wahr, Brenda?«

Brooke meinte: »Ich bin froh, daß ich so viele gut ausgebildete Männer habe. Ich weiß, das wird nicht so bleiben, aber . . .«

»Seien Sie nicht so sicher.« Er sah ihn durch den Rauch an. »Es geht das Gerücht um, daß es bald Ärger geben wird. Man nimmt an, daß die Deutschen mit einigen ihrer Dickschiffe in den Nordatlantik vorstoßen wollen. Sie sind schlagkräftiger als alles, was wir haben, also muß der Befehlshaber alle Schlachtschiffe und Schlachtkreuzer für den Fall der Fälle hier in Bereitschaft halten.«

»Ich wußte nicht, daß wir so unter Druck stehen, Sir.«

»Sie waren zu beschäftigt, um es zu bemerken, vermute ich.« Er klopfte im Takt der Worte mit dem Mundstück der Pfeife auf den Tisch. »In achtzehn Monaten oder so haben wir 53 Zerstörer, 30 U-Boote und über 100 Minensucher und Hilfsfahrzeuge verloren. Wir können kaum Schritt halten.«

Die Wren sagte: »Der Wartungschef ist am Telefon, Sir.«

»Sagen Sie ihm, er soll warten.« Er kniff die Augen zusammen. »*Bitten* Sie ihn zu warten.« Er fuhr fort: »Dann ist da noch immer die Möglichkeit einer Invasion, obwohl ich das nach den Berichten der Höhenaufklärer der R. A. F. inzwischen für unwahrscheinlich halte. Die Entscheidungsschlacht wird auf See stattfinden.«

Brooke spürte die Energie und Ungeduld dieses Mannes. »Wann bekomme ich meine Befehle, Sir?«

Die Augen musterten ihn durchdringend. »Scharf, was?

Ich dachte, Sie würden über ein so kleines Kommando etwas verstimmt sein.« Es war keine Frage.

Er blickte auf die große Karte an der Wand. »Konvois aus der ganzen Welt mit Verpflegung, Waffen, Treibstoff und . . .« Er blickte den jüngeren Offizier an und fügte ruhig hinzu: »Und Männern.«

Brooke bereitete sich innerlich vor. Wieder ein hoffnungsloser Feldzug? Doch sicher nicht jetzt? Bilder tauchten vor seinem geistigen Auge auf: brennende Küsten, keuchende, halb ertrunkene Soldaten, die zu den wartenden Booten wateten, während Stukas unter schrillem Kreischen wie Falken auf sie hinabstießen und das Land mit blutigen Kratern übersäten.

Vorsichtig meinte die Wren: »Der Admiral ist auf dem Weg.« Ihre Stimme klang ängstlich.

»Hmm, na denn . . .« Der Chef des Stabes stand auf und klopfte seine Uniformjacke ab. »Sie bekommen Ihre Befehle heute nachmittag. Nur örtlichen Landgang und kein Geschwätz.« Er senkte die Stimme. »Ich schicke Sie nach Gib*.«

Brooke war seltsam überrascht und enttäuscht. Also ins Mittelmeer.

Türen klappten, Stiefel knallten auf den Korridoren. Der liebe Gott war im Anmarsch.

»Mit einem möglichen Ausbruch der Deutschen im Rücken, kann ich mir keine Verzögerung erlauben.« Er streckte seine Hand aus. »Streng geheim.« Die Besprechung war vorbei. Dann fügte er noch hinzu: »Hat mir wirklich leid getan um Ihren Vater . . .« Aber seine Augen waren schon an der Tür.

Brooke trat zur Seite, um die Prozession vorbeizulassen. Er sah flüchtig eine Mütze mit zwei Reihen Eichenblättern auf dem Schirm, viele Ordensbänder, ein ernstes Gesicht und einen dünnen Mund.

* Gibraltar

Plötzlich blieb der Admiral stehen, ein goldbedeckter Ärmel schoß vor.

»Wer sind Sie?«

»Brooke, Sir.«

Fast ein Lächeln – fast. »Von der *Serpent*, richtig? Guter Mann!« Die Karawane zog weiter.

Das Motorboot hüpfte auf dem unruhigen Wasser, andere warteten daneben auch auf ihre jeweiligen Herren und Gebieter. Brooke erwiderte mehrere Grüße, dann fiel ihm ein, daß die kleine Wren, die ihm die Tür des Stabschefs geöffnet hatte, dieselbe war, die er nach seiner Ankunft getroffen hatte. Der Bugmann löste an der Pier die Leine, und der Bootssteurer, ein rotgesichtiger Wal von einem Mann in seinem glänzenden Ölzeug, stand auf und salutierte.

Sein Name war Macaskie, und Geary war der Bugmann, ein schmächtig wirkender Junge, der aber vom letzten Kommandanten wegen Schlägereien an Land bestraft worden war. Brooke merkte sich sonst Gesicht für Gesicht, kam aber jetzt nicht auf den Namen des dritten Besatzungsmitglieds, eines Heizers. Er hatte zu oft Offiziere Befehle erteilen hören, die mit »Sie da, kommen Sie mal her« anfingen. Wenn man erwartete, daß man von ihnen respektiert wurde, mußte man ihnen auch Respekt entgegenbringen.

Er mußte plötzlich an den neuen Navigator Calvert denken. Wie konnte man jemals die Besatzung eines Flugzeugträgers kennen, auf dem über 1300 Offiziere und Besatzungsmitglieder lebten. Er erinnerte sich an Calverts Augen, als er auf die freche Bemerkung des Subbies antworten wollte. Calvert hatte offensichtlich viele gekannt, um die es zu trauern galt und die gerächt werden mußten.

Das Motorboot kurvte von der Pier weg, Spritzwasser flog über das Cockpit.

Brooke blieb stehen und packte mit beiden Händen die Reling. Das beißende Wasser vertrieb den letzten Rest seiner Kopfschmerzen.

Vermurte Schiffe flogen vorbei, ein Kreuzer, zwei Tanker und in der Ferne ein paar Schlachtschiffe. Sie warteten darauf, daß die Deutschen sich aus den norwegischen Fjorden schlichen und durch die Dänemarkstraße in den Atlantik vorstießen, wie es ihre Hilfskreuzer in jenem anderen Krieg gemacht hatten.

Da war wieder dieser beißende Gestank, aufgewirbelt vom fahrenden Boot. Er stammte von dem Öl, das aus dem Rumpf der *Royal Oak* sickerte. Die örtliche Bevölkerung beharrte darauf, daß es der Verwesungsgeruch der Leichen war, die im Rumpf eingeschlossen waren.

Kerr erwartete ihn mit der Ehrenwache, als er die Gangway hinaufkletterte. Der bekannte Schmerz in seinem Bein war wieder da.

Alle hingen an seinen Lippen, als er bekanntgab: »Die Befehle kommen noch heute, Nummer Eins.« Sie fielen in Gleichschritt und entfernten sich von den anderen. »Zuerst geht's nach Gib.« Er sah, daß Calvert ein paar Matrosen zusah, die Drähte so flink spleißten, daß es ganz leicht aussah.

Brooke wiederholte es für ihn: »Gib, Pilot.« Er lächelte. »Kann mich noch nicht daran gewöhnen.«

»Geht mir genauso, Sir.« Calvert gab keinen weiteren Kommentar, als sei es ihm gleich, wohin sie fuhren. Dann deutete er auf die weit entfernten, verschwommenen Umrisse der Großkampfschiffe. »Ist die *Hood* dabei, Sir?«

Brooke hob die Schultern. »Könnte sein. Hier wird eine schlagkräftige Flotte zusammengezogen. Warum? Haben Sie etwas gehört?«

Calvert strich seinen Bart und dachte an die junge Frau mit dem neuen Ehering. »Nur Gerüchte, Sir.«

Brooke blickte zur Seite. Darauf wette ich, dachte er.

»Örtlicher Landgang heute abend, Nummer Eins. Kein Urlaub bis zum Wecken – auch nicht für die Unteroffiziere, verstanden?«

Er zögerte und blickte zur kleinen turmartigen Brücke hinauf. Dort würde er seine Tage und Nächte verbringen, sobald sie auf See waren. »Ich habe noch Post abzuschikken, Nummer Eins.« Er hätte von Land aus telefonieren können. Seine Trauer ausdrücken müssen. Etwas erklären können. Aber wahrscheinlich wäre Sarah am Telefon gewesen. Er konnte ihre Stimme noch immer nicht ertragen oder die Vorstellung, daß ein anderer sie umarmte, so wie er sie früher umarmt hatte.

Kurz angebunden, befahl er: »Bringen Sie die Befehle sofort zu mir, wenn sie an Bord kommen!«

Cusack, der Chief, schlurfte nach achtern und legte dort seine behandschuhten Hände auf die Reling. Gerade zur rechten Zeit, denn das Wachboot preschte auf sie zu. Der Bugmann stand mit dem Bootshaken zackig bereit, als ob es die Flottenparade wäre. Cusack beobachtete, wie der Empfang der Tasche quittiert wurde. *Befehle.*

Leise flüsterte er: »Es geht wieder los, altes Mädchen, zurück in den verdammten Krieg.«

Kerr hatte die Tasche und meinte: »Pilot, wenn ich das hier dem Skipper abgegeben habe, helfe ich Ihnen beim Sortieren der Seekarten, falls Sie möchten.«

Es kam keine Antwort, und als er sich umdrehte, sah er, daß Calvert mit seinen blaugrauen Augen, die die Farbe des Wassers vom Flow im schwachen Sonnenlicht hatten, unverwandt in die Ferne starrte.

Kerr versuchte zu erkennen, was den anderen Leutnant so faszinierte. Dann sah er es: einen kleinen dunklen Fleck, der langsam über das Wasser zu fliegen schien. Er hatte gehört, daß ein Träger in Scapa lag, also kam er wohl von dort. Ein kalter Schauer durchlief ihn. Natürlich! Wahrscheinlich war es ein alter Swordfish-Torpedobomber, ein Geigenkasten, wie ihn die Männer nannten, die ihn flogen.

Kerr blickte wieder auf seinen Kameraden und ging dann wortlos in die Lobby des Quartermasters. Um nichts in der Welt wollte er die Gefühle in Calverts Gesicht ertragen – und nicht die Verzweiflung, die darin lag.

Er rannte den Niedergang hinab und mußte an den neuen Kommandanten denken. Er war der einzige gewesen, der es sofort verstanden hatte.

Diese Entdeckung bewegte und beschämte ihn zugleich.

3 Eine Mannschaft

Die Unterkünfte der Unteroffiziere auf H. M. S. *Serpent* lagen zwischen den überbelegten Mannschaftsdecks im Vorschiff und den unendlich weit entfernten Kabinen der Offiziere im Achterschiff.

Die vierzehn Unteroffiziere waren, wie auf jedem Kriegsschiff, das Rückgrat der Besatzung. Ihre Fähigkeiten reichten von der Seemannschaft bis zur Artillerie, vom Maschinenraum bis zur Telegrafie, vom Signalwesen bis zu wer weiß was. Die Streifen für gute Führung, die von den Unteroffizieren als Zeichen ihres Dienstalters getragen wurden, nannten Skeptiker allerdings *Jahre unentdeckter Vergehen*. In dieser kleinen Messe war fast ein Jahrhundert an maritimer Erfahrung versammelt. Es war ein bequemer, gemütlicher Ort, der mit Erinnerungen an die Vergangenheit geschmückt war: mit Bildern von Dartswettkämpfen, von einer Ruderregatta während besserer Zeiten in Malta. Auf der kleinen Bar stapelten sich Souvenirs aus allen möglichen Häfen, erstanden auf bewegten Landgängen.

Messeältester war George Pike, der Bootsmann, er wurde unterstützt von Unteroffizier McVie, dem Assistenten des Zahlmeisters. Die beiden hielten in der Messe auf strengste Disziplin.

Es war Abend geworden. Mit heruntergeklappten Blenden vor den Bullaugen lag das Schiff, abgedunkelt, nur als Schatten erkennbar, auf dem unruhigen Flow. Ein Dartswettkampf wurde ausgetragen, und zwei Männer schrieben Briefe. Es war die letzte Möglichkeit vor dem Auslaufen. Einer der beiden, Roy Onslow, der Signalmeister, war das einzige Messemitglied, das noch »Wäsche achtern«* trug, hatte aber die gekreuzten Anker eines Unteroffiziers am Ärmel. Er hatte zur Beförderung angestanden, als der letzte Kommandant das Schiff so überhastet verlassen hatte. Schlank und braungebrannt, obwohl er seit einem Jahr nicht mehr in sonnigen Gefilden gewesen war, stellte Onslow den typischen Vertreter seiner Zunft dar. Er war bei jedem Wetter auf der Brücke für die Nachrichtenübermittlung zuständig – auf einer offenen Brücke, die auf die Haut eines Mannes keine Rücksicht nahm – und überwachte seine jungen Signalgasten, von denen einer gerade erst seine Ausbildung beendet hatte. Man konnte sicher sein, daß er schneller als jeder andere einen Blinkspruch oder ein Flaggensignal entziffert hatte. Als Signalmeister konnte er die Offiziere auf der Wache oder Gefechtsstation besser beobachten als andere; ihre Zweifel und Unsicherheiten behielt er für sich. Onslow war stolz auf das ihm entgegengebrachte Vertrauen.

Der Sanitätsunteroffizier Twiss wurde hinter seinem Rücken nur »Schwester« Twiss genannt; er sah ohne großes Interesse den Dartsspielern zu. Er erkundigte sich: »Wohin fahren wir, Schmarting**?«

Pike ließ sein Buch sinken und betrachtete ihn gelassen. »Gib.«

»Und dann?«

Pike seufzte. »Nun, ihr solltet das alle ahnen, bei den vielen Impfungen, die *richtige* Doktoren vorgenommen haben.«

Schwester Twiss zuckte zusammen. Die *Serpent* fuhr keinen Schiffsarzt, und Twiss schmiß seinen Laden ohne Probleme, sogar als sein Lazarett mit Öl kotzenden Überlebenden eines Torpedoangriffs und halb verbrannten See-

* Matrosenkragen
** Bootsmann

leuten überfüllt gewesen war. »Diese sogenannten Doktoren! Die meisten sind bessere Medizinstudenten. Je stumpfer die Nadel, desto mehr genießen sie es, scheint mir.«

Vicary, der Torpedomaat, meinte: »Ich tippe auf Ceylon. Mit einem schnellen Konvoi. Das wäre mal etwas anderes, als wie eine besoffene Nutte über den Ozean zu rollen.«

Sie blickten einander an, als das Deck leicht erzitterte. Der kleine Chief werkelte unten noch. Ein Generator oder eine Pumpe, eine Arbeit in letzter Minute an der Werkbank – ein Zeichen für die bevorstehende Abfahrt.

Der Bootsmann holte seine private Rumflasche hervor und blickte sie ernst an. Das Geschirr vom Abendessen war aufgeklart, die Wache gemustert. Bald würde es Zeit für die Ronde sein. Also warum nicht? Jimmy the One* würde heute abend die Ronde gehen. Er bewunderte Kerr aus mehreren Gründen. Er war hart, aber gerecht zu den Männern, wenn es zur Bestrafung ging oder sie aus diesem oder jenem verrückten Grund Urlaub haben wollten. Als Bootsmann war Pike die rechte Hand des Ersten, aber er brauchte einen Offizier, der voll hinter ihm stand. Er hatte erwartet, daß Kerr auf ein anderes Schiff versetzt würde, denn er war gut und wäre ein wertvoller Zugang auf jedem Schiffstyp gewesen. Pike war froh, daß Kerr auf der *Serpent* geblieben war, denn sie waren ein kleines Team, eine Familie, und einen neuen Ersten und Kommandanten auf einmal – er schüttelte den Kopf.

Laut sagte er: »Ich erinnere mich daran, als der Vater des Skippers Kommandant war und die *Serpent* in Dienst gestellt wurde . . .«

Es wurde gestöhnt, und Andy Laird, der Oberheizer, rief: »Erzähl das deinem Friseur!«

Pike grinste. Er hatte es herausgefordert.

Ein Läufer blickte unsicher in die Messe. Selten sah man die Unteroffiziere so auf einem Haufen.

---

* der Erste Offizier

Pike fragt ihn: »Was gibt es, mein Sohn?«

Der Junge stammelte: »Der Erste möchte den Signalmeister achtern sehen.«

Jemand meinte: »Auf geht's, vielleicht mußt du eine Nachricht absetzen. Erzähl uns nachher, wo wir alle enden werden.«

Onslow legte seinen Stift sorgfältig auf den unvollendeten Brief und griff nach seiner Mütze. »Kannst du lange drauf hoffen, John.«

Der Lautsprecher dröhnte: »Die Männer unter Bestrafung und mit Landgangsverbot zur Musterung! Die Besatzung des Nachtbootes in der Lobby des Quartermasters antreten!«

Fox, der Bootsmannsmaat, stand auf und fletschte die Zähne. Er würde mit dem Ersten die Ronde gehen. Sofern er es klug anstellte, würde dabei in der Offiziersmesse ein ordentlicher Schluck für ihn abfallen.

Pike beobachtete ihn. Wenn er grinste, sah er tatsächlich aus wie ein Fuchs, dachte er.

Alle blickten zur Tür, als Onslow wieder die Messe betrat. Sogar die Dartsspieler erstarrten und sahen schweigend zu, wie der Signalmeister zu seinem Tisch ging und daran zusammenzubrechen schien. Niemand sprach oder bewegte sich, bis Pike schließlich ruhig fragte: »Was war los?«

Onslow schien den unvollendeten Brief das erste Mal zu sehen. Dann brach es aus ihm heraus: »Es kann nicht sein! Es muß eine Falschmeldung sein!« Er senkte das Gesicht und fügte gebrochen hinzu: »Cathy und das Kind, haben sie gesagt.«

Pike war ein schwerer Mann, aber wenn nötig, konnte er sich bewegen wie eine Katze. Er hatte seine gehortete Rumflasche geöffnet und goß dem gebrochenen Signalmeister ein volles Glas ein. Ohne den Blick von ihm zu wenden, vergoß er dabei nicht einen Tropfen.

»Kipp das runter, Kumpel.« Onslows Haus lag in London. Er konnte sich den Rest denken. Das Kind war wie alt gewesen – zwei Jahre? Der Skipper hatte erlaubt, daß es an Bord getauft wurde, die alte Schiffsglocke hatte als Taufbecken gedient.

Onslow blickte auf den Brief, der Stift lag noch darauf. »Muß ich noch fertig schreiben . . .« Er brach ab und legte das Gesicht auf den Arm. »Es hat die ganze Straße erwischt. Sie werden doch nichts gemerkt haben, oder?«

Laird, der Oberheizer, packte seine Schulter. »Natürlich nicht!« Aber sein Blick in Richtung Pike sagte alles. Es war das alte Kriegsmärchen, daß niemand litt, wenn er in Stücke gerissen wurde. Besonders Kinder nicht.

Der Lautsprecher schnarrte scharf: »Würde der Bootsmannsmaat die Güte haben, unverzüglich nach achtern zu kommen?«

Fox griff nach seiner Mütze. Er hatte die Ronde völlig vergessen. Das wahre Gesicht des Krieges hatte sich wieder unvermittelt in ihrer kleinen Welt gezeigt.

Leise fragte Pike: »Hast du mit dem Alten gesprochen?«

Disziplin und Routine kehrten wieder ein, und das war gut so. Weil die *Serpent* ein Schiff aus Portsmouth war, stammten viele ihrer Besatzungsmitglieder aus London oder dem Süden. Es war hart, wenn man es bedachte. Von seinem Geburtsort Bethnal Green war Pike in ein kleines Haus in Portsmouth umgezogen, damit seiner Frau die Bombenangriffe erspart blieben. Seine großen Fäuste ballten sich auf dem Tisch. Im letzten Jahr und erst vor vier Monaten war das alte Portsmouth durch ständige heftige Luftangriffe in eine Ruinenlandschaft verwandelt worden. Das alte George Inn, wo Nelson gewohnt hatte, die stolze Guildhall und viele andere Gebäude waren zerstört worden, und nur dem verzweifelten Einsatz der Feuerwehrleute war es zu verdanken, daß die Kathedrale gerettet worden war. Sie verkörperte mit ihren Gedenktafeln und Denkmälern die Geschichte der Royal Navy. Nirgendwo gab es noch Sicherheit. Aber seine Frau war durchgekommen, sein altes Mädchen, wie er sie nannte. Aber Hunderte andere nicht, und viele lagen noch in Ruinen von über dreitausend verwüsteten Häusern.

»Ja.« Onslows Stimme war weit entfernt. »Er war sehr nett zu mir, auch der Erste. Ich wäre beinahe zusammengebrochen, Schmarting.«

»Klar zur Ronde!«

Unteroffizier Fox zog den Vorhang zurück, während Kerr im Vorraum blieb. Zu den Anwesenden sagte er: »Weitermachen!« Aber seine Augen ruhten auf dem Signalmeister, dann sagte er bewegt: »Der Kapitän wird versuchen, daß Sie Urlaub bekommen. Vielleicht ist es möglich.«

Onslow schob das Kinn vor, und später dachte Pike, daß es wirklich eine mutige Geste gewesen war. Onslow erwiderte: »Sie sind alles, was ich habe, Sir. *Hatte!*« Er schüttelte den Kopf. »Ich bleibe bei meinen Kumpels.«

Sie hörten, daß sich die Ronde zum Wohndeck weiterbewegte. »Wenn ich etwas für dich tun kann?« fragte Pike.

Onslow stand auf. »Danke, Schmarting, nein.« Er blickte den unberührten Rum an, ohne ihn zu sehen. »Ich gehe nach oben und überprüfe die Signalmittel.« Dann nahm er den Brief und faltete ihn sehr sorgfältig. Als er die Messe verließ, sahen ihm die anderen wortlos nach. Einige andere hatten das Elend, das er durchmachte, schon hinter sich. Es gab dafür keine Worte – würde es niemals geben. Zumindest würde er oben auf der verlassenen Brücke zwischen seinen Flaggen und Morselampen in Sicherheit sein. Jedenfalls für einige Zeit.

Pike setzte sich schwer. »Wieder ein Opfer.«

Andy Laird, der Oberheizer, blickte bedeutungsvoll auf den Rum. »Was ist jetzt damit?«

Pike quälte sich ein Lächeln ab und goß ein weiteres Glas voll. »Kipp es!«

Ein Pfeil traf das Brett, jemand hatte das Radio angestellt. Eine langweilige Schlagersängerin leistete ihren Beitrag zum Kriegsgeschehen.

Aber es funktionierte. Das Antlitz des Krieges war verschwunden.

Oberleutnant Richard Kerr klopfte an die Tür mit dem Schild *Captain* und wartete darauf, daß der Steward ihm öffnete.

Mit den geschlossenen Blenden und abgestellten Ventilatoren schien es in der Kabine fast schwül zu sein. Kerr war überrascht, Calvert, den neuen Navigator, am selben Tisch mit dem Kommandanten zu sehen. Beide hatten ihre Jacken ausgezogen.

Brooke rauchte seine Pfeife, während Calvert einen Stapel Nachrichten durchblätterte, den das Wachboot zum Schiff herausgebracht hatte.

»Ronde beendet, Sir!« meldete Kerr, er war erstaunt und ärgerlich auf sich selbst, daß er etwas neidisch – oder war es schlicht Eifersucht? – auf Calvert war. War das hier nicht sein Platz? Er mußte an das Gesicht des Signalmeisters denken, als ihm Brooke den Inhalt des Telegramms mitgeteilt hatte. Ganz schlicht, ohne große Versprechen, die er nicht halten konnte. Kerr konnte sich nicht vorstellen, daß der letzte Kommandant, James Greenwood, auch so teilnahmsvoll gehandelt hätte. Er wußte, daß es Brookes Art war, die verhindert hatte, daß der Signalmeister völlig zusammengebrochen war.

Brooke blickte ihn an, und Kerr spürte, daß er sich an diese schnellen forschenden Blicke zu gewöhnen begann.

»Alles in Ordnung?«

Kerr lächelte: »Ein paar Komiker wie immer, Sir. Dann Vermutungen, wohin wir fahren, die meisten tippen auf's Mittelmeer.«

Brooke deutete auf einen Stuhl und schob Gin und Bitter zu ihm hinüber. »Bedienen Sie sich selber.«

Kerr goß sich einen guten Streifen ein und sah zu, wie sich der Angostura mit dem Gin mischte. Er bemerkte, daß der Navigator etwas trank, das wie Sodawasser aussah. Das mochte mit seiner Vergangenheit zusammenhängen und mit dem, was ihn für ein Leben lang geprägt hatte. Es war weit verbreitet, daß sich Offiziere vor einem schweren Geleit oder vor einem Gefecht mit ein paar großen Drinks einstimmten. Üblicherweise lebten sie nicht sehr lange, genau wie die Männer, die sich auf ihre Urteilskraft unter Feuer verlassen mußten.

Kerr trank den Gin und sagte: »Alle Urlauber sind an Bord – sogar Eggy Bacon.« Er sah, daß Brooke kurz stutzte. »Verzeihung, Sir, Obermatrose Bacon, Erster Quartermaster.«

Brooke lächelte, und wieder verschwanden die Spuren der Anspannung. »Entschuldigen Sie sich nicht, Nummer Eins. Aber es braucht seine Zeit, bis ich jeden Mann kenne.« Er wurde sofort wieder ernst. »Und die werden wir jede Menge bekommen.« Er blickte auf den Stapel Papiere, die Instruktionen und die Stempel STRENG GEHEIM. »Tatsache ist, daß wir zu einem schnellen Konvoi stoßen, sobald wir Gibraltar verlassen haben.« Er dachte an die Bedeutung, die der Chef des Stabes den Konvois und den Schiffen beigemessen hatte, die die wichtigste Ladung von allen beförderten: *Männer.* »Danach geht's nach Singapur, anschließend nach Hongkong.« Er bemerkte Kerrs plötzliches Interesse und fügte hinzu: »Wahrscheinlich schnelle Truppentransporter, aber Genaueres erfahren wir in Gib.«

»Wird Ärger erwartet, Sir?«

Brooke zuckte mit den Achseln. »Sie sagen, es sei unwahrscheinlich. Aber da draußen stehen erfahrene, wertvolle Truppen, die besser hier oder in der Wüste eingesetzt werden könnten. Die neuen Einheiten dienen in erster Linie dazu, Stärke zu demonstrieren.« Er griff nach einem der Papiere und drehte es um. »Die Admiralität scheint zu glauben, daß die Deutschen versuchen werden, mit einigen ihrer schweren Pötte in den Atlantik auszubrechen. Schiffe wie die *Bismarck*, die schwimmende Festung genannt wird. Das könnte die Dringlichkeit erklären, uns und den Konvoi aus den üblichen Routen herauszubekommen.«

»Falls ein Schlachtschiff durchbricht . . .« Kerr zögerte, als ihn der Kapitän anblickte.

Brooke antwortete ruhig: »Es würde ein Massaker werden.«

»Warum wir, Sir?«

»Die *Serpent* ist schnell und hat keine Probleme, mit den umgebauten Passagierschiffen Schritt zu halten. Außerdem sind wir nicht alleine.« Er hielt ein Streichholz an seine Pfeife und war überrascht, daß seine Hand so ruhig war. Vielleicht hätte er Kerr die Wahrheit über die andere Seite der Medaille sagen sollen: das Wörtchen *entbehrlich* ging ihm nicht aus dem Kopf.

Er blickte sich plötzlich widerwillig in der ruhigen Kabine um. Als man ihn nach der frühen krankheitsbedingten Entlassung wieder in die Marine aufnahm, hatte er befürchtet, daß er nach den zweieinhalb Jahren an Land den Anschluß an neue Erfahrungen und Strategien verloren haben könnte. Er hätte sich keine Gedanken zu machen brauchen. Die größte Marine der Welt wurde noch immer von Männern kontrolliert, die in Linien von Schlachtschiffen dachten, und die meisten hohen Offiziere kamen ursprünglich von der Artillerie. Wie hatte es sein Vater ausgedrückt, als sie darüber diskutiert hatten: »Nur 'ne große Klappe und keine Socken unter den Gamaschen!«

Schlachtschiffe und Kreuzer hatten ihre Vorrangstellung gegenüber den Trägern behalten, der Torpedo und das Flugzeug wurden als etwas Unanständiges angesehen. Kleine Zerstörer, wie dieser gut konstruiert und in Schuß gehalten, behielt man im Dienst. Als sich die ersten Anzeichen eines deutschen Angriffs abzeichneten, hatte die Navy viel zuwenig von den benötigten Geleitern, gerade als sie am dringendsten gebraucht wurden. Statt dessen mußte sie sich von der U. S. Marine über fünfzig Zerstörer nach dem Leih- und Pachtabkommen besorgen. Es waren alte Schiffe, die nur bei glatter See brauchbar waren. Wegen ihrer vier Schornsteine war ihr Spitzname »Uncle Sam's four-pipers«. Man sagte ihnen nach, daß sie schon auf einer nassen Wiese entsetzlich rollen würden. Die Flotte bezahlte jetzt für die Versäumnisse, auch mit versenkten U-Booten, deren Anzahl bei weitem die Zahl der geplanten U-Boote übertraf. Brooke hatte sich schon manches Mal gefragt, wie es ihnen gelungen war, so lange zu überleben.

Calvert blickte von seinem Papierstapel und der Liste der neuen Karten auf, die er benötigen würde. »Ich denke, daß die Japaner Singapur angreifen werden, Sir. Sie haben nichts zu verlieren und sind hoch motiviert, sich den Fernen Osten unter den Nagel zu reißen, während wir anderweitig engagiert sind.«

Kerr meinte ungläubig: »Aber sie waren im letzten Krieg unsere Alliierten.«

Calvert beugte sich wieder über seine Arbeit. »Das waren die Italiener auch.«

Brooke lächelte. »Vielleicht würde das die Yankees hineinziehen . . . endlich.« Er blickte auf das Foto, das ihm sein Vater geschenkt hatte. *Erzähl mir, wie sie aussieht.* Es waren fast die letzten Worte, die er gesprochen hatte, und er hatte sie noch deutlich im Ohr.

Brooke hatte seinem Vater immer nahegestanden, besonders nachdem er aus dem Dienst geflogen war. Sein Vater hatte in den zwanziger Jahren ein ähnliches Schicksal erlitten, als noch zwölf Kapitänleutnante auf ein Dutzend kamen. Entlassene Marineoffiziere waren von einem Job zum anderen gewandert: als Sekretäre in Golfclubs, Gastwirte, Hühnerzüchter – die Liste war endlos. Brooke konnte sich kaum an seine Mutter erinnern. Sie war kurz nach dem Ersten Weltkrieg während einer der grassierenden Grippeepidemien gestorben. Aber anders als andere Ehefrauen von Marineoffizieren hatte sie stets über reichlich Geld verfügt. Brookes Vater konnte das alte Haus an der Themse halten und hatte es in ein Country Hotel für Gäste umgewandelt, die fischen oder schießen wollten. Erstaunlicherweise hatte das sogar in der Zeit der Rezession und Arbeitslosigkeit funktioniert, als entlassene Soldaten und Seeleute Schlange vor dem Arbeitsamt und den öffentlichen Suppenküchen standen. Kurz nach dem Ausbruch des Krieges waren die Gebäude und das Gelände von der Armee übernommen worden. Eine Flakbatterie und anderes Personal hatten es in ein Militärlager verwandelt. Das hatte den alten Mann zerbrochen. Keine Boote mehr zum Angeln oder Sightseeing. Auch Treibstoff gab es keinen. Die Welt hatte seinem Traum von Freizeit und Hoffnung den Rücken gekehrt. Verstopfte Lungen und ein schwaches Herz hatten vollendet, was der Angriff auf Zeebrügge 1918 nicht geschafft hatte.

Brooke stand auf und betrachtete die beiden Leutnants. Der eine wollte ein eigenes Kommando, der andere wurde von den Erinnerungen an die verfolgt, die für sein V. C. gestorben waren.

»Morgen früh null-acht-dreißig. Sie kennen ja den Ablauf, Nummer eins. Ein Tag, an den wir uns erinnern werden.«

Ein paar Sekunden lang waren alle in Gedanken versunken. Kerr sah zweifellos die Konvois vor sich, die die *Serpent* versucht hatte zu verteidigen, die brennenden Schiffe, die ertrinkenden Seeleute, während Calverts Gedanken wieder bei seinem Träger waren, der unter dem Feuer der deutschen Schlachtkreuzer gekentert war, bei der verrückten Wut, die ihn hatte angreifen lassen: David gegen Goliath. Brooke fühlte die Erschütterungen der Maschine und fragte sich, ob das Schiff, *unser Schiff*, wie Pike es ausgedrückt hatte, es auch spürte.

Kerr schien es für sie alle ausdrücken zu wollen: »Es tut mir nicht leid, daß wir auslaufen. Es kann nirgendwo schlimmer sein als hier.« Er stürzte seinen Drink hinunter. »Ich sage den anderen Bescheid, Sir.«

Auch Calvert ging. »Es ist hier alles so *ruhig*, Sir«, klang wie eine Entschuldigung, »jedenfalls nachdem man auf einem Träger gewesen ist.«

Brooke meinte, die Seelenqualen des Mannes körperlich zu spüren, und sagte einfühlsam: »Ich bin froh, Sie hier zu haben, Pilot. Unsere Aufgabe *ist* wichtig. Wenn dem nicht so wäre, hätte es keinen Sinn weiterzumachen.«

Nachdem sich die Tür geschlossen hatte, drehte sich Brooke um und blickte wieder auf das Wappen des Schiffes. Er lächelte trocken und fragte laut: »Na, wie macht sich der neue Kapitän, Dad?«

Es war natürlich nur etwas in der Maschinerie des Chiefs, aber er hätte schwören können, daß er seinen Vater lachen hörte.

»Steuerbordwache auf Gefechtsstation! Die Festmachergang antreten!«

Brooke blickte sich in seiner engen Schlafkabine um und vergewisserte sich, daß nichts herumlag, was in schwerem Seegang kaputtgehen könnte.

Er warf einen flüchtigen Blick in den Spiegel. Er sah aus wie ein Fremder mit der alten Uniformjacke, deren Ärmelstreifen nach den vielen Monaten Seewache eher braun als golden waren. Er hatte etwas Gewicht verloren, so daß ihm das Jackett zu groß war, aber das erlaubte ihm, einen dicken Pullover darunter zu tragen. Dann kamen graue Flanellhosen und seine abgenutzten ledernen Seestiefel, die noch älter waren als die Jacke.

»Alle wasserdichten Schotte, Panzerblenden und Sichtblenden schließen!«

Ein Schiff erwachte wieder und kehrte zurück in das Leben, das seine Bestimmung war. Zurück auf den Ozean, wo nur ständige Wachsamkeit den Unterschied zwischen Leben und Tod ausmachte.

Brooke fühlte das ständige Vibrieren der Maschinen;

der Chief wartete auf das erste Klingeln des Maschinentelegrafen.

Kerr war schon dagewesen und hatte gemeldet, daß das Schiff klar zum Auslaufen sei. Der Postläufer war von Land zurück, in der Kombüse die Feuer gelöscht – eben alles, was ein guter Erster wissen sollte. Nach solchen Dingen zu fragen wäre ein Affront gewesen. Er lächelte, er konnte sich noch gut daran erinnern, wie er sich gefühlt hatte, als sein Kommandant mit ihm über eine Kleinigkeit streiten wollte.

Er meinte, alles vor sich zu sehen, und vermutete den Rest. Die Kette an der Boje war ausgeschäkelt und durch eine starke Trosse, die auf Slip lag, ersetzt worden; nur sie hielt das Schiff noch am Platz. Er hatte das Poltern der Füße gehört, als die Falle bemannt wurde, um das tropfende Motorboot unter die Davits einzusetzen. Der Matrose, der heute das Unglück gehabt hatte, als Bojenspringer eingeteilt zu sein, war durch den heftigen Wellengang wahrscheinlich durchnäßt bis auf die Haut.

»Achtung Backbordwache! Klar vorn und achtern! Auf die Stationen zum Verlassen des Hafens!«

Der Lautsprecher hatte nach Beendigung des Frühstücks nicht mehr geschwiegen.

Brooke faßte in seine Taschen, obwohl er auswendig wußte, was sie enthielten. Pfeife und Tabak, zwei oder drei Schnupftücher und ein trockenes Handtuch, das er sich auf der offenen Brücke um den Hals wickeln konnte, falls es dort feucht wurde. Er hängte sich das schwere Fernglas um den Hals, warf den ausgeblichenen Dufflecoat über den Arm und blickte sich ein letztes Mal um. Dann ging er hinaus in den Gang, wo er den Steward sah, der einen Schrank mit einem Schloß sicherte. Er trug eine aufblasbare Schwimmweste über seiner Uniform. Ein alter Hase. Es war nicht ungewöhnlich, daß ein Schiff gleich nach dem Auslaufen torpediert wurde oder auf eine Mine lief. Den Niedergang hinauf durch die Lobby und hinaus ins Freie. Es war überraschend kalt, aber er ging langsam und sah, daß sich die Brücke gegen den grauen Himmel abzeichnete. Der Flow sah öde aus, die Inseln und die großen Kriegsschiffe waren im Dunst fast verschwunden. Brooke wußte, daß es Sprühregen war, der seit der Dämmerung immer wieder einsetzte. Die drei Schornsteine mit ihren schwachen Rauchfahnen und das Ölzeug der Seeleute glänzten vom Regen.

Er blickte auf die zwei doppelten Torpedosätze – eine schwache Breitseite, verglich man sie mit der eines neuen Flottenzerstörers. Der Torpedooffizier grüßte, und Brooke meinte: »Draußen wird es ziemlich lebendig werden.«

Podger Barlow grinste: »Das kann sie ab, Sir.«

Da war er wieder, dieser Stolz, der in keiner Liste auftauchte.

Vorbei an den Schornsteinen, die Wärme abstrahlten, dann die erste Leiter hinauf zum Stand der Oerlikons*. Ein paar Matrosen sahen ihn unsicher an – es war die übliche Mischung: die harten Männer und die jungen Burschen, Rekruten und alte Hasen, die alles in- und auswendig kannten.

Auf der offenen Brücke war es voll. Das Team. Das mußte er kennenlernen.

Leutnant Barrington-Purvis salutierte, sein Gesicht völlig ausdruckslos. Seit dem Zwischenfall mit Calvert in der Messe hatte er sich sehr zurückgehalten. Letzterer beugte sich über den Brückenkartentisch mit den Bereitschaftskarten. Wegen der Abdeckung konnte man nur seinen Hintern und die gefütterten Fliegerstiefel erkennen. Ein Gruß aus der Vergangenheit.

Onslow, der Signalmeister, hielt sich im Hintergrund der Brücke auf, sein starkes Fernglas auf das Land gerichtet. Brooke hatte in einem Telegramm um seine Beförderung gebeten, die ohne Verzögerung erfolgen sollte. Das war das mindeste, was er tun konnte. Ein Bootsmannsmaat und

* leichte Flak

zwei Ausgucksleute und ein weiterer Signalgast vervoll-
ständigten den sichtbaren Teil des Teams. Unten im Ruderhaus würde Bootsmann Pike am Ruder stehen, einen Quartermaster an jeder Seite für die Bedienung der Telegrafen
für Maschinen- und Umdrehungsbefehle. Der Plottisch
und der Gehilfe des Navigators ergänzten das Bild.

»Von *Flagge*, Sir.« Er sprach zu Barrington-Purvis,
blickte aber seinen Kommandanten an. »*Der Sperrbaum
wird in zwanzig Minuten geöffnet. Laufen Sie zusammen
mit der Mohican aus!*«

Brooke stand auf den geschrubbten Grätings neben dem
hohen Brückenstuhl. Hier würde er viel Zeit verbringen. Er
hatte das andere Schiff schon gesehen. Es war eines der großen Zerstörer der Tribalklasse, wie Vians berühmte *Cos-
sack*, die bei dem bekannten deutschen Versorger *Altmark*
längsseits gegangen war, um die vielen Seeleute zu be-
freien, die auf ihm nach der Versenkung ihrer Schiffe durch
die *Graf Spee* gefangengehalten wurden. Ein großer Augenblick in einer Zeit der Niederlagen und Fehlschläge. Der
Offizier der Entermannschaft hatte gebrüllt: »Die Navy ist
da!« Es hätte dem ganzen Land gelten können.

Brooke stand vorne auf der Brücke und schaute auf das
glänzende Vordeck. Die Slipleine lief durch eine Klüse hinunter zur Boje und durch eine weitere Klüse auf der anderen Seite wieder an Deck. Dort stand Kerrs Mannschaft im
Ölzeug, die Sturmriemen unter dem Kinn, damit die Mützen in Position blieben und kein zuschauender hoher
Dienstrang Kritik üben konnte. Sie trugen dicke Leder-
handschuhe, denn die Drähte hatten oft »Fleischhaken«,
die die Hand eines Mannes wie ein Messer aufschlitzen
konnten, wenn er nicht aufpaßte. Ein zitternder Signalgast
stand ganz vorn am Bug, bereit, die Gösch einzuholen, sobald die Leine geslippt wurde.

Brooke kontrollierte seinen Atem. Er hatte den großen
Flottillenführer *Murray* oft in See gebracht. Aber das hier
war etwas anderes. Er bemerkte, daß Kerr zu ihm hoch-

blickte, das Gesicht regennaß. Vielleicht sah er sich in Gedanken selbst auf der Brücke. *Dickköpfig und impulsiv.* Was war wirklich passiert?

»Achtung, Sir!«

»Geben Sie dem Chief Bescheid!«

Calvert antwortete: »Schon geschehen.«

Onslow rief: »Auslaufen!«

Brooke hieb mit der Hand durch die Luft und hörte Kerr rufen: »Slippen!«

»Voraus langsam beide!«

Brooke spürte, daß die Glasscheiben zu vibrieren begannen. Die große Festmacherboje glitt vorbei, als ob sie einen eigenen Antrieb hätte.

»Backbord zehn! Mittschiffs! Recht so!« Er hörte Pikes rauhe Stimme durch das Messingsprachrohr, wenn er die Ruderbefehle bestätigte. Männer rannten unter der Brücke entlang und schossen die gefährliche Trosse auf. Dann stellte sich auf Kerrs Befehl die Besatzung des Vorschiffs in zwei schwankenden Gliedern auf; der Signalgast verschwand außer Sicht, die Gösch unter dem Arm.

Onslow brummte ärgerlich: »Von der *Mohican*, Sir. *Bitte nach Ihnen, Alter geht vor Schönheit!*«

Ein Ausguck murmelte: »Verdammter Angeber.«

Brooke nahm den roten Telefonhörer und wartete, bis sich Cusack meldete.

»Hier spricht der Käpt'n. Unsere Fähigkeiten werden herausgefordert. Können Sie mir auf Anforderung volle Umdrehungen liefern?«

Cusack mußte gewußt haben, was vorging, oder so etwas kam öfter vor. Er klang fast erfreut. »Alles klar, Sir.«

»Blinkspruch vom Wachboot am Sperrbaum, Sir. *Durchfahrt frei!*«

Sie hatten nicht viel Zeit für die Ausfahrt. Seit die *Royal Oak* mitten im Flow torpediert worden war, befürchtete man immer, daß ein U-Boot hereinschlüpfen konnte, sobald der Sperrbaum für ein auslaufendes Schiff geöffnet wurde.

Es gab keinen Grund für überflüssige Ruderkommandos. Brooke sprach direkt in das Sprachrohr zum Ruderhaus: »Direkt auf die Sperre zu, Bootsmann!« Er konnte sich Pike mit seinen dicken Pranken am Ruder vorstellen, den Kopf zur Seite geneigt, als wartete er auf mehr. »Und dann volle Fahrt voraus!«

Es schien, als genieße die *Serpent* es auch. Sie schien vorwärtszuspringen, eine riesige Welle stieg am Bug empor.

»Achtung auf dem Oberdeck!«

Brooke hob sein Glas und sah zu, wie sein Schiff an dem größeren stärkeren Schiff vorbeizog. Er erkannte das goldene Eichenlaub auf dem Mützenschirm des Kommandanten und dessen Überraschung, als die *Serpent* seinen großen Zerstörer überholte und auf die geöffnete Sperre zuhielt.

»Voraus halbe beide!« Das Heckwasser schien zu kochen, der Bug des anderen Schiffes war in Spritzwasser gehüllt.

Onslow grinste ruhig: »Dem haben Sie's gezeigt, Sir.«

Brooke fühlte ihn wieder, den Stolz, und er wußte, daß er ihn teilte.

»Noch nicht ganz. Signal an die *Mohican. Brauchen Sie einen Schlepper?*«

»Keine Antwort, Sir.«

Und so kehrte die *Serpent* mit ihren neunzig Mann Besatzung in den Krieg zurück.

4 Gerüchte

Oberleutnant Toby Calvert kletterte die letzten paar Stufen der Brückenleiter hinauf und zog sich an die Pforte. Einige Sekunden lang lehnte er sich zurück, hielt sich mit ausgestreckten Armen fest und fühlte den frühen Sonnenschein auf seiner Haut. Es war nicht sehr warm, aber die Luft war frisch und angenehm. Die offene Brücke war kein geheimnisvoller Platz mehr. Er gehörte dazu.

Die Männer der Morgenwache wirkten steif und müde.

Sie warteten auf die Ablösung, denn sie wollten sich etwas Ruhe gönnen, bevor sie in vier Stunden wieder auf die Gefechtsstationen gerufen wurden. Ein Vier-um-vier-Stunden-Turnus war angesagt, denn das hier war der Atlantik, und auch wenn sich der Ozean zu beiden Seiten in grenzenloser Leere verlor, durfte man sich nie in Sicherheit wiegen.

Calvert sah den Ersten auf den vorderen Grätings, der mit seinem Fernglas den Horizont voraus absuchte. Hauptsignalgast Railton spleißte eine Flaggleine, die Ausguckmänner auf jeder Seite suchten mit langsamer Sorgfalt ihre Sektoren ab. Sie waren sich der Anwesenheit des Kommandanten auf seinem hohen Stuhl an der Backbordseite wohl bewußt. Sein Kopf lag hinter der Glasscheibe auf den Armen, sein krauses Haar wehte in der Brise.

Kerr drehte sich um. »Pünktlich, Pilot, das mag ich. Was gibt es zum Frühstück?«

Calvert zog eine Grimasse. »Würstchen.«

Ein paar Möwen schwebten hinter dem Schiff. Kerr fragte sich, wo sie wohl schliefen.

Überall auf dem Schiff wechselten die Geschützbedienungen, aus dem Ruderhaus hatte der neue Rudergänger gerade die Übernahme des Paddels gemeldet.

Zusammen öffneten sie die wasserdichte Scheibe über dem Kartentisch und überprüften die mit Bleistift eingezeichneten Kurse und Positionen der letzten Wache.

Kerr bemerkte in seiner üblichen professionellen Art: »Kompaßkurs ist zwei-eins-null, Umdrehungen eins-eins-null.« Er schaute über die Scheibe, und Calvert sah die dunklen Bartstoppeln an seinem Kinn. Wenn der Erste das nächste Mal erschien, würde er frisch rasiert sein, wie aus dem Ei gepellt. »Kap Finisterre liegt zweihundert Meilen an Backbord, der Wetterbericht ist gut.« Er runzelte die Stirn, Calvert sah die Anspannung zurückkommen, aber sie verflog schnell. »In der Dämmerung haben wir ein paar Funksprüche aufgefangen. Ein Geleit scheint südlich von uns in Schwierigkeiten. Aber bis jetzt keine Neuigkeiten.«

Ein Bootsmannsmaat, eine silberne Pfeife um den Hals, meldete: »Backbordwache ist auf den Gefechtsstationen, Sir. Matrose Monk steht am Ruder.«

Kerr trat von den Sprachrohren zurück. »Auf den müssen Sie ein Auge haben, der pennt ein, wenn Sie ihn nicht kontrollieren.«

Calvert wartete ab, weil er wußte, daß da noch mehr kommen würde, vielleicht Kritik? Aber Kerr meinte: »Wie finden Sie das, Pilot, 1500 Seemeilen von Scapa in die Sonne. Sie haben sich gut eingelebt, richtig?«

Calvert kletterte auf die Kompaßplattform und überprüfte den Magnetkompaßkurs. Diese lässige Frage war nicht der wahre Grund, warum Kerr hier noch herumhing. Er antwortete vorsichtig: »Ich finde noch immer heraus, wo alles ist.«

Kerr blickte zum Kapitän hinüber. Einer seiner Arme war abgerutscht und schwang langsam im Takt der Schiffsbewegungen.

»Wann haben Sie mit dem Fliegen begonnen?«

Calvert entspannte sich Muskel für Muskel. Das war nicht die Frage gewesen, mit der er gerechnet hatte.

»Vor langer Zeit. Ich wollte immer fliegen.« Er stellte fest, daß er jedes Wort sorgfältig abwog, bevor er es aussprach. »Schließlich wurde ich Fluglehrer in einem Fliegerclub und organisierte in den Sommerferien Trips über den Kanal.« Er seufzte. »Kann man heute kaum glauben, nicht wahr?« Er stellte fest, daß Kerr wartete, und fuhr fort: »Ich trat der örtlichen R. N. V. R.* bei und brachte sie dazu, mich der Marineluftwaffe zuzuteilen. Ich war im Zivilleben Fluglehrer, daher war die Ausbildung mit einem Federstrich abgetan. Ich war eine Art Richthofen! Als dann die Bombe platzte, war ich einer der ersten, die eingezogen wurden. Wie auch immer – ich hätte ohnehin nichts anderes gekonnt.«

---

* Royal Navy Volunteer Reserve: Freiwillige Marinereserve

»So denken wir alle von Zeit zu Zeit.«

»Ja, das vermute ich auch. Die Berufsoffiziere, die ich getroffen habe . . .«

»Leute wie mich, meinen Sie?«

Calvert versuchte Sarkasmus herauszuhören, aber da war keiner. »Ja, wenn Sie so wollen. Alles ist vorgezeichnet, von der Kadettenschule bis zum Gold an der Mütze, wenn man Glück hat. Ich habe von dieser Sorte einige kennengelernt, sie waren auf das persönliche Fortkommen fixiert und auf den unzeitgemäßen Einbruch des Krieges in ihre geordnete Welt überhaupt nicht vorbereitet. Mir ist aufgefallen, daß die Zeitsoldaten damit besser fertig werden, weil sie sich gemeldet haben, um zu kämpfen, nicht um Karriere zu machen.«

»Sie sind nicht verheiratet?«

Calvert lächelte. »Ich war zu jung, jetzt bin ich verdammt zu alt, jedenfalls fühle ich mich so!«

Kerr überlegte, was er über den Kapitän gehört hatte. Sein Mädchen soll an seiner Statt den Bruder geheiratet haben.

Calvert drehte sein Gesicht gegen die Sonne, und Kerr meinte Narben unter dem Bart zu erkennen; dann schlüpfte er aus seinem Dufflecoat. Darunter trug er einen blauen Blouson, der bei der Marine »Arbeitspäckchen« genannt wurde. Über der linken Brusttasche glänzten die Pilotenschwingen, aber weil es Arbeitskleidung war, wurde daran nie ein Orden getragen. War das der Grund, warum er an seiner alten Uniform festhielt? Sollte das V. C. seine Privatsache bleiben?

Seit Calverts Ankunft in Scapa hatte Kerr über den Orden und die Heldentat, für den er verliehen worden war, in den Unterlagen des H. Q. nachgeforscht. Als er fündig geworden war, hatte er den Ausdruck auf Calverts Gesicht verstanden, als er die einsame Swordfish beobachtete, die langsam über die kreisenden Strömungen des Flow flog. Die zwei Schlachtkreuzer *Scharnhorst* und *Gneisenau* hatten sich vor der norwegischen Küste und im Atlantik einen Namen gemacht. Sie waren schnell und schlagkräftig, sie waren die Crème de la crème der Kriegsmarine.

Kerr fragte sich, was in Calvert und seinen beiden Besatzungsmitgliedern vorgegangen war, als sie die zwei Dickschiffe gesichtet hatten und ihre Entdeckung dann nur mit einer Morselampe ihrem Träger mitteilen konnten. Aber da war es schon zu spät gewesen, und der Träger wurde zusammen mit der *Courageous* und der *Royal Oak* der erste schwere Verlust des Krieges.

»Wenn Sie beide nicht aufhören können zu schwatzen, dann kann ich genausogut unter Deck gehen und mich waschen.« Brooke glitt von seinem Stuhl und streckte sich.

Der Läufer Brücke beugte sich über ein Sprachrohr, dann meldete er: »Von der Funkbude, Sir. Eins der Schiffe des nach Osten laufenden Konvois hat Mayday gefunkt.«

Calvert beugte sich über den Kartentisch, griff nach seinem Messingzirkel und dem Parallellineal. Ein Block lag bereit.

Kerr blickte ihm über die Schulter. »Der Konvoi muß zersprengt worden sein. Wir könnten helfen, wenn wir uns beeilen.«

Beide drehten sich um, als Brooke sagte: »Gestrichen! Kurs und Geschwindigkeit beibehalten. Sie kennen unsere Befehle, und ich werde nicht dagegen verstoßen.«

Er sah Ärger in Kerrs Augen aufblitzen und setzte hinzu: »Eine noble Geste, Nummer Eins? Wie Sie wissen, geht es nicht darum.«

Dann war er verschwunden. Sie hörten das Gestotter der Morsezeichen, als er auf dem Weg zu seiner Seekabine, der Hütte, wie er sie nannte, bei der Funkbude stehenblieb.

Rauh knurrte Kerr: »Dort draußen könnten Männer sein, die auf ihren Schiffen sitzen und darauf warten, daß ihr Schiff unter ihrem Hintern versinkt. Vielleicht treten sie auch schon Wasser, ohne Hoffnung auf Rettung. Ist das nicht wichtig genug?«

Calvert beobachtete ihn. *Also deshalb hat es mit dem letzten Kommandanten Ärger gegeben.*

»Die U-Boote bleiben in der Nähe von treibenden Schiffen, nur für den Fall, daß ein Schiff sich um die Überlebenden kümmert.«

Kerr schien ihn nicht zu hören, denn er meinte: »Außerdem, was ist verkehrt an einer Geste? *Sie* haben verdammt noch mal auch eine gemacht!«

Calvert lächelte kurz: »Ich übernehme die Wache, Nummer Eins.«

Kerr öffnete den Mund, schloß ihn dann wieder. *Was hätte ich getan?* Er sah, daß Bootsmann Pike mit einer Kladde am ersten Schornstein wartete, um ihn auf seinem Weg durch das Schiff zu begleiten. Aber alles, an das er denken konnte, war die Endgültigkeit in Brookes Stimme gewesen und Calverts spöttische kleine Bemerkungen. *Der unzeitgemäße Einbruch des Krieges . . .* Er kam auf dem Stahldeck an und fragte forsch: »Gibt's etwas für mich, Schmarting?«

Er war wieder der Erste Leutnant.

Messe Sieben lag auf der Steuerbordseite des Unterdecks. Auf dem beengten Raum drängten sich noch drei andere Messen; sie bestanden jeweils aus einem geschrubbten Tisch und Bänken an der Innenseite. Die anderen Messemitglieder saßen auf Kisten, die an der gekrümmten Außenhaut des Schiffes befestigt waren. In den Regalen drängten sich Utensilienkästchen, in denen die älteren Männer ihre Schätze aufbewahrten, und aufblasbare Schwimmwesten, die entweder getragen wurden oder in Griffweite lagen. Vorne in der Mitte befanden sich die Netze, in denen die Seeleute ihre Hängematten stauten. Auf See wurden sie nicht aufgeriggt, weil sie im Ernstfall eine Tür oder die Notausstiege blockieren konnten. Auch sonst war nie genug Platz, um alle Hängematten zu spannen, es sei denn, daß eine Wache Urlaub bis zum Wecken hatte und an Land war. Aber obwohl die Männer über die Unbequemlichkeiten und die Überfüllung stöhnten, würde kein echter Zerstörermann auf einen Kreuzer oder ein Schlachtschiff wechseln, wo die tägliche Routine wie in einer Kaserne ablief.

In Messe Sieben dachte man da nicht anders. Das zusammengerollte Wachstischtuch war auf der Back ausgebreitet, die Eßgeschirre wurden herumgereicht, während der Essenholer der Messe Tabletts voll fettiger Würstchen und dampfender gebackener Bohnen von der Kombüse heranschleppte. Eine Kanne Tee, dazu die Reste des alten Brotes, das den langen Weg von Scapa Flow überstanden hatte, und einen Zwieback oder zwei. Nicht gerade ein Festmahl, aber es füllte den Magen und erleichterte das Wacheschieben bis zum nächsten Mal.

Der Chef der Messe war Obermatrose Bill Doggett, der Boss des Vorschiffs. Er war ein Riese von einem Mann, mit Handgelenken, die so dick waren wie die Oberarme der meisten Männer. Ein Seemann durch und durch, an seiner Hüfte hingen handgenähte Lederfutterale, in denen er sein Handwerkszeug aufbewahrte: ein gefährlich aussehendes Messer – auch Argument Nummer eins genannt –, einen Marlspieker zum Spleißen und sogar einen Beutel mit Bleikugeln. Mit diesen Kugeln versiegelte der Bojenspringer den großen Festmacherschäkel, damit er sich durch die ziehenden Bewegungen des Schiffes an der Kette nicht langsam aufdrehen konnte.

Doggett war ein außergewöhnlicher Mann, der zotige Redensarten führen und auch gewalttätig werden konnte, wenn es nötig war. Er kontrollierte seine Messe mit eiserner Hand. An Land prügelte er sich oft genug wie verrückt herum und stand regelmäßig wegen irgendwelcher Vergehen vor dem Richtertisch des Ersten. Nur aus diesem Grund hatte er es nie bis in die Unteroffiziersmesse geschafft, denn er beherrschte die Arbeit auf der Back mit all ihren komplizierten Ankern, Ketten, Slips und Stoppern,

Drähten und Fendern wie ein Zauberer. Nicht einmal Mr. »Sülznase« Barrington-Purvis konnte etwas Nachteiliges finden, hatte mal jemand bemerkt.

Jetzt rollte er sich eine Zigarette. Seine dicken Finger wirkten wie Würste, aber die Bewegungen waren geschickt und geschmeidig. Er sah sehr konzentriert aus.

Einer der Matrosen, genannt »Ticky« Singleton, weil er ein nervöses Augenzucken hatte, fragte: »Und nach Gib, Hookey? Was denkst du?«

»Ferner Osten, ist doch klar!« Doggett warf ihm einen mitleidigen Blick zu. »Ich hab da schon gedient. In Hongkong. Verdammt, das ist eine Stadt. Würde mir passen, wirklich, all die kleinen Mädchen in Wanchai . . . Die kräuseln dir die Haare, glaub mir!«

Es wurde abgebackt, das Wachstuch eingerollt. Bald würden sie zur Arbeit antreten müssen. Singleton gab nicht auf: »Der neue Kommandant sagt nicht viel, nicht wahr?«

»Zu *dir*? Er hat noch andere Läuse im Pelz!« Doggett grinste breit. »Die alte *Serpent* ist in guten Händen: Ein Offizier fehlt, dazu ein verrückter Navigator, ein Arschloch von einem Leutnant und jetzt noch ein Skipper, der auf Tod oder Ehre aus ist. *Unser* Tod ist *seine* verdammte Ehre!«

»Da ist immer noch Jimmy the One.«

»Hookey sieht den doch nur bei Bestrafungen.«

Doggett rollte sich eine weitere Zigarette aus seiner zollfreien Tabakbüchse für die Pause.

»Er und ich haben eine Übereinkunft . . .« Die Zigarette verharrte bewegungslos in seiner Hand, als der Lautsprecher knarzte: »Klar zum Aussetzen des Seebootes! Eingeteilte Mannschaften antreten!«

Doggett schlug einem Mann, der am Tisch eingeschlafen war, auf die Schulter. »Komm in die Hufe, Bobby! Und denk dran: eine Hand für den König, die andere für dich!«

Es führte nur eine schmale Leiter auf das Deck darüber, trotzdem war das untere Wohndeck in Sekunden leer. Zurück blieben trocknende Socken aus den Seestiefeln, die über Rohren unter der Decke hingen, ein halbfertiger Brief, eine hiesige Zeitung. Das hier war ihr Zuhause, und trotz aller Nörgelei war es das einzige, was wirklich zählte. Das und das Überleben.

Oben auf der offenen Brücke plapperten die Sprachrohre und Telefone wie versteckte Zuschauer vor sich hin, während Brooke, der seine Rasur vergessen hatte, sein schweres Fernglas ausrichtete.

»Der Bootsmann ist am Ruder, Sir!«

»Alle Nahbereichswaffen sind klar, Sir!«

Brooke hörte es, ignorierte aber die Männer. Er betrachtete eine weite Fläche des Ozeans vor dem Bug, an der sich die lange Dünung regelmäßig brach. Alles glitzerte und blendete, der Horizont war zu grell, als daß man ihn hätte im Auge halten können.

Kerr stand neben ihm, seine Augen waren aufmerksam und fragend.

»Wahrscheinlich ist es nichts, Nummer Eins, aber ich lasse das Bereitschaftsboot aussetzen. Kümmern Sie sich bitte darum.«

Kerr zögerte, dann hob er sein eigenes Fernglas, bevor er die Leiter wieder hinabkletterte. Jemand, der nicht mit dem Ozean und seinen Eigenheiten vertraut war, würde nichts Ungewöhnliches sehen. Aber dann . . . Er drehte sich zur Leiter um und sah, daß ihn einer von Onslows jungen Signalgasten anstarrte und dabei nervös auf seine Lippe biß. Vor dem Bug schwammen Millionen von Teilchen, die sich mit der Dünung hoben und senkten, schwarz im gleißenden Sonnenlicht.

Brooke ging nach Backbord hinüber und lehnte sich gegen das Panzerglas.

»Sagen Sie dem Chief Bescheid! Voraus ganz langsam!« Er beugte sich über die Seite der Brücke und sah Kerr an den Davits des Seeboots stehen. Der Bootscrew saß bereits mit Ölzeug und Rettungswesten auf den Duchten. Andere Matrosen lösten die Taljen von den glänzenden Klampen, angespannt wie Athleten vor dem Start, und warteten auf den Befehl. Kerr sprach mit Fox, dem Hauptbootsmannsmaaten, seiner rechten Hand, sobald es um Seemannschaft ging.

Brooke hob wieder sein Glas. »Wer ist der erfahrenste ASDIC-Bediener?«

Calvert konnte es nicht wissen, noch nicht, aber Onslow rief: »Raingold, Sir.«

»Holen Sie ihn für mich ans Telefon!«

Ein Bootsmannsmaat reichte ihm einen Telefonhörer. Brooke befahl kurz angebunden: »Kommandant hier. Suchen Sie beide Seiten vor dem Schiff ständig ab, wir nähern uns Wrackteilen. Wahrscheinlich von mehr als einem Schiff, wie es aussieht.«

»Aye, Sir. Ich fange sofort an.«

Calvert erkundigte sich: »U-Boot, Sir?«

»Sehr unwahrscheinlich, Pilot.« Er klang völlig abwesend. »Der Hund wird hinter dem Rest des Konvois her sein, wenn es noch einen Rest gibt.« Er blickte auf Calverts angespanntes Gesicht. Natürlich hatte er wenig Erfahrung mit diesen Dingen, er hatte alles aus der Vogelperspektive gesehen.

»Wenn ein Schiff von einem Aal getroffen wird, kentert es manchmal. Vorausgesetzt, die Schotte und Lukendeckel halten, kann es in einen Zustand neutralen Auftriebs geraten – wie ein U-Boot, richtig?«

Er drehte sich um, gab Kerr ein Handzeichen und sah die Unruhe der Männer an den Taljen.

»Sogar bei dieser Geschwindigkeit würde uns ein solches Wrack die Bodenplatten einfach abschälen.«

Calvert betrachtete ihn. Er hatte es ihm so ruhig erklärt; er wollte nicht beeindrucken.

»Klar zum Fieren!« Kerrs Stimme war sogar hier oben klar zu verstehen. Es herrschte kein Windhauch, was für diesen Teil des offenen Ozeans ungewöhnlich war.

»Fier weg!«

Calvert riß seinen Blick von den treibenden Bruchstükken los und konzentrierte sich statt dessen auf das Boot, das an der Bordwand der kleinen Bugwelle näher kam.

»Festfieren! Sicherungsstifte lösen!«

Der Bootssteuerer des Seebootes und der Bugmann hielten die Stifte in die Höhe, um zu zeigen, daß sie aus den Beschlägen heraus waren. Es war schon passiert, daß jemand vergessen hatte, den Stift zu ziehen, mit der Folge, daß das Boot nur an einem Ende ausklinkte, die Besatzung ins Wasser stürzte und in die Gefahr geriet, in den Sog der Propeller zu kommen.

»Taljen loswerfen!«

Kerr hatte den Zeitpunkt perfekt abgepaßt. Das Boot machte kaum einen Spritzer, als es in die kleine Bugwelle eintauchte, um dann an seiner Vorleine vom Schiff wegzuscheren. Die Ruderer brachten schon ihre Riemen aus. Brooke fand Zeit, darüber nachzudenken, wie oft er ein Seeboot wie dieses zu Wasser gebracht hatte.

Calvert fragte: »Wann ist es passiert, Sir?«

»Erst vor ein paar Tagen. Man sieht keine Öllachen mehr, aber das Treibgut ist noch zu dicht beisammen, als daß es länger hersein könnte.«

Calvert sah zu, wie der gerade Steven der *Serpent* sich langsam durch die zerstörten Überreste schob. Etwa eine Meile festgepackter Ballen, Baumwolle oder Wolle, vielleicht für Uniformfabriken in England bestimmt. Zerbrochene Rettungsflöße, die nie weggefiert worden waren, ein gekentertes Rettungsboot, auf das das Bereitschaftsboot zuhielt, um den Namen des Schiffes und den Heimathafen festzustellen. Der Rest wurde ignoriert. Ein paar Leichen rollten in ihren Schwimmwesten umher, die Gesichter nicht zu erkennen, geschwärzt und verletzt durch die Explosion. Die Seevögel hatten ihr übriges dazu getan. Zersplitterte Lukendeckel und zahlreiche Rettungsringe trieben in alle Richtungen. Weitere Leichen kamen vorbei, ihre blutigen Eingeweide hinter sich herziehend. Vielleicht hatte das Schiff auch Sprengstoff geladen.

»Das Boot ruft uns an, Sir!« Onslows Gesicht war versteinert. Der Bootssteuerer stand im Heck und gab mit seinen Armen einen Winkspruch ab. Wie schön mußte ihm in diesem Augenblick die *Serpent* erscheinen, dachte Brooke.

»Es war die *Mary Livingstone* aus Sydney.«

»Tragen Sie es ins Logbuch ein, Pilot.« *Warum kann ich mich nie daran gewöhnen?*

Das Boot befand sich inmitten größerer Teile, aber immer noch bei dem nutzlosen Rettungsboot.

Die Arme drüben bewegten sich wieder, und Onslow rief: »Unter dem Boot befinden sich eine Frau und ein Kind, Sir!«

Ihre Augen trafen sich über die vollbesetzte Brücke. Wie ein Hilferuf oder eine unausgesprochene Verbindung.

Ein Läufer Brücke fragte: »Sind sie tot, Yeo*?«

Onslow fuhr herum, seine Augen blitzten wütend. »Natürlich sind sie tot, du dußliges Arschloch!« Seine Wut verflog so schnell, wie sie gekommen war. Er erkundigte sich: »Sie fragen, was sie tun sollen, Sir.«

Calvert stand steif da und war sich der Bedeutung des Augenblicks sehr bewußt. Zwei Männer blickten sich an, zusammengeführt durch puren Zufall.

Mit ruhiger Stimme sagte der Kapitän: »Sie sollen sie an Bord bringen, Yeo. Das ist das mindeste, was wir tun können.«

Calvert meinte: »Das war eine gute Entscheidung, Sir.« Er wartete ab, fast überzeugt, daß Brooke ihn zurechtweisen würde. Aber der beobachtete das Boot, das langsam zum Schiff zurückkam, die Riemen bewegten sich wie müde Schwingen.

»Es ist ihm wichtig, Pilot. Für ihn sind es nicht nur Opfer, sondern das, was er selber verlor.«

»Achterdeck! Boot einsetzen!«

Die Routine begann wieder. Als Calvert wieder hinsah,

---

* Spitzname für Signalmeister

lag das Boot unter den Davits, die Seeleute gingen ihrer Arbeit nach.

»Bringen Sie sie wieder auf Kurs, Pilot. Umdrehungen eins-eins-null. Sagen Sie dem Ersten, daß wir vor der Rumausgabe noch eine Leckabdichtungsübung abhalten wollen.«

In der Nacht, Lissabon lag irgendwo weit an Backbord, stoppte der Zerstörer *Serpent* nochmals seine Maschinen.

In ein Segeltuchbündel eingenäht, wurden die unbekannte Frau und ihr Kind der See übergeben, zusammen, so, wie sie gestorben waren.

Der Operationsoffizier des Stabes war rundlich gebaut und trug ein weißes Hemd mit offenem Kragen, das viel zu eng war. Mit einem Spazierstock stieß er einen der altmodischen Deckenventilatoren an, damit sich die Luft wenigstens ein bißchen bewegte. Zwischen zwei Stößen schnaufte er: »Ist hier wie in einem verdammten Ofen, wenn die Generatoren streiken!«

Brooke saß schweigend da. Er war noch müde von der Ansteuerung und der Einfahrt auf Gibraltars großer Reede. Alle möglichen Schiffstypen lagen dort: Kreuzer, Landungsschiffe, Lazarettschiffe und Truppentransporter, auf denen jeder Zentimeter mit frisch gewaschenem Khakizeug behängt war. Gibraltar, der Felsen, beeindruckte ihn immer wieder. Alles überragend und irgendwie beruhigend: die Festung am Eingang zum Mittelmeer. Er konnte sehen, wie sich das Sonnenlicht in zehntausend Fenstern spiegelte: Algeciras. Ohne Zweifel hatten neugierige Augen die Ankunft der *Serpent* verfolgt, spanische und deutsche. Wie Churchill es ausgedrückt hatte, war es eine einseitige Neutralität, die es dem Feind erlaubte, jede Schiffsbewegung auszuspionieren. Die Deutschen würden kaum an einem Überlebenden aus dem Krieg das Kaisers interessiert sein. Ihre Berichte würden sich mehr mit den Lazarettschiffen und den leeren Versorgern befassen. Der Beweis dafür, wenn noch einer nötig war, daß die Schlacht um Kreta ihrem Ende zuging.

Der Operationsoffizier, ein Commander, den man offensichtlich reaktiviert hatte, grunzte zufrieden, als sich der Ventilator wieder zu drehen begann.

»Der Chef vom Dienst hätte normalerweise gerne mit Ihnen gesprochen, aber Sie wissen, wie es ist, es herrscht mal wieder großes Durcheinander.«

Brooke spürte, wie sein Jackett am Stuhl klebte. *Herrschte das nicht immer?*

»Tatsache ist, daß Ihre Befehle geändert worden sind. Mein Sekretär fertigt sie gerade aus. Sie werden sofort bei einem Tanker längsseits gehen. Ich habe veranlaßt, daß Sie alles, was Sie benötigen, von der Werft bekommen, dann laufen Sie sofort wieder aus. Es steht alles in den Befehlen.«

Brooke blieb gelassen. »Können Sie mir sagen, wohin es geht, Sir, oder ist das auch ein Geheimnis?«

Der Commander sah ihn mißtrauisch an. »Nach Simonstown am Kap. Dort werden andere Schiffe dazustoßen. Wünschte, ich könnte mit Ihnen fahren!« Er grinste und blickte heimlich auf seine Uhr. »Wie stehen die Dinge in England?«

Würde er jetzt sagen, daß der König die Kapitulation vor den Deutschen unterzeichnet hatte, würde das nicht wahrgenommen werden. Also meinte er nur: »Ziemlich beschissen, Sir!«

»Gut, gut, das ist die richtige Einstellung!«

Der Operationsoffizier schien erleichtert. »Noch eine Sache: Sie bekommen einen Leutnant zugeteilt. Sollte inzwischen an Bord sein, wenn ich nicht irre.«

»Oh, davon weiß ich nichts.«

»Nicht? Ein Versehen vermutlich.« Er blickte drohend auf einen Oberleutnant in der Tür. »Kommen Sie rein, James. Ich kann mich nicht um alles kümmern.«

Der Oberleutnant zwinkerte Brooke verständnisvoll zu.

Draußen war es diesig und feucht. Öllachen trieben auf

der Reede. Brooke überschattete seine Augen, um nach Spanien zu blicken. Sein Bein und der Fuß schmerzten, als würden auch sie fühlen, wo sie waren.

All diese wachsamen Augen, dachte er wieder. Immer auf der Hut, wie schon zu Nelsons Zeiten, als dessen Schiffe in dieses abgeschlossene Meer eingelaufen waren und es wieder verlassen hatten. Schnelle Kuriere zu Pferde hatten damals die Nachricht verbreitet. Er zog eine Grimasse. Heute genügte ein Griff zum Telefon.

Kerr lief über das Stahldeck und spürte seine Hitze durch die Schuhsohlen. Die Luft erbebte vom Lärm der Bohrer und Hämmer, dem Kreischen der Sägen, während sich über dem Werftgelände die Kräne und Ladebäume wie hungrige Monster beim Fressen hoben und senkten.

»Ich will keinen der Werftgrandies ohne meine Erlaubnis an Bord sehen!« befahl er scharf.

Fox, der Hauptbootsmannsmaat, hatte seine Mütze bis an die Augen heruntergezogen und nickte wissend. »Ich kenne Gib, Sir. Was nicht niet- und nagelfest ist, verschwindet!«

Kerr blickte sich um. Unter dem hoch aufragenden Felsen und zwischen all den anderen Schiffen fühlte er sich wie in einer Falle. Nach der Überfahrt von Scapa war das ein Alptraum. Ein Teil der Eindrücke waren unangenehm, demoralisierend – um es vornehm auszudrücken. Da war der riesige Stapel roh zusammengezimmerter Särge auf einem der Landungsboote. Überall die von Granaten durchschlagenen oder verbeulten Stahlplatten. Wo würde es enden? Konnte man den Feind noch aufhalten?

Er dachte an Brooke, als der befohlen hatte, das Bereitschaftsboot zu Wasser zu lassen, um die Wrackteile zu untersuchen. Er hatte ihn für abgebrüht, ja gefühllos gehalten, als er es abgelehnt hatte, nach dem angeschossenen Schiff des Konvois zu suchen. Jetzt verstand er ihn besser, zumindest hoffte er das.

Fox hüstelte höflich. »Verzeihung, Sir, aber ich glaube, Leutnant Barrington-Purvis läuft da in unklare Gewässer.«
Kerr runzelte die Stirn und ging zur Gangway.

Barrington-Purvis wartete, die Hände in die Hüften gestützt, die Lippen geschürzt wie ein schmollendes Kind, und betrachtete drohend den Neuankömmling, der die Landgangsbrücke heraufgeschlendert kam. Der trug Khakihemd und -hosen wie ein Heeresangehöriger, aber sein weißer Mützenbezug und das angelaufene Mützenabzeichen bewiesen, daß er es nicht war. Der Mützenbezug war nicht allzu sauber. Barrington-Purvis' ärgerlicher Blick blieb an dem geschwungenen Streifen auf den Schulterstücken des Offizers kleben, der noch verblichener war. Ein Leutnant von der R. N. V. R. Eine kleine Gestalt, unordentlich und schlampig.

Er schnarrte: »Wer zum Teufel sind denn Sie?«

Der andere hob einen Fuß und setzte ihn sehr sorgfältig auf das Namensschild des Schiffes, als er an Bord stieg. Dann legte er mit gleicher Sorgfalt die Hand an die Mütze. Er lächelte.

»Leutnant Kipling, allerdings nicht verwandt mit dem berühmten Kipling, fürchte ich. Melde mich zum Dienst an Bord.«

Barrington-Purvis war außer sich. »Das erste, was ich höre!«

»Nun, ja.« Kipling musterte ihn amüsiert. »Was machen Sie denn hier genau?«

Barrington-Purvis lief rot an. Der sogenannte Offizier hatte einen Akzent, den er nicht einordnen konnte, aber er schien ziemlich gewöhnlich zu sein.

Er erwiderte steif: »Artillerieoffizier.«

Kerr trat zwischen sie. »Ich habe es gerade über die Landleitung erfahren. Sie werden erwartet.« Er streckte seine Hand aus. »Dick Kerr, ich bin hier der Erste Offizier.«

In Kerrs Gegenwart erholte sich Barrington-Purvis etwas. Er fragte hochnäsig: »Und was ist Ihre Spezialität?«

Der Leutnant in der zerknautschten Khakiuniform blickte über das schmale Deck. »Hübsches kleines Schiffchen.« Dann schien er sich an die Frage zu erinnern. »Meine Spezialität?« Er hob die Schultern. »Ich blase Dinge in die Luft. Manchmal auch Menschen.«

Kerr unterdrückte ein Grinsen. »Kommen Sie mit mir hinunter. Sie werden sich eine Kabine teilen müssen, fürchte ich.«

Sie hielten vor dem Niedergang inne, und Kipling bemerkte: »Nicht mit *ihm*, hoffe ich.«

Der Chefsteward wartete und beobachtete sie aufmerksam. Kerr fragte sich, wie Kingsmill das neue Mitglied der Offiziersmesse einschätzen würde. Kerr wußte nur wenig über ihn. Er kam von der Sondereinheit der Marine im östlichen Mittelmeer, eine der Untergrundeinheiten, die nach ihren eigenen Spielregeln kämpften. Die ruhmreichen Jungs auf Schnellbooten mit Kanonen, auf getarnten Schonern, auf allem, womit man den Krieg in das vom Feind besetzte Land tragen konnte.

Er musterte Kiplings hagere Gesichtszüge. Er spürte, was dieser kleine, unordentliche Mann ausstrahlte: *Gefahr.*

»Hier entlang . . .« Er schüttelte sich. Warum zum Teufel brauchten sie einen Offizier wie Kipling, wohin schickte man sie? Er spürte, wie ihm ein eiskalter Schauer den Rükken hinablief. Es brachte nichts, alle Möglichkeiten abzuwägen, und er zwang sich, damit aufzuhören.

Doch als der Kommandant an Bord zurückkam, saß ihm der Schrecken noch immer in den Knochen.

5   Eine unvergeßliche Nacht

Für die meisten Männer der *Serpent* waren die nächsten beiden Wochen, die dem Auslaufen von Gibraltar folgten, völlig unwirklich. Eine unerwartete Belohnung für das, was sie im richtigen Krieg erlitten hatten. Und den hatten sie hinter sich gelassen. Ein paar der alten Hasen, wie der Bootsmann oder der Torpedooffizier, hatten schon im Golf oder im Fernen Osten gedient, aber der größte Teil der Besatzung war jung. Die meisten von ihnen waren in die brutale Wirklichkeit der Kämpfe auf dem Atlantik und dem Mittelmeer geworfen worden, ohne die angenehmeren Seiten der Seefahrt kennengelernt zu haben.

Sie waren an der Küste Afrikas nach Süden gefahren, gelegentlich hatten sie Land in Sicht bekommen. In Freetown hatten sie einen Zwischenaufenthalt eingelegt, damit der Chief seine Bunker wieder auffüllen konnte, bevor es weiter nach Südosten in Richtung Kap der Guten Hoffnung ging.

In Freetown war ein zweiter Zerstörer mit dem Namen *Islip* zu ihnen gestoßen. Er war viel größer als die *Serpent* und Ende der dreißiger Jahre gebaut worden. Er würde den Konvoi anführen, der in Kapstadt auf sie wartete. In der Zwischenzeit brachte jeder Tag Orte, Eindrücke und Erfahrungen, die die jungen Matrosen vor Staunen runde Augen bekommen ließen. Keine rasselnden Alarmklingeln mitten in einem eisigen Sturm, keine brennenden Handelsschiffe, die torpediert versanken, nicht das Gefühl der Hilflosigkeit, wenn man auf die Überreste eines abgeschlachteten Konvois traf.

Der Kommandant der *Islip*, Commander Ralph Tufnell, den Brooke bei ein paar Drinks in Freetown getroffen hatte, war froh gewesen, sie sich selber zu überlassen. Er war ein Bär von einem Mann mit einem dicken schwarzen Bart. Er hatte gesagt: »Lassen Sie die Männer ausspannen. Wenn sie wie meine Männer sind, dann haben sie es verdient.«

Ein Mann, mit dem er zusammenarbeiten konnte, den man leicht respektierte.

Tufnell hatte ihn mit etwas überrascht, womit er nicht gerechnet hatte.

»Wird etwas komisch für Sie sein, denke ich, ist wahrscheinlich der letzte Ort, wo Sie auf ein Zusammentreffen mit Ihrem Bruder gerechnet hätten.«

Er hatte Brookes Gesichtsausdruck gesehen und hinzugefügt: »Entschuldigen Sie, alter Junge, aber ich dachte, Sie wüßten es. Geht alles drunter und drüber dieser Tage.«

Das war nicht die einzige Neuigkeit, die er von Tufnell erfahren hatte. Sein Bruder Jeremy, zwei Jahre jünger als er, aber schon zum Commander befördert, war dem Stab in Hongkong zugeteilt, in anderer Verantwortlichkeit dem Admiral in Singapur. Ein Stabsjob, den er aber nie erwähnt hatte, nicht einmal seinem Vater gegenüber. Er fragte sich, ob Sarah es gewußt hatte. Sie mußten England gleich nach dem Begräbnis verlassen haben.

Aber was machte das jetzt noch aus. Brooke drehte sich um, als Kerr, gefolgt von seinem neuen Subbie Paul Kipling, auf der Brücke erschien. Barrington-Purvis übergab die Wache.

Die beiden Leutnants sind ein komisches Pärchen, dachte Brooke. Barrington-Purvis, der Sohn eines Admirals, jeder Zoll ein Marineoffizier, und Kipling, der nach allem, nur nicht danach aussah. Ersterer pflegte immer noch die Überreste eines blauen Auges, das er sich während der Äquatortaufe im Golf von Guinea eingefangen hatte. Bootsmann Pike war Neptun gewesen, Schwester Tiss seine hübsche Königin Thetis. Alle ungetauften Männer hatten dran glauben müssen. Schaumbärte und rauhe Barbiere hatten für eine kernige Linientaufe gesorgt, und nur kurze Zeit später war Barrington-Purvis' Veilchen erblüht.

Man mußte aber in aller Fairneß sagen, daß er sich nicht beschwert hatte, obwohl es ganz offensichtlich etwas Persönliches gewesen war.

Als Kerr Kipling gefragt hatte, ob er jemals die Linie gekreuzt hatte, gab der freudig zu, daß er vor dem Krieg nie südlicher als Ramsgate gewesen war.

Es war immer schwer auszumachen, wann Kipling ernst war oder ob er es überhaupt jemals sein konnte. Er schien keine Geheimnisse oder Arglist zu kennen. Dem Chief zufolge hatte er keine »dunkle Seite«.

Er stammte aus einer vielköpfigen Familie aus London. Sein Vater war Berufssoldat gewesen, Pionier bei den Royal Engineers. Das war er geblieben, bis man ihn als vermißt gemeldet hatte. Vermutlich war er in Frankreich gefallen.

Kerr dachte amüsiert an Barrington-Purvis' entsetzten Gesichtsausdruck, als Kipling eines Abends in der Messe verkündet hatte: »Alles, was mein Alter jemals geleistet hat, war, daß er immer einen neuen Balg angesetzt hat, wenn er auf Urlaub kam.« Es war klar, daß er Barrington-Purvis' schwache Stelle erkannt hatte, und er genoß es sichtlich, ihn mit seinen Äußerungen zu quälen.

Kipling war auf Umwegen zur Marine gekommen – so schien er es im Leben immer zu halten. Mit vierzehn hatte er die Schule verlassen und sich einen Job bei einer gutgehenden Garage an Londons nördlicher Umgehungsstraße erquatscht. Er sprach sie »Jarasche« aus, nur um zu sehen, wie Barrington-Purvis zusammenzuckte. Er mußte den Beruf gut gelernt haben, denn als er zur Marine gestoßen war *(Ich hatte mit dem In-Reih-und-Glied-Stehen bei der Armee wenig im Sinn)*, hatte jemand seine Fähigkeiten erkannt und ihn zu den Torpedospezialisten geschickt, wo seine Kenntnisse der Mechanik und Verkabelung bald auffielen. Als für die Bomben- und Luftminenentschärfung verzweifelt Freiwillige gesucht wurden, hatte sich Kipling ohne ein Augenzwinkern in die Liste eingetragen.

Er hatte mit einem Oberleutnant zusammengearbeitet, über den er nicht sprach und der wahrscheinlich der einzige Offizier gewesen war, dem er jemals vertraut hatte, dachte Brooke. Während der schweren Angriffe auf London und die Südküste hatten sie eine große Anzahl von Bomben entschärft.

Eine Nacht hatte er auf der Mittelwache neben Brookes hohem Stuhl auf der offenen Brücke gestanden. Sein mageres Profil zeichnete sich gegen Millionen von Sternen ab. Kerr hatte das eine oder andere kontrolliert, dann waren sie unter sich.

»Sein Glück hatte ihn verlassen. Ich glaube, wir waren etwas zu überheblich geworden, zu selbstsicher. Es war nur eine weitere gewöhnliche Luftmine.«

Brooke hatte seine Pfeife gestopft, aber nicht aufgehört zuzuhören.

»Er ging zur Tür des Hauses, in das die Mine durch das Dach eingeschlagen war. Er konnte sie nicht öffnen, aber er hätte weglaufen können, um sich zu retten.«

Brooke stellte sich vor, wie oft ihm das selber passiert war, genau wie Calvert, Onslow oder einigen anderen.

»Er brüllte nur: ›Das verdammte Ding ist scharf! Hau ab!‹ Ich habe die Explosion nicht gehört. Nach drei Tagen wurde ich ausgebuddelt.«

»Und er wurde getötet?«

»Man hat keinen verdammten Fetzen gefunden!« Er zuckte zusammen. »Verzeihung, Sir.«

»Ich kann verstehen, wie Sie sich gefühlt haben.«

»Fühle, Sir, fühle.«

Brooke hatte viel in dieser Nacht erfahren, während das Schiff nach Süden in Richtung Sierra Leone gelaufen war.

Man hatte Kipling ein befristetes Offizierspatent angeboten und stopfte ihn in ein paar Monaten mit den Anfangsgründen der Navigation, der Artillerie und der Seemannschaft voll. In seiner lässigen Art zitierte er einen Ausspruch, der auf der *King Alfred* kursierte: »Man brachte uns O. Ä. Q. bei – Offiziersähnliche Qualitäten –, nun, ich habe mich nie daran gewöhnen können.«

Er diente in der Levante und zwischen den griechischen Inseln auf bewaffneten Leichtern, griff feindliche Küstenkonvois an, weil die Deutschen ihren Nachschub lieber über See transportierten, als ihn den gnadenlosen Angriffen der Partisanen an Land auszusetzen. Kipling und seine Kameraden erwiesen sich bald als die größere Gefahr.

Nach wenigen Tagen hatte er sich an Bord eingelebt, sogar in der Offiziersmesse. Trotz der großen Unterschiede mit allen im Gleichgewicht.

Kiplings Befehle besagten, daß er an Bord der *Serpent* bleiben und normalen Wach- und Borddienst tun solle, bis andere Befehle eintrafen. Er hatte ein paar seiner »Spielsachen« mit an Bord gebracht, die mißtrauisch von Torpedoofizier Barlow überwacht wurden, bis sie zu seiner Zufriedenheit verstaut waren. Kipling hatte erklärt: »Ich weiß auch nicht, warum, Sir. Falls Hongkong angegriffen wird, soll ich vielleicht die Hafenanlagen in die Luft sprengen.«

Brooke hatte das nicht kommentiert. Es war möglich, aber unwahrscheinlich, glaubte man denen, die es am besten wissen mußten. Die Japaner waren schon seit Jahren damit beschäftigt, die chinesischen Nationalisten zu bekämpfen. Ihre Nachschublinien waren so lang, daß sie keinen Krieg riskieren konnten. Und was würde es ihnen bringen? Der Oberkommandierende Fernost würde besser informiert und vorbereitet sein als jeder andere.

Kerr erkundigte sich: »Wissen Sie, wie viele Truppentransporter wir eskortieren sollen?«

»Noch nicht, Nummer Eins. Sogar der Skipper der *Islip* tappt noch im dunkeln.«

Eine Stimme quakte aus dem Ruderhaussprachrohr; Kipling beugte sich vor, um zuzuhören. Er war alt für seinen Dienstrang, hatte aber länger überlebt als viele andere. Sein schmales interessantes Gesicht war frühzeitig zerfurcht. Mit seinen vierundzwanzig Jahren hatte er mehr gesehen als andere Männer in ihrem ganzen Leben.

Kipling meldete: »Vollmatrose March ist am Ruder, Sir.«

»Danke.« Es war seltsam, wie verbunden er sich jetzt seinem kleinen Team fühlte. Jeder war anders als der andere, und die Art, wie sich die Männer benahmen, zeigte ihren individuellen Charakter auf, trotz der gleichmacherischen Ordnung und Disziplin der täglichen Routine.

Alle Wachen, mit Ausnahme der Hundewachen, dauerten vier Stunden. Kein Rudergänger sollte länger als zwei Stunden am Ruder stehen. Es war anstrengend für den Mann, besonders in der Weite des Ozeans, immer derselbe Kurs bei gleichen Umdrehungen, da wurde man unaufmerksam. Brooke hatte registriert, daß Kerr einen Rudergänger nie länger als eine Stunde am Stück steuern ließ. Er hatte gelernt, daß das, was für die Wachgänger gut war, auch meistens gut für das Schiff war. Barrington-Purvis, der Wache zusammen mit dem Torpedooffizier ging, war da genau das Gegenteil. Er handelte genau nach Dienstanweisung. Dort stand zwei Stunden, und so wurde zwei Stunden gesteuert, und Gott gnade dem Mann, der am Ruder eindöste.

Calvert war wieder anders. Brooke hatte beobachtet, daß er peinlich genau war, und seine Exaktheit in der Navigation war bemerkenswert. Wahrscheinlich war Calvert als Flieger zur Perfektion erzogen worden. Wenn er sich auf dem Rückflug zum Träger auch nur um ein Grad geirrt und ihn verfehlt hätte, wäre er weitergeflogen, bis ihm der Sprit ausgegangen und er in die See gestürzt wäre.

Kerr bemerkte: »Wenn die Sicht so bleibt, sollten wir in der nächsten Stunde Land sichten, Sir.« Er lächelte. »Kapstadt. Keine Verdunkelung, keine Lebensmittelkarten. Der Chef* wird frische Verpflegung ordern, frische Früchte zum Beispiel. Freuen wir uns darauf.«

Beide drehten sich um, als Kipling nachdenklich murmelte: »Ich frage mich, was aus uns wird, Sir?« Er zeigte vage in die Richtung, wo das Land liegen mußte. »Ich ... ich meine ... angenommen, England wird erobert, während wir hier draußen rumhängen.«

Kerr versuchte zu lachen, doch Brooke nahm es ernst. »Falls wir geschlagen werden, meinen Sie? Kapitulation?«

Kipling schob die Hände in die Taschen. »Es passiert

* Koch

überall, Sir: Holland, Frankreich, Norwegen und die armen alten Dänen – jetzt die Griechen und Jugoslawen. Niemand scheint sie aufhalten zu können.«

Brooke kletterte auf seinen Stuhl. »Dann liegt es an uns, daß es zu keiner Kapitulation kommt. Richtig?«

Kipling schien zufrieden zu sein. »Ich meine nur, Sir, ich würde es nicht so toll finden, bis zu meinem Lebensende in einer Bambushütte zu hocken und außer Reis nichts zu essen zu bekommen.«

Kerr grinste und klopfte ihm auf den Arm. »Sie würden das vertraute *fish and chips* vermissen, ist es das?«

Onslow, der Signalmeister, ergänzte: »Mir würde gerade jetzt ein Teller mit Aal in Gelee recht sein, Sir.«

Alle lachten. Also war sogar Onslow aus seiner tiefen Trauer und Verzweiflung heraus, die wieder aufgebrochen war, als sie die tote Frau mit ihrem Kind in der See gefunden hatten.

Brooke zog die Mütze über die Augen und zog sich auf diese Weise von den Männern, die ihn umgaben, zurück. Alles in allem konnte er keine bessere Besatzung haben. Er lächelte und streichelte die schützende Stahlplatte neben sich. Und kein besseres Schiff.

Am Nachmittag, als die Sonne den Tafelberg in ein lachsrosa Licht tauchte, glitt die *Serpent* an ihren Ankerplatz. Die Freiwächter und jene, die augenblicklich nichts zu tun hatten, drängten sich an der Reling und starrten auf das Felsenmassiv, das selbst die Unsensibelsten beeindruckte. Sie waren dem Atlantik und dem hart umkämpften Mittelmeer entkommen, und sogar die Nachrichten von diesen Kriegsschauplätzen erschienen hier seltsam unwirklich.

Brooke beugte sich vor und blickte auf die Back. Die Rükken zeigten erste Zeichen von Bräune, andere hatten einen Sonnenbrand. Die Sonne und der Wind nahmen keine Rücksicht auf die Leichtsinnigen.

Er betrachtete ein paar große Schiffe am anderen Ende der Reede. Eines war ein Passagierdampfer gewesen, das andere ein kombiniertes Fracht- und Passagierschiff, vermutlich in der Linienfahrt nach Australien oder Neuseeland. Truppentransporter. *Unsere* Truppentransporter von jetzt ab.

Er beobachtete ihren Gefährten, den Zerstörer *Islip*, der mit schäumendem Heckwasser in einem weiten Bogen hereingeschwenkt kam, bevor er aufstoppte und seinen Anker warf. Bald würde der Ginwimpel gesetzt werden, und alte Freunde würden sich wiedersehen. Wenigstens zeitweise konnte man den Krieg vor der Tür lassen.

Onslow senkte sein Glas: »Von der *Islip*, Sir. *R. P. C. um Punkt zwanzig Uhr.*«

»Antworten Sie, Signalmeister: *Ist uns eine Ehre.*«

Es gab viel zu tun, bevor Brooke und seine Offiziere auf die *Islip* zur Party fahren konnten. Die Treibstoffübernahme mußte arrangiert, die Leute von der Operationsabteilung angehört werden. Soviel Männer wie möglich sollten Landgang bekommen. Dann mußte er sich mit den neuesten Befehlen befassen. Aber einen Augenblick lang wollte er hier noch allein sein und die majestätische Landkulisse genießen. Die Maschine war abgeklingelt, unten in seiner Höhle würde der Chief das *Maschine fertig!* mit wohlverdienter Befriedigung begrüßt haben. Zum ersten Mal seit Wochen würde das Ruderhaus leer sein. Über dem Achterdeck spannte sich ein Sonnensegel und verbreitete Friedensatmosphäre. Die Torpedorohre und Wasserbomben waren darunter versteckt.

Lange stand Brooke so da und stellte fest, daß er sich nicht erinnern konnte, jemals so ein Gefühl des Friedens empfunden zu haben. Er hatte nicht gewußt, daß er es so benötigte.

Das Schiff und sein Kapitän kamen zur Ruhe.

Die Ferienatmosphäre und das Gefühl, entronnen zu sein, blieb der Besatzung der *Serpent* während des ganzen Aufenthalts in Kapstadt erhalten. Die Gastfreundschaft der örtlichen Bevölkerung, die überwiegend britische Wurzeln hatte, beeindruckte auch die härtesten Männer. *Islips* Commander Tufnell meinte, daß die Stimmung diesmal sogar noch besser war als damals, als er einen Fernkonvoi um das Kap der Guten Hoffnung geleitet hatte.

Überraschenderweise konnten sogar die Nachrichten aus der Heimat die allgemeine gute Laune nicht dämpfen. Ständig wurden Städte und Häfen bombardiert, die stetig wachsenden Verluste im Nordatlantik schienen sich in der Ferne zu verlieren und in der afrikanischen Sonne ohne Bedeutung zu sein.

Zwei weitere Zerstörer trafen ein, um die Eskorte der Truppentransporter zu vervollständigen. Sie brachten auch die Befehle mit. Eine letzte Nacht in Kapstadt, dann begann wieder die Langeweile des Konvoigeschäfts. Sogar bei hoher Geschwindigkeit würde das nach den Erlebnissen hier schwerfallen.

Calvert betrat die Tageskabine des Kommandanten, wo Brooke eine Reihe von Telegrammen durchging. Er blickte auf.

»Einen Drink, Pilot?«

Calvert setzte sich. »Einen Saft, Sir.«

Brooke drückte einen Klingelknopf. »Kommen Sie heute abend mit an Land? Aber ich habe gesehen, Sie haben freiwillig die Wache für den Ersten übernommen.«

Ein Steward in einer weißen Jacke glitt mit einem Glas Orangensaft herein und verschwand wieder. Calverts Weigerung, Alkohol zu trinken, mußte Eindruck gemacht haben, dachte Brooke.

»Ich werde mir eine ruhige Nacht machen, Sir. Ich bin kein Partylöwe.« In seiner Stimme schwang mit, daß es wegen der Vergangenheit war.

»Was ist? Wollen Sie nicht trinken, oder vertragen Sie es nicht?«

Calvert zuckte die Achseln und rieb sich das Kinn. »Ich bin mir nicht sicher. Vielleicht möchte ich es nicht herausfinden.« Er war überrascht, wie leicht es ihm fiel, darüber zu sprechen. Wenn es jemand anders gewesen wäre . . .

Brooke schob ihm die Telegramme zu. »Sie nehmen die besser mit, für den Fall, daß der Funker in meiner Abwesenheit etwas auffängt.« Er lächelte. »Nicht, daß es uns direkt etwas anginge.«

Er sah zu, wie Calvert die Zettel überflog. An einem blieben seine Augen hängen. Er rief aus: »Ein deutscher Hilfskreuzer? Ein umgebautes Handelsschiff, sagen sie?«

»*Sagen* sie. Soll im Indischen Ozean operieren – er hat auf einen holländischen Frachter geschossen, aber der konnte in der Dunkelheit entkommen. Wahrscheinlich war er auf Nachschub aus, sonst . . .«

»Sie müssen von dem leben, was sie erbeuten.« Calvert gab dem Hilfskreuzer keine lange Überlebenszeit. Von Ceylon aus operierten zu viele Kriegsschiffe, darunter auch ein paar Kreuzer.

Kerr blickte um die Ecke. »Boot liegt längsseits, Sir.« Er berührte Calverts Arm. »Danke, daß Sie übernommen haben, Pilot, ich werde mich bei Gelegenheit revanchieren.«

Brooke musterte beide. Sie waren keine Fremden mehr, wenn vielleicht auch noch keine Freunde.

Calvert wanderte zur Messe und warf sich mit einer Zeitung unter einem der neuen Lüfter in einen Sessel. Er spürte, daß sich das Schiff schwach bewegte. Gelegentlich trampelten Füße, wenn der Quartermaster wie ein Terrier über das Achterdeck patrouillierte. Die Neuigkeiten waren keine Überraschung. Eine strategische Frontbegradigung irgendwo in Nordafrika – das war niemals ein Rückzug. Schwere Kämpfe auf Kreta. Ein Flottenminensucher gesunken; er war auf eine der Minen gelaufen, die er gesucht hatte. *Die nächsten Angehörigen sind benachrichtigt.* Eine typische Karikatur von Fougasse zeigte einen Matrosen, der lautstark mit seinem Mädchen plauderte, am Nebentisch saß Feldmarschall Göring und lauschte mit einer Hand hinter dem Ohr. »Feind hört mit!« war die Unterschrift.

Er seufzte und blickte auf die kleine Bar neben der Pantryklappe. Dort standen der Würfelbecher für die Spieler, die Messebons und ein halbvoller Sodasyphon.

Er überlegte, ob er in seine Kabine gehen sollte. Er war froh, daß er sie für sich alleine hatte. Aber das war nur deswegen so, weil die zweite Koje mit Seekarten gefüllt war. Eines seiner Privilegien. Jedenfalls kamen die Alpträume jetzt weniger häufig. Wenn sie ihn heimsuchten, waren sie nicht weniger fürchterlich, aber er wußte, daß er sich erholte. Er wußte, daß er nie vergessen würde, und er war sicher, daß er das auch gar nicht wollte.

Während des Navigationskurses war er in einer Nacht von anderen Offizieren wachgerüttelt worden, als er gerade alles wieder durchlebte. Es war fast eine Erleichterung, daß man in der Marine nie auf Mitgefühl traf. *Warum halten Sie nicht die Klappe? Denken Sie mal ausnahmsweise an die armen Hunde von Wachgängern!*

Wenn wir nicht so wären, dann wären wir schon alle verrückt geworden, dachte er. Sein Kopf fiel gegen die Lehne, und schon war er eingeschlafen.

Wie lange er im Sessel geschlafen hatte, wußte er nicht. Er schreckte hoch und sah, daß das Bullauge glühte, als ob ein Schiff in Flammen stand; dann bemerkte er, daß jemand seinen Arm schüttelte.

Er krächzte rauh: »Verzeihung, Unteroffizier, es ist Zeit für die Ronde, nicht wahr?« Er hätte daran denken sollen. Seit sie in Kapstadt lagen, hatte sich die Dämmerung jeden Abend so angekündigt. Er starrte den Mann an, der sich über ihn beugte. Es war nicht der wachhabende Unteroffizier, sondern Evans, der Erste Funker.

»Verzeihung, Sir, aber es ist dringend, von der Admiralität.«

Calverts Gedanken kamen wieder auf die Reihe. »Der deutsche Hilfskreuzer? Aber doch nicht hier, möchte ich wetten.« Er nahm den Funkspruch und sah nicht den bestürzten Gesichtsausdruck des jungen Seemanns.

Seine Augen überflogen die sauber geschriebenen Zeilen und kamen dann zum Ende. Die Worte schienen ihm entgegenzuspringen. H. M. S. HOOD IST VOM DEUTSCHEN SCHLACHTSCHIFF BISMARCK IM NORDATLANTIK VERSENKT WORDEN. DREI ÜBERLEBENDE.

Mehr kam nicht, aber die Worte schienen vor seinen Augen zu verschwimmen. Als er aufsah, bemerkte er, daß der junge Funker sich die Augen mit der Rückseite der Hand rieb.

»Ich hab sie einmal gesehen, Sir, bei der Flottenparade vor Spithead. Von da an wußte ich, daß ich zur Marine wollte.« Er blickte zur Seite. »Verzeihung, Sir.«

Calvert schüttelte den Kopf. »Keine Ursache. Ich denke, daß jeder Mann und jede Frau in Britannien mit diesem Schiff etwas verloren hat.«

Drei Überlebende? Es schien unmöglich. Auf der *Hood* waren ungefähr 1400 Offiziere und Mannschaften gewesen. Alle tot, nur eben so? Er dachte an die junge Frau im Zug mit der maritimen Brosche und dem neuen Ehering. Drei Überlebende . . .

Calvert drückte den Klingelknopf, und Chefsteward Kingsmill erschien wie herbeigezaubert. Er blickte mißbilligend auf den Funker, als sei der nur durch einen Fehler in einen exklusiven Club hineingeplatzt.

»Sir?«

»Geben Sie Evans einen Drink, und nehmen Sie sich selber auch einen.«

Kingsmill starrte ihn an, als könne er nicht glauben, was er hörte. Aber er tat, wie ihm befohlen. Calvert sah, daß der junge Funker ein Glas Port nahm. Interessiert registrierte Kingsmill, daß Calvert sich einen großen Gin eingoß. Dann blickte er sie an und sagte: »Die *Hood* ist versenkt worden, Steward, die Nachricht kam gerade durch.«

Kingsmill fummelte an ein paar Untersetzern auf der Bar herum, als wüßte er nicht, was er tun sollte, dann flüsterte er: »Gott sei dem alten Mädchen gnädig.«

Calvert meinte: »Ich werde den Kapitän anrufen. Er hat eine Nummer hinterlassen, er wird es wissen wollen.« Es war ein Alptraum. Er goß sich einen zweiten Gin ein, stürzte ihn hinunter, schmeckte aber nichts.

Es dauerte lange, bevor er Brooke unter der zurückgelassenen Telefonnummer erreichte. Sie gehörte einem reichen Handelsherrn, der den Offizieren der *Serpent* einen unvergeßlichen Abend bereiten wollte.

Am Telefon klang Brooke sehr nahe, und Calvert sah die braunen Augen vor sich, als er ruhig sagte: »Ich weiß es schon, Pilot, es kam gerade durch. Drei Überlebende sind bestätigt worden, zwei Matrosen und ein Fähnrich . . . Sind Sie noch dran?«

Calvert antwortete: »Jawohl, Sir.« Also gab es für die Frau keine Hoffnung mehr. »Ich . . . ich mußte daran denken, wie schrecklich es gewesen sein muß.«

Brooke musterte seine Offiziere und die anderen Gäste. Sogar zwei der schwarzen Diener schienen von der Nachricht schockiert zu sein.

Calvert hatte getrunken; wahrscheinlich hatte er vor Augen gehabt, wie sein eigenes Schiff in die Luft geflogen und in den bitterkalten Gewässern gekentert war. Die schlimmsten Ahnungen des Stabschefs hatten sich bewahrheitet. Aber welch ein Preis! Die beiden größten Kriegsschiffe der Welt waren aufeinander getroffen, und die mächtige *Bismarck* war in den Atlantik durchgebrochen. Wahrscheinlich hielt sie jetzt Kurs auf die Konvoirouten. Kein Schiff konnte ihr Paroli bieten. Nur eine ganze Flotte, nicht weniger. Er hörte Calvert sagen: »Ich habe alles im Griff, Sir. Sie müssen nicht an Bord kommen, noch nicht.«

Brooke erwiderte: »Daran habe ich nie gezweifelt, Pilot. Ich verdrücke mich hier, sobald ich kann.« Er legte den Hörer in die Gabel. Es war, als hätte man ein Symbol und einen guten Freund gleichzeitig verloren.

Ich hoffe, daß sie diese Hunde kriegen!

Es ist erstaunlich, dachte er, daß ich, nachdem ich so viel Zerstörung und Abschlachtungen gesehen habe, noch Haß empfinden kann.

Der Kommandant der *Islip* erwartete ihn mit einem vollen Glas. »Morgen wird es die ganze Welt wissen. Mein Gott, was für eine Scheiße!«

Brooke hörte Kerrs Stimme, sie klang angespannt und ärgerlich. »Reißen Sie sich zusammen, Sub!«

Er drehte sich um und sah Leutnant Kipling. Er hatte die Beine gespreizt, als ob der Boden schwanken würde, sein dunkles Haar fiel ihm über die Stirn, während er mit einem leeren Glas durch die Luft fuchtelte.

»Was denn, Nummer Eins, immer *anständig* bleiben? Immer so tun, als wäre nichts passiert? Aber es ist verdammt noch mal etwas passiert!«

Barrington-Purvis schnarrte: »O nein, Mann, um Himmels willen!«

Kipling versuchte seine Augen zu stabilisieren. »Warum müßt ihr Jungs immer so *ehrenhaft* sein? Nach den Regeln handeln, am Tag des Waffenstillstands singen: ›Sie werden nie vergessen sein‹, und dann ist alles o. k., warum?«

Er sah Brooke und ließ den Kopf hängen. »Es tut mir leid, Sir, ich bin nicht oft so.« Er blickte wieder auf. Brooke war erschrocken, als er seinen verzweifelten Gesichtsausdruck sah. »Aber wenn wir nicht lernen zu kämpfen wie sie, werden wir diesen verdammten Krieg auch in zehntausend Jahren nicht gewinnen!«

Podger Barlow packte ihn am Arm und sagte barsch: »Kommen Sie mit raus, ein bißchen frische Luft wird Ihnen guttun.«

Die Gespräche kamen langsam wieder in Gang, ihr Gastgeber hielt seine Diener an, die Gläser schnell wieder nachzufüllen.

Commander Tufnell meinte ruhig: »Das Ärgerliche ist, alter Freund, daß Ihr seltsamer Subbie verdammt noch mal recht hat.«

Später dachte Brooke, daß es schon sehr nach einem Nachruf geklungen hatte.

Am nächsten Tag nahmen die Zerstörer ihre Positionen um die Truppentransporter ein, deren Decks mit winkenden, brüllenden Soldaten in Khaki überfüllt waren.

Als die Besatzung nach dem Auslaufen das Deck aufklarte und man nach achtern auf den riesigen Tafelberg blickte, war die Stimmung gedrückt. Viele waren in Gedanken auf einem anderen Ozean, wo ein großes Schiff und eine Legende gestorben waren.

6   Eine andere Welt

Kapitänleutnant Esmond Brooke lehnte sich in seiner Kabine zurück und trank eine weitere Tasse Kaffee, die ihm Kingsmill gebracht hatte. Es war seltsam, hier zu sitzen und durch das Bulleye den Horizont zu beobachten, der im gleichmäßigen Takt von *Serpents* Rollbewegungen von oben nach unten und umgekehrt zu wandern schien. Er bedauerte die Tatsache, daß er seit ihrer Abreise von Scapa Flow die Brücke heute zum ersten Mal auf See verlassen hatte.

Jetzt, da die lange Reise fast vorüber war, sollte er wegen ihrer Leistung Befriedigung verspüren. Seit sie aus Scapa Flow ausgelaufen waren, hatte das kleine Schiff fast zehntausend Meilen zurückgelegt, und während die Meilen im Heckwasser zurückblieben, hatte er oft an Kiplings unbeantwortete Frage gedacht. Was würde passieren, wenn Großbritannien kapitulierte, während sich das Schiff auf der anderen Seite der Welt befand?

Er sah sich in der Kabine um und dachte an seine »Hütte«, wo er die meiste Zeit verbracht hatte, wenn er nicht auf der offenen Brücke gewesen war, und er konnte ein gewisses Schuldgefühl nicht abschütteln. Das Wissen, daß sie in sicheren Gewässern waren, konnte die Gewohnheiten und die Wachsamkeit nicht vertreiben, die einem

Menschen zu eigen waren, der sich viele Monate in Gefahr befunden hatte.

Hier gab es keine Langstreckenbomber, die angreifen konnten, kein U-Boot, das ohne Warnung zuschlagen konnte. Es würde ein unvergeßliches Erlebnis für die Besatzung bleiben, besonders für die jungen Männer. Nachdem sie Kapstadt verlassen hatten, waren sie nordwestlich über die große schimmernde Wüste des Indischen Ozeans nach Trincomalee gefahren. Weitere fremde Eindrücke, Souvenirs und ein paar Tätowierungen, die einige bald bedauern würden.

Drei Tage nach der schrecklichen Nachricht über die *Hood* war ein weiterer Funkspruch gekommen über ihren mächtigen Gegner, die *Bismarck*. In einem heißen Gefecht mit Einheiten der Home Fleet war auch sie versenkt worden. Es war wohl sehr knapp gewesen. Die *Bismarck* war von einer Swordfish gesichtet und angegriffen worden. Der Flieger hatte es irgendwie geschafft, das mörderische Flakfeuer zu durchdringen und einen Torpedotreffer anzubringen. Er beschädigte die Ruderanlage des Schlachtschiffs und reduzierte seine Geschwindigkeit. Nicht viel – aber genug. Calvert würde das sicher freuen, dachte er bei sich.

Aus den Wohndecks waren ein paar Hurrarufe zu hören gewesen. Während die *Serpent* in wärmere Zonen dampfte, grollte der weit entfernte Krieg weiter. Kreta, das gegen massive Luftangriffe und Fallschirmjägereinsätze nicht zu halten war, hatte sich ergeben. Wieder waren Schiffe verlorengegangen, viele Soldaten gerieten in Gefangenschaft. Es war schwer, das zur Seite zu schieben, geschweige denn, es zu vergessen, wenn die Matrosen an Land gingen, um die Sehenswürdigkeiten zu bewundern. Bei den Einsätzen auf dem Atlantik und der Westlichen Ansteuerung hatte es jedenfalls immer regelmäßig Post gegeben, Briefe, die die Familien und Liebenden zusammenhielten. Jetzt würde es lange dauern, bis Post auf der *Serpent* eintraf. Außer für die alten Hasen war das eine unbekannte Erfahrung.

Penang und dann die Straße von Malacca, die Malaya von Sumatra trennte, dann Singapur. *Operation Bumerang,* so hatte es ein Sprachgenie auf der Admiralität getauft, war fast beendet, jedenfalls für die *Serpent.* Dort würden die frisch ausgebildeten Truppen an Land gehen und die erfahrenen an Kriegsschauplätze gebracht werden, wo man sie verzweifelt benötigte. Der kleinere Truppentransporter, ein Kombischiff mit dem Namen *Orinoco,* würde in Begleitung der *Islip* und der *Serpent* weiter nach Hongkong laufen.

In das Südchinesische Meer, einen Ort der Phantasie und des Entzückens, wo Inseln steil aus dem Wasser ragten, einige ständig in Wolken gehüllt. Der Flottillenführer *Islip* behielt die Spitze; er hatte das Glück, mit dem geheimen neuen Auge ausgerüstet zu sein, das bei jedem Wetter funktionierte: das Radar. Es wäre kein Vergnügen, wenn man sich zwischen den unzähligen Inseln verfranzte oder in Nebel geriet. Die geschäftige örtliche Schiffahrt, die von fledermausartigen Dschunken bis zu uralten Trampdampfern reichte, war eine weitere Gefahr.

Piraterie, Schmuggel, Opiumhöhlen, man konnte sich das alles leicht vorstellen.

Kerr klopfte an die Tür und stieg über das Süll.

»Sie wollten mich sprechen, Sir?«

Er hatte sich gut gemacht und beschäftigte alle Männer vom Offizier bis zum letzten Heizer mit Übungen und Wettkämpfen, so daß ihnen wenig Zeit blieb, darüber nachzusinnen, was zu Hause passierte. Sollte er enttäuscht sein, daß er bei der Beförderung übergangen worden war, so zeigte er es nicht.

»Die *Orinoco* wird vom Lotsen und Schleppern erwartet, Nummer Eins. Sie legt an der Kowloon-Seite an. Sie hat diesmal eine gute Reise gehabt.«

Kerr ging zum Bullauge hinüber und sah ein weiteres Inselchen vorbeiziehen, das dünn bewachsen war mit kleinen Bäumen, die aussahen wie Haarbüschel.

»Was kommt danach, Sir?«

Brooke faltete die Hände hinter dem Kopf. »Wir unterstehen dem direkten Kommando des Patrouillenkommandeurs. Nach meiner Liste, die allerdings nicht sehr aktuell ist, wie ich fürchte, hat der Oberkommandierende hier eine Menge Schiffe und U-Boote zur Verfügung. Wahrscheinlich hat er gar keine Verwendung für uns und schickt uns mit dem ›Bumerang‹ zurück!«

»Was ist mit den Japanern, Sir?«

»Wir sind nicht verwickelt – jedenfalls steht das in meinen Befehlen. Sie kämpfen gegen die chinesischen Nationalisten. Das hat mit uns nichts zu tun.«

Kerr lächelte trocken. »Jedenfalls offiziell nicht.«

Brooke dachte an den spanischen Bürgerkrieg, auch in den waren sie offiziell nicht verwickelt gewesen. Wären sie es gewesen, hätte sich Hitler vielleicht seine Angriffe auf die Tschechen und Polen nochmals überlegt. Eine unentschlossene Regierung, Gleichgültigkeit und Schwäche hatten Hitler genau die Ermutigung gegeben, die er brauchte.

Kerr fuhr fort: »Ich denke, unsere Jungs haben gute Arbeit geleistet, Sir. Sogar der Chief war zufrieden.«

Brooke griff nach seiner Pfeife. »Das gilt auch für Sie, Nummer Eins. Ich werde sehen, was ich tun kann, um Sie auf den Weg der Beförderung zu bekommen.«

Zu seiner Überraschung erwiderte Kerr: »Ich fühle mich wohl so, Sir. Aber trotzdem, danke.«

»Übrigens drückt sich mein Bruder hier draußen rum. Er könnte wissen, was wirklich gespielt wird.«

Aber Kerr blickte auf das Bild des Schiffes im silbernen Rahmen, seine Augen wirkten gedankenverloren. »Es würde mir schwerfallen, es zu verlassen.«

Das Telefon summte lautstark, Brooke nahm den Hörer ab. »Kommandant.«

Es war Calvert. »Brücke, Sir. Blinkspruch von der *Islip*: Geschwindigkeit auf zwanzig Knoten erhöhen.« Dann kam fast als Nachsatz: »Lamma Island ist querab an Backbord, Abstand fünf Kabellängen*, Sir.«

»Ich komme nach oben.« Er wandte sich an Kerr. »Commander Tufnell will vor Sonnenuntergang im Hafen sein. Das kann ich ihm nicht verdenken.« Er griff nach seiner Mütze, die mit dem weißen Bezug seltsam fremdartig aussah. »In einer Stunde ändern wir Kurs.« Er lächelte, aber Kerr merkte, daß er mit dem Herzen nicht dabei war. »Zur Teezeit werden wir längsseits sein, oder nennt man das hier draußen Tiffin?«

Er mußte plötzlich an England denken. Dort war jetzt Sommer, aber die Strände würden voller Stacheldrahtverhaue und kleiner Betonbunker sein. Badegäste mit ihren Kindern würde man vergeblich suchen. Eine Nation wurde belagert, hielt den Atem an. Plakate mit grimmigen Erinnerungen an die Gefahr klebten überall; als ob die Menschen das nötig hatten. *Wenn der Angreifer kommt, nimm einen mit in den Tod!*

Unvermittelt fragte Kerr: »Wenn dieser ganze Mist vorbei ist, werden Sie dann bei der Marine bleiben, Sir?«

Brooke spürte, daß er breit grinste: »Fragen Sie mich das wieder, Nummer Eins, wenn wir den Scheißkrieg gewonnen haben.«

Brooke blickte auf die Kreiseltochter. Seine Augen schmerzten von den grellen, blendenden Reflexionen.

»Steuerbord zehn! . . . Mittschiffs! . . . Recht so!« Er wartete ab, bis sich die tickende Anzeige beruhigt hatte. »Neuer Kurs: Null-fünf-null.« Er richtete sich auf und überblickte das enge Fahrwasser, das sich dann nach jeder Seite des Bugs öffnete und den Blick auf den großen Hafen Hongkongs freigab. Die Aussicht war sowohl atemberaubend als auch furchteinflößend. Noch nie in seinem Leben hatte Brooke so viele und zudem so viele verschiedene

* 1 Kabellänge = $^1/_{10}$ Seemeile = 185,2 m

Schiffe auf einem Haufen gesehen. Die *Islip* hatte die Geschwindigkeit reduziert, sie lief etwa eine Kabellänge vor ihnen. Sie schien von jedem nur möglichen Schiffstyp eingekreist zu sein, der zwischen der Insel Hongkong und Kowloon auf dem Festland unterwegs war. Andere Schiffe waren vermurt und von Leichtern umringt, die ohne Pause be- oder entladen wurden. Daß es die *Islip* schaffte, eine Kollision zu vermeiden, war ein Wunder. Von hier oben auf der offenen Brücke sah es schon schlimm genug aus, wie mußte es erst Pike und seinen Männern im Ruderhaus mit den Sehschlitzen erscheinen.

Zum tausendsten Mal, so kam es ihm jedenfalls vor, hob Brooke sein Fernglas und studierte den Felsen, der sich über den Steuerbordbug heranschob: Victoria Peak, der wie der Felsen von Gibraltar die zusammengedrängten Häuser und Straßen am Hafen überragte. Auf dem Peak gab es ein paar stattliche Häuser von reichen Chinesen und hohen Offizieren. Was mußten die für eine Aussicht haben!

Calvert murmelte ruhig: »Jetzt, Sir!«

Brooke rief: »Steuerbord zehn!«

Pikes Rückmeldung kam sofort: »Steuerbord zehn liegt an, Sir!«

»Mittschiffs! . . . Recht so!« Brooke wischte sich den Schweiß aus den Augen. Er konnte sich nicht daran erinnern, daß ihm jemals ein solcher Konzentrationsfehler unterlaufen war, gleichgültig, welche Hölle sich neben ihm aufgetan hatte. Hätte Calvert nicht eingegriffen, wären sie wahrscheinlich mitten in einen Schwarm Sampans gebrettert.

»Null-neun-drei liegt an, Sir!«

»Steuern Sie null-neun-null!«

Zu Calvert sagte er: »Was für ein märchenhafter Ort.«

»Ich wünschte, ich könnte malen«, lächelte Calvert.

Es war später Nachmittag, und alles schien aus Gold zu sein. Das aufgewühlte und belebte Wasser zeigte trotz des starken Verkehrs mit den sich überlagernden Heckwellen keine Anzeichen von Schaum oder Spritzwasser. Das Hafenwasser schien, wie der Himmel, aus purem Gold.

»Antreten zum Einlaufen! Klar bei Leinen und Fendern!«

Brooke sagte: »Wir gehen mit der Steuerbordseite längsseits an die *Islip*. Wir wollen doch keine Kratzer in die Farbe bekommen, oder?«

Die hektischen Fähren waren das schlimmste. Sollten sie eine Art Wegerecht haben, so zeigten sie es jedenfalls nicht deutlich. Sie waren mit Menschen überladen, die den beiden Kriegsschiffen kaum einen Blick gönnten. Die kleinen Schiffe schienen nur mit viel Glück und dann auch nur um Zentimeter aneinander vorbeizukommen.

Sie näherten sich der Enge, wo die Entfernung zwischen Hongkong und Kowloon nur ungefähr achthundert Meter betrug. Die Marinebasis lag gleich hinter den querlaufenden Fährlinien.

»Beide Maschinen ganz langsam voraus!« Brooke beobachtete, wie die Masten der *Islip* sich drehten, als sie auf die Marinebasis einschwenkte. Die Vor- und Achterdeckmannschaft sah fesch aus in ihren weißen Hemden und Shorts. Die *Islip* war lange genug im Südafrikageschäft gewesen, um für diese Gelegenheit richtig gerüstet zu sein. Die Männer der *Serpent* mochten aus der Ferne ganz gut aussehen, aber sie trugen noch immer ihre blauen Hosen mit Schlag und ihre dunkelblauen Mützen. Die weißen Hemden zeigten schon die ersten Spuren der fettigen Festmacherdrähte, die an der Reling aufgeschossen waren.

»Kreuzer an Backbord voraus, Sir!«

Brooke betrachtete nachdenklich das andere Schiff. Es war einwandfrei in der Farbe, die Sonnensegel waren so straff gespannt, daß man darauf ein vollbeladenes Beiboot hätte absetzen können. Es war der leichte Kreuzer *Dumbarton*, der für den gleichen Krieg gebaut worden war wie die *Serpent*. Aber seine neueren und schlagkräftigeren Nachfolger hatten ihn hoffnungslos veralten lassen.

»Da schert die *Orinoco* aus, Sir!«

Brooke sah zu, wie der Truppentransporter abdrehte. Zwei starke Schlepper kümmerten sich bereits um ihn, und ein Lotsenboot mit der weißroten Flagge »H« lief vor ihm her. An Bord waren auch Krankenschwestern; man hatte sich häufig zugewinkt, wenn man sich passierte.

Brooke sagte: »Auf der *Dumbarton* sitzt unser neuer Chef, Pilot.« Er schwenkte sein Fernglas auf das Dach des leichten Kreuzers, wo ein Trompeter sein Instrument hob.

»Achtung Oberdeck! Seite nach Backbord und grüßen!«

Brooke stand neben Calvert und salutierte, während auf seinem Schiff noch immer die Bootsmannspfeifen »Stillgestanden!« zwitscherten. Das Flaggschiff antwortete mit einem großzügigen »Weitermachen!«

Brooke wandte seine Aufmerksamkeit wieder der kleinen Marinebasis zu. Aber er hatte den schlaffen Breitwimpel eines Commodores Zweiter Klasse gesehen. Er wußte nichts über seinen Vorgesetzten, außer, daß er, wie sein Flaggschiff, schon seit sechs Jahren auf der Chinastation war.

Calvert flüsterte: »Um Himmels willen, was ist denn das?«

Brooke grinste: »H.M.S. *Tamar*, Pilot, hier auch die ›Arche‹ genannt, wie man mir sagte.«

So sah das Schiff auch aus. Ursprünglich war es als Truppentransporter zwischen dem Kap und China nach Hongkong gekommen. Mit seinem hölzernen Rumpf und seinen Rahsegeln mußte es an Nelsons stolze Zeiten erinnert haben. Jetzt, ohne Masten, aber mit zusätzlichen Unterkünften auf dem Deck, die von Sonnensegeln überspannt waren, hatte es sich seinen Spitznamen vollauf verdient.

»Die *Islip* ist längsseits, Sir.«

Onslow entging nichts. Er hatte gesehen, wie die Gösch am Bug des großen Zerstörers auswehte.

»Steuerbord fünfzehn! ... Mittschiffs! ... Recht so!«

Brooke peilte die Brücke des anderen Schiffes an, während

sich die *Serpent* langsam heranschlich. »Backbord zehn! Backbord Maschine rückwärts langsam!«

Er spürte die sanften Vibrationen und konnte sich den aufgewirbelten Schaum des Propellers vorstellen, aber seine Augen waren auf den sich verengenden Spalt fixiert. Männer eilten mit dicken Taufendern über das Deck der *Islip*.

Drähte kratzten über das Vordeck, und er sah den massigen Körper des Obermatrosen Doggett, der schon eine Wurfleine in der Hand schwang. Achtern würde es ähnlich aussehen, man wartete auf den ersten Kontakt, die Probe für das, was einen guten Zerstörerkapitän ausmachte – oder das Gegenteil.

Brooke beugte sich über die Seite. *Zu schnell, zu schnell.*

»Backbordmaschine stop! Ruder Backbord fünfzehn!«

Der spitze Wasserstreifen zwischen den Schiffen war mit Abfall und Schmutz gefüllt. Er sah, daß eine Wurfleine über die Back des anderen Schiffes flog, die gepackt und durch eine Klüse gezogen wurde, um den angesteckten Draht der *Serpent* herüberzuziehen.

»Fest vorne, Sir!«

Ein Matrose am Telefon meldete: »Fest achtern, Sir!«

»Maschinen stopp! Ruder mittschiffs!«

Er blickte auf den sich verengenden Streifen Wasser. Schmal, schmaler, geschlossen. Vom anderen Schiff erklangen gedämpfte Hochrufe und der übliche Pausenclown rief: »Dann wollen wir mal den armen Verwandten eine Hand leihen!«

Calvert murmelte: »Das lerne ich in hundert Jahren nicht.«

Brooke ließ die Anspannung von sich abfallen. »Aber Sie werden es lernen, Pilot, dafür werde ich sorgen!« Beinahe hätte er hinzugefügt, dafür kann ich keinen »Geigenkasten« fliegen.

»Alles fest, Sir!«

»Maschinen abklingeln!«

Brooke blickte über sein Schiff, von der neuen sauberen Gösch bis zur ebenfalls neuen Kriegsflagge am Heck. Er spürte, wie Hitze und Feuchtigkeit ihn einhüllten. Ohne den Fahrtwind wurde deutlich, wie viele Meilen sie von der Heimat entfernt waren.

Kerr kam auf die Brücke geklettert, sein gebräuntes Gesicht war ungewöhnlich entspannt.

»Wegtreten, Sir?«

»Ja, bitte. Aber keinen Landgang, bevor ich nicht weiß, was hier gespielt wird.«

Kerr blickte auf das Land, das Gewirr der kleinen Hütten und auf die größeren eindrucksvollen Häuser weiter im Inland. »Eine ganz andere Welt, Sir.« Er zögerte. »Ich hätte gedacht, daß hier mehr Schiffe unserer grauen Reederei liegen würden. Ein Freund von mir dient hier auf einem U-Boot, ein Klassenkamerad. Ich frage mich, ob ich ihn treffen werde?«

Er drehte sich um, als Onslow mit seiner Morselampe heftig klapperte.

»Von *Dumbarton*, Sir. *Kommandant zur Meldung an Bord.*«

Brooke knurrte: »Das ist aber ein bißchen plötzlich.« Er hatte sich auf ein warmes Bad und ein großes Glas mit irgend etwas gefreut. »Bestätigen, Yeo.« Er wartete ab, während die Morselampe klapperte, dann erkundigte er sich: »*Islip* auch?«

Onslow sah kritisch zu, wie einer seiner jungen Signalgasten eine der ausgefransten Kriegsflaggen der Überreise auftuchte. »Nein, Sir, nur Sie.«

Brooke blickte die Runde an. »Vielleicht wollen die nur wissen, ob wir gewinnen werden.«

Kerr, der ihn langsam zu kennen glaubte, spürte die Verstimmung hinter der ironischen Bemerkung.

Brooke musterte die Brückenbesatzung, die darauf wartete, wegtreten zu dürfen. »Gut gemacht, Jungs!«

Der Bootsmann erreichte gerade die oberste Stufe der

Leiter. Wie immer suchte er nach dem Ersten, aber er hielt inne, weil er nicht stören wollte. Es war ihm, als würde er den Vater des Skippers hören und sehen. Es gab einige in der Messe, die ihn damit hänselten, aber das kümmerte ihn nicht. Er war den einfachen Seeleuten gegenüber loyal, aber nicht so loyal, daß er nicht mehr die einfache Anständigkeit eines Offiziers erkannte. Er hatte schon zu viele Missetäter und linke Bittsteller vor den kleinen Tisch von »Jimmy the One« geführt, als daß man ihn noch an der Nase herumführen konnte. Pike erinnerte sich an den letzten Kommandanten. Greenwood hatte auch gelächelt, war aber nie ehrlich dabei gewesen. Pike zog eine Grimasse. Der alte Greenwood würde Anständigkeit nicht erkennen, auch wenn man sie ihm ans Kreuz genagelt die Gangway hinauftragen würde! Er sah, daß der Kommandant die andere Brückenleiter hinunterstieg, und hielt sein Zettelbrett in die Höhe. »Erster Offizier, *Sir!*«

Während das Motorboot auf den leichten Kreuzer zuschoß, stand Brooke im Cockpit und klammerte sich mit beiden Händen am Verdeck fest.

Kommandant zur Meldung an Bord! war ein Befehl, der viele Deutungen zuließ. Entweder konnte sich der kommandierende Offizier gerade noch ein sauberes Hemd anziehen, oder, wenn die Sache nicht so eilig war, konnte man sich über die Morselampe oder das Telefon auf den genauen Termin einigen. Die Brüskierung ärgerte ihn – und daß er sie sich gefallen ließ. Vielleicht wurde in Hongkong, genau wie in anderen weit vom Schuß gelegenen Außenposten des Empires, noch das Ideal des sofortigen bedingungslosen Gehorsams gepflegt. Er dachte an den westlichen Ozean und mußte lächeln. Man konnte sich glücklich schätzen, wenn man auf dem Atlantik ein sauberes Hemd besaß.

Mit professionellem Interesse studierte er die *Dumbarton*. Sie gehörte zur Klasse der *Danae*-Kreuzer und war etwa zur selben Zeit gebaut worden wie die *Serpent*. Dort endete aber auch jede Gemeinsamkeit. Zu spät in Dienst gestellt, um im Krieg noch eine Rolle zu spielen, hatten diese Kreuzer bis in die dreißiger Jahre überwiegend nur die Aufgabe gehabt, Flagge zu zeigen und als Miniaturflaggschiffe für Zerstörer und andere kleine Flottillen zu dienen. Die meisten Schwesterschiffe waren zu Flakkreuzern umgebaut worden, die Konvois absicherten oder militärische Operationen unterstützten, wenn kein Träger zur Verfügung stand, was häufig der Fall war. Sein Vater hatte es wütend *die übliche Lochstopfstrategie* genannt.

Die *Dumbarton* war zweifellos in tadellosem Zustand. Ihr Anstrich schimmerte und glänzte, Bäume waren für die Boote aufgeriggt. Unter einem schwamm eine grüne Barkasse, von der er annahm, daß sie für den Commodore bestimmt war. Der Commodore Zweiter Klasse war für gewöhnlich ein unangenehmer Dienstrang, eine vorübergehende Beförderung für einen Vollkapitän, die jederzeit rückgängig gemacht werden konnte. Der Betreffende konnte jederzeit aus dem Dienst entlassen und in die Wüste geschickt werden. Einige hatten jedoch Glück. Commodore Harwood, der bei Ausbruch des Krieges Befehlshaber des Amerikanischen und Westindischen Geschwaders gewesen war, hatte das offensichtlich im Auge gehabt. Der Krieg war erst drei Monate alt, als seine kleine Streitmacht die *Graf Spee* im Südatlantik stellte. Heute sprach man davon als der River-Plate-Schlacht. Wie Terrier hatten seine Schiffe das Westentaschenschlachtschiff angefallen, bis sein Kommandant verzweifelt in den Hafen eingelaufen war und sein Schiff selbst versenkt hatte. Harwoods Position und Zukunft waren gesichert.

Brooke drehte sich um und blickte das schäumende Kielwasser entlang. Hier wurde es früh dunkel. An den Hängen des Peak und in der Stadt leuchteten bereits Millionen von Lichtern, während über seinem Kopf ein paar frühe Sterne zum Greifen nahe erschienen.

Er blickte wieder auf die *Dumbarton*. Als Kadett hatte er

eine Auslandsreise auf einem Schwesterschiff mitgemacht. Es würde interessant sein, zu sehen, wie sich dieses Schiff dem Krieg angepaßt hatte.

Macaskie, der Bootssteurer, brachte das Boot in einer weiten Kurve an die Gangway, wo ihn eine schneeweiß gekleidete Ehrenformation erwartete. In seinem schäbigen Seepäckchen kam er sich irgendwie dreckig vor.

Der Bugmann hakte ein, und Brooke stieg auf das Fallreep. Als sein Kopf über dem Deck erschien, ertönten Befehle und zwitscherten Pfeifen; er war seltsam überrascht, denn er hatte sich noch nicht daran gewöhnt, so empfangen zu werden.

Schnelle Eindrücke prägten sich ihm ein. Der Hornist der Marineinfanterie war an seinem angestammten Platz, aber er bemerkte, daß er auf einer geflochtenen Taumatte stand, vermutlich damit seine Stiefel keine Spuren auf dem makellos sauberen Deck hinterließen. Jede Planke und jede Naht war perfekt verlegt, der Stolz eines jeden Schiffbauers – sogar während des anderen Krieges. Brooke sah eines der Geschütze der Hauptbewaffnung des Schiffes, die, wie er wußte, aus 15-cm-Kanonen bestand. Sie waren in Einzellafetten in der Mittschiffslinie angeordnet, wurden mit der Hand geladen und verfügten nur über Schutzschilde. Sie unterschieden sich kaum von denen, an denen er in Dartmouth ausgebildet worden war.

Ein Offizier mit den Schulterstücken eines Commanders trat vor und erwiderte seinen Gruß.

»Brooke? Ich heiße Larkin, wir haben Sie erwartet.« Es klang wie: *Sie haben uns warten lassen.*

Brooke blickte über das unruhige Wasser und entdeckte sein Schiff, das klein wirkte gegen die *Islip*. Der Rumpf mit seinen hellen Bullaugen und den Lampen auf dem Achterdeck sah seltsam verletztlich aus. Dagegen wirkte die *Dumbarton* riesig. Einen Niedergang hinab und einen Gang entlang, dessen Farbe so glänzte, daß man sich darin spiegeln konnte. Commander Larkin wies ihm den Weg zur achtersten Kabine, vor der steif ein Seesoldat stand. Ein kurzer Wortwechsel, dann meinte Larkin:»»Bitte, treten Sie ein.«

Neue Eindrücke: Die große Tageskabine, die über zwölf Meter breit sein mußte. Schöne Möbel, Chintzvorhänge vor den polierten Bullaugen und überraschenderweise ein Porträt des verstorbenen König Georges V. Brooke spürte keine Bewegung, nicht einmal in diesem geschäftigen Hafen, und die Schiffsgeräusche, das gelegentliche Pfeifen aus einem Lautsprecher, schienen von weither zu kommen, Teil einer anderen Welt.

»Ach, da sind Sie ja, Brooke!«

Commodore Cedric Stallybrass M. B. E.* kam aus einer Nachbarkabine hereingeschlendert.

Er war groß und schwer gebaut. Brooke vermutete, daß er eine Menge Übergewicht hatte, das die perfekt sitzende weiße Uniform gut kaschierte. Er hatte nur wenige rote Haare, die so kurzgeschnitten waren, daß sie wie ein Lorbeerkranz auf seinem Kopf saßen. Er gehörte zu dem Typ, dessen Haut selbst der stärksten Sonne widersteht, sein Gesicht und die Glatze waren knallrot, ohne die Spuren eines Sonnenbrandes aufzuweisen.

»Habe Sie einlaufen sehen, Brooke. Nehmen Sie Platz. Ich weiß, daß Sie viel zu tun haben. Müssen Sie ja. Habe nicht vergessen, wie das ist.«

Ein Steward kam herein und servierte hervorragenden Maltwhisky. Stallybrass beugte sich vor, was sein Gesicht abermals veränderte. Seine Augen schienen völlig in den Falten zu verschwinden.

»Schön, Sie unter meinem Kommando zu haben.«

Brooke stellte fest, daß der Commander gegangen war.

Stallybrass fuhr fort:»»Hübsches kleines Schiff, damals wußte man noch, wie man so etwas baut, nicht wahr? Wie ich immer zu sagen pflege, es ist nicht das Alter, worauf es ankommt, sondern die *gute* Form. Hier draußen glauben

* Member of the British Empire (Orden)

die Leute an Astrologen und dunkle Mächte. Die gute Form zählt mehr als der Krieg und alles andere.«

Brooke sah, daß ein weißer Arm vorschoß und sein Glas wieder füllte. Testete der Commodore seine Trinkfestigkeit, oder war es hier draußen immer so?

Stallybrass wurde ernst. »Beim Einlaufen zum Beispiel. Ich möchte . . .« Ein schnelles Grinsen überzog sein Gesicht. »Nein, ich bestehe darauf, daß alle meine Schiffsbesatzungen beim Ein- und Auslaufen anständig gekleidet sind, natürlich auch in den Straßen, überall.«

Brooke erwiderte gleichmütig. »Meine Männer hatten keine Zeit dafür, Sir. Wir kommen direkt aus Scapa Flow, davor . . .«

»Ich weiß, ich weiß.« Er hielt belehrend einen Finger in die Höhe. »Im Krieg lassen wir gelegentlich die Regeln der Disziplin und des Benehmens etwas schleifen. Aber nicht hier draußen. Die Royal Navy verlangt Respekt. Das muß sie, und sei es auch nur, um der Welt zu zeigen, wofür wir stehen. Ich habe bereits mit dem Leitenden Versorgungsoffizier gesprochen: Ihre Leute können morgen ausgestattet werden. Noch etwas zu diesem Ort – es gibt keinen Mangel an eingeborenen Schneidern.«

Es hörte sich bei ihm an, als ob man sich im afrikanischen Busch befände, dachte Brooke.

»Nun, alter Knabe, noch Fragen?« Er war wieder der leutselige Gastgeber.

»Mein Erster Offizier erkundigte sich nach der Vierten U-Bootflottille. Er hat einen Freund auf einem der Boote.«

»Hat er?« Er beugte sich über die Papiere auf seinem Schreibtisch. »Oberleutnant Kerr, richtig?«

»Tüchtiger Offizier.«

»Wenn Sie es sagen.« Er schien etwas aus dem Gleichgewicht zu sein. »Die Flottille wurde schon vor längerer Zeit verlegt, das Depotschiff auch. Auf dem haben wir früher mit dem letzten Befehlshaber der U-Boote verdammt schöne Parties gefeiert.« Er schien sich der Frage wieder bewußt zu werden. »Sie fuhren ins Mittelmeer. Haben gute Dienste geleistet, aber nur wenige sind im Westen angekommen, fürchte ich.« Ernst fügte er hinzu: »Wirklich tragisch.«

Ein Horn trötete über ihnen. Brooke stellte sich den Seesoldaten auf seiner kleinen Taumatte vor.

»Die meisten großen Schiffe wurden natürlich nach Singapur verlegt. Bessere Versorgungsmöglichkeiten. Vollständige Umgruppierung. Aber wir haben hier die Flottillen des West River, des Jangtse und andere nützliche Fahrzeuge.«

Brooke blickte in sein leeres Glas. Hatte er sich verhört? Die *Tamar*-Basis war früher die stärkste der Chinastation gewesen. Aber jetzt sprach der Commodore von alten Flußpatrouillenschiffen, flachgehenden Kanonenbooten, die in geschützten Gewässern des Festlandes für Recht und Ordnung gesorgt hatten und so den britischen Handel und die Niederlassungen geschützt hatten. Angesichts der japanischen Bedrohung war ihre Anwesenheit hier völlig verrückt.

»Ich sehe Zweifel in Ihren Augen, alter Knabe.« Stallybrass kicherte rauh. »Keine Sorge, wir alten Chinaexperten sind immer auf alles vorbereitet.« Das Lächeln verschwand. »Deshalb lege ich immer so viel Wert auf die *gute Form!*«

»Ich werde es mir merken.« Brooke dachte schon, daß er zu weit gegangen sei, aber Stallybrass schien über die Beteuerung erfreut zu sein. Im Plauderton bemerkte der Commodore: »Hatte kürzlich das Vergnügen, Ihren Bruder kennenzulernen. Macht sich gut. Wird wohl bald zum Kapitän zur See befördert werden. Er wird sich mit Ihnen in Verbindung setzen, vermute ich.« Er klang nicht mehr so selbstsicher. Unsicherheit, vielleicht auch Eifersucht. Die Ankunft eines der aufstrebenden Offiziere der Admiralität sah er möglicherweise als Bedrohung seines eigenen kleinen Königreichs an.

An der Tür klopfte es, gerade als Stallybrass auf die Uhr sah. Vielleicht ein abgesprochenes Signal?

Es war ein Leutnant, dessen Gesicht sich so braun von der weißen Uniform abhob, daß man ihn für einen *Eingeborenen* halten konnte. »Die Barkasse des Gouverneurs wird in fünfzehn Minuten kommen, Sir.« Er vermied jeden Augenkontakt mit Brooke.

»In Ordnung.« Nachdem sich die Tür geräuschlos geschlossen hatte, zwinkerte ihm Stallybrass zu. »Guter Offizier, beim Squash und Tennis unschlagbar.«

Es war an der Zeit zu gehen. Er sah, daß sich der Steward bereitmachte, ihm seine Mütze zu reichen. Stallybrass beugte sich vor. »Sie bekommen Ihre Befehle morgen oder so, aber keine Hektik. Ihre Leute sollen sich schließlich akklimatisieren, nicht wahr?«

»Jawohl, Sir, die gute Form!«

»Das ist die richtige Einstellung, alter Knabe.«

An Deck schien es fast kühl zu sein. Er stand an der Reling des Achterdecks und betrachtete das sich vor ihm ausbreitende glitzernde Lichterpanorama. Gelegentlich verdeckte ein schwarzer Schatten einige Lichter, immer dann, wenn ein Lotsenboot oder eine Dschunke ihrem Gewerbe nachgingen.

Der Commander erschien wieder, die Ehrenwache war angetreten. *Serpents* Motorboot kam vom Ausleger herangespritzt, das Kielwasser leuchtete phosphoreszierend.

Commander Larkin fragte leichthin: »Das hier ist etwas anderes als *Ihr* Krieg, vermute ich?«

Brooke biß die Zähne zusammen: Die leeren Rettungsboote, die brennenden Frachter, Menschen, die starben, andere, die nicht mehr leben wollten, nach allem, was sie erlitten hatten. Onslow, Calvert und all die anderen. Er antwortete knapp: »Es ist eine andere Welt, Sir.«

»Sie werden sich bald eingewöhnen und werden diese Stadt mögen. Sie werden schon sehen.«

Das Fallreep hinunter und in das Boot. Vielleicht bildete

er sich alles auch nur ein. Die ganze Narretei, die ganzen vorhersehbaren Fehler: Er war verbittert und ohne Vertrauen in die Führung.

Kerr erwartete ihn auf dem Achterdeck und nahm die Information, die neue Einkleidung betreffend, ohne Kommentar entgegen.

»Ich habe auch nach der U-Bootflottille gefragt, Nummer Eins . . .«

»Danke.« Er hob die Schultern. »Aber ich habe es schon herausgefunden. Das Boot meines Freundes wurde vor ein paar Monaten im Mittelmeer versenkt.«

Brooke versuchte in seinem Gesicht zu lesen, aber es lag im Schatten. »Einen Drink, Nummer Eins? Allerdings keinen exquisiten Malt, fürchte ich.«

Kerr verstand die Anspielung nicht, aber erwiderte: »Danke, gern, Sir.«

Kingsmill hatte vorausschauend eine Karaffe mit Scotch und zwei Gläser bereitgestellt.

»Der würde einen verdammt guten Butler abgeben«, murmelte Brooke müde. Er füllte die Gläser, wobei ihm einfiel, daß er seit Mittag nichts mehr gegessen hatte.

»Es war schwierig, Sir, nicht wahr?«

»Ein ernüchternder Eindruck, um es vorsichtig auszudrücken.« Er versuchte, seine düsteren Gedanken zur Seite zu schieben. »Den anderen geht es gut?«

Kerr dachte an die Offiziersmesse, als er sie vorhin verlassen hatte. Der Chief und der Torpedooffizier hatten schweigend Karten gespielt, Barrington-Purvis und Kipling hatten Beleidigungen ausgetauscht, Calvert gab vor, einen Stadtführer zu studieren, obwohl Kerr registriert hatte, daß sich seine Augen kaum bewegten.

»Wie immer, Sir.«

Brooke lächelte. »Ich werde demnächst mit meinem Bruder zusammentreffen. Vielleicht finde ich dann heraus, was hier wirklich läuft.«

»Wie ist er, Sir?«

Brooke starrte ihn an. Er war schockiert, entdecken zu müssen, daß er das selbst nicht wirklich wußte.

»Eine gute Frage, Nummer Eins.« Sie stießen an. »Auf die guten Formen, Nummer Eins!«

Kerr nickte. Der Alte mußte besoffen sein; er jedenfalls hatte keine Ahnung, was er damit meinte.

»Je höher die Latte liegt, desto besser, Sir!«

Auf der anderen Seite des Hafens stellte sich der Hornist vorsichtig auf die kleine Matte und hob sein Instrument.

Das Ende eines langen Tages.

7 Lotos

Esmond Brooke stand im Schatten des imposanten Hongkong Clubs und zog an seiner ungewohnten weißen Uniform, die er zum ersten Mal seit dem Mittelmeer wieder trug. Nach der Bordroutine auf dem Zerstörer war es entnervend, hier an Land zu gehen. Er hatte das Deck der *Islip* überquert, und als er das Werftgelände erreicht hatte, klebte ihm schon die Uniform am Körper. Aber es war nicht nur die Hitze, dazu kamen der Lärm, der Verkehr, das Geplapper, die drängenden Menschenmassen. All das hatte ihn außer Fassung gebracht. Jetzt ruhig hier im Schatten zu stehen war wie die Erholung nach einem Fieberanfall oder von einem Hangover, wenn Unbekanntes die Gesundung erschwert.

Sein Bruder hatte ihm eine Nachricht geschickt, wo er ihn finden würde: in einem kleineren Club an der Seite des eindrucksvollen gotischen Gebäudes, das auch in Brighton oder Mayfair nicht fehl am Platze gewesen wäre.

Es war Nachmittag. Als er die Schwingtüren aufstieß, wurde er von einer Welle kühler Luft begrüßt. Beinahe wäre er in das Halbdunkel des Clubs gestürzt, denn zwei junge chinesische Diener rissen die Türen von der anderen Seite her auf und begrüßten ihn mit höflichen Verbeugungen.

Der Portier, ein rotgesichtiger Mann mit einer schrägen Haarsträhne in der Stirn, beobachtete ihn mißtrauisch.

»Kann ich Ihnen helfen, Sir?«

Brooke spürte, daß ihm von einem anderen Diener die Mütze aus der Hand genommen wurde. Er bekam keine Garderobenmarke und dachte, daß man sie schon nicht verwechseln würde.

»Zu Commander Brooke, bitte.«

Der Portier, offensichtlich ein ehemaliger Seemann oder Marineinfanterist, spitzte die Lippen. »Und wen darf ich melden, Sir?«

»Den anderen Brooke.«

Die Augen glitten über seine Schulterstücke, dann nickte er bedächtig. »Willkommen in Hongkong, Sir.« Er öffnete die Klappe seiner kleinen Rezeption. »Wenn Sie mir folgen wollen, Sir.«

Ventilatoren hingen im langen Gang. Sie erinnerten Brooke an den schwitzenden Stabsoffizier in Gibraltar mit seinem Spazierstock. Sie passierten mehrere Räume, in denen Clubmitglieder in Korbstühlen flegelten, die Beine ausgestreckt, die Augen geschlossen. Leere Gläser standen neben ihnen, über allem schwebte ein feiner Currydunst.

Obwohl es ein Club für Marine- und Heeresangehörige war, vermutete Brooke, daß er auch für viele britische Kaufleute in der Kolonie ein Stück Heimat geworden war.

»Hier hinein bitte, Sir.« Dann verneigte er sich. »Kapitänleutnant Brooke, Sir.«

Jeremy Brooke stand neben einem der Fenster und beobachtete die Straße. Leichtfüßig wie ein Sportler drehte er sich um. Er hatte sich immer seiner körperlichen Fitneß und seiner sportlichen Fähigkeiten gerühmt.

Ein Außenstehender hätte sofort die Ähnlichkeit zwischen beiden festgestellt. Fast dieselbe Augen- und Haarfarbe, allerdings wirkte Jeremy Brooke in seiner weißen

Uniform schneidig und frisch. Er war kühl und entspannt, und sein Lächeln leicht amüsiert, als sein Bruder zu ihm hinübergehumpelt kam.

Sie schüttelten sich fest, aber distanziert die Hände.

Jeremy sagte: »Du siehst gut aus. Ich habe einen ergrauten alten Veteranen der Ozeane erwartet. Ein paar Leuten hier in H. K. wird es guttun, mit einem richtigen Helden konfrontiert zu werden, anstatt von ihnen nur immer aus sicherer Entfernung in der Zeitung zu lesen.«

Brooke studierte die Miene seines Bruders und fragte sich, was sie voneinander trennte. Die unterschiedlichen Lebenswege vielleicht? Die brutalen Kämpfe im Atlantik und im Mittelmeer, wo Männer und Schiffe starben, während man in diesem hinterletzten Loch noch immer vom Empire träumte? Soweit er wußte, hatte Jeremy seit Kriegsausbruch niemals an Bord eines Schiffes gedient. Dem mußte ein höherer Sinn zugrunde liegen.

Sein Bruder erkundigte sich: »Wie hat sich dein V. C.-Träger eingefügt? Man sagte mir, er wäre durch den Schock ein wenig aus der Spur.«

Kalt, schnell und ohne Gefühl, so war er immer gewesen.

Esmond erwiderte: »Calvert? Er leidet noch immer darunter.« Er hörte sich vorsichtshalber hinzufügen: »Er gefällt mir und dem Schiff!«

Sie setzten sich. Sein Bruder nahm einen Block von einem beflissenen Kellner entgegen. »Gin?«

Anstatt abzulehnen, sagte er: »Mit viel Eis, das ist etwas, worum ich sie hier beneide.«

Sein Bruder unterschrieb den Bon. »Es ist ziemlich trostlos hier, hier im Club, meine ich. Ich komme nur her, um Leute zu treffen.«

»So wie mich?«

Er grinste. »Wie dich, genau.« Er beugte sich vor, und Brooke fragte sich, wie es kam, daß sein Haar immer so tadellos saß. Keine Strähne war am falschen Platz. Er hatte sich selbst im Spiegel des Clubs betrachtet. Das Haar zu lang, die Uniformjacke zu weit. Es würde leicht sein, sich hier eine neue nach Maß anfertigen zu lassen.

Sein Bruder nahm sich eine Zigarette, bot ihm aber keine an. »Rauch deine Pfeife, falls du möchtest. Das macht hier jeder, die meisten sind hier fast wie zu Hause.«

»Wo wohnst du?« Aus den Augenwinkeln sah er den Diener ein Tablett abstellen und hörte das verführerische Klirren von Eis.

Jeremy sah ihn neugierig an. »Im Pen, natürlich.« Er lächelte mild. »Im Peninsula Hotel auf der anderen Seite in Kowloon.«

»Ich habe darüber gelesen, soll ganz schön teuer sein.«

Wieder das leichte, fast mitleidige Lächeln. »Ich muß es ihnen wert sein.« Er nahm sein Glas und blickte ihn durch den Zigarettenrauch an. »Schön, dich zu sehen. Entschuldige wegen der Beerdigung, aber es gab nichts, was du hättest tun können. Und ein Auslaufbefehl ist ein Auslaufbefehl in dieser Marine.«

»Was genau machst du hier draußen, Jeremy? Es hört sich ein wenig nach diesen Mantel-und-Degen-Geschichten an.«

Sein Bruder nickte amüsiert. »Ja, so scheint es wohl – für dich. Ich bin im Stab des D. N. I.*– schon seit Monaten.«

»Beim Chef des Marinegeheimdienstes? Bei Gott, das wußte ich nicht!«

»Und du wirst es auch jetzt nicht weitererzählen. Ich kenne dich, du bist verschlossen wie eine Auster, wenn es darauf ankommt.« Er beugte sich vor und legte eine Hand auf den Tisch. »Du bist nicht wie ich. Schiffe, Blut und Gedärme sind dein Krieg. Einen, den wir gewinnen müssen. Meiner ist anders, aber ich hoffe, daß sich am Ende herausstellt, daß er nicht unwichtiger war.« Er wartete keinen Kommentar ab, sondern fuhr fort: »Ich hörte, daß du beim Commodore warst?« Er blickte zur Seite, denn seine

* Director of Naval Intelligence

Selbstbeherrschung verließ ihn. »Leute wie er machen mich krank.«

»Ich kann dir nicht folgen.«

Jeremy Brooke zupfte ein unsichtbares Haar von seinen schimmernden Schulterstreifen.

»Das mußt du auch nicht.«

War es eine absichtliche Geste, um ihm zu zeigen, wer hier das Sagen hatte, Brüder hin oder her?

Brooke sprach sehr vorsichtig und ohne jede Bitternis: »Ist Sarah bei dir?«

Für eine Sekunde hatte er seinen Bruder aus dem Gleichgewicht gebracht.

»Nein. Ich war in Eile und habe den Weg über den Suez genommen. Der ist zu gefährlich, um Frauen mitzuschleppen. Du weißt, wie das ist.«

»Nein, eigentlich nicht.«

Sie blickten einander an, Fremde oder Gegner, man konnte es nicht sagen.

Dann sagte Jeremy sehr ruhig: »Es gibt ein paar sehr wichtige Leute, auf die es ankommt, falls die Chose hier schiefläuft.«

»Rechnest du damit?«

Jeremy zuckte mit den Schultern, sogar das tat er elegant. »Winston Churchill hat sich klar genug ausgedrückt. Was auch immer im Fernen Osten geschieht, Hongkong bleibt unter unserer Flagge. Für den Ernstfall haben wir genug Schiffe und Männer in Singapur und Malaya. Der Rest ist rein hypothetisch.« Er klopfte mit den Fingern auf sein silbernes Zigarettenetui. »Wir haben unsere Richtlinien.« Er lächelte kurz. »Aber Ihre Lordschaften sitzen auch nicht mehr nur auf ihren dicken Hintern und schauen dem Spiel lediglich interessiert zu. Das hoffe ich jedenfalls.«

»Wer sind diese wichtigen Leute?«

»Ganz besonders einer: Charles Yeung. Ein sehr einflußreicher Geschäftsmann. Sogar der Gouverneur zieht vor ihm den Hut.«

Der Kellner kam heran, aber Jeremy schüttelte den Kopf. Er fragte seinen Bruder nicht, ob er noch einen Drink haben wolle. Statt dessen sagte er: »Es wird eine Party in Charles Yeungs Haus geben, oben auf dem Park, sehr eindrucksvoll.«

Brooke dachte an die großen Häuser, die er beim Einlaufen von der Brücke der *Serpent* aus gesehen hatte. War das wirklich erst gestern gewesen?

Sein Bruder fuhr fort: »Es werden die üblichen Leute dasein. Sie werden dem Gastgeber Honig um den Bart schmieren und hinter seinem Rücken über ihn lästern.«

»Was ist er für ein Mann?«

»Reich. *Sehr* reich. Er hat überall Geschäftsbeziehungen, hier und in den USA, überall dort, wo er es wünscht. Er ist wichtig für uns. Das reicht fürs erste. Also übermorgen. Ich gebe noch genau Bescheid. Bring den Calvert mit – bei einem V. C.-Träger mag sich der eine oder andere nicht so verlassen fühlen.«

Vorsichtig meinte Brooke: »Ich denke, daß er nicht kommen wird.«

Jeremy war aufgestanden, und wie von Zauberhand schoß ein Junge mit seiner goldverzierten Mütze heran. Einen Augenblick lang blickte er sich im Spiegel an, während er die Mütze leicht schief aufsetzte. Ihre Blicke trafen sich im Spiegel. Jeremys Stimme war plötzlich kalt. »Ich habe ihn nicht gebeten, das war ein Befehl!« Dann drückte er dem Portier ein paar Münzen in die Hand und trat ins Sonnenlicht hinaus. Zu seiner eigenen Überraschung bemerkte Brooke, daß er darüber lächeln konnte.

Laut murmelte er: »Ich habe mich also doch nicht geirrt, du bist wirklich ein arroganter Hund!«

Oberleutnant Kerr schlüpfte in die Kabine.

»Alles klar für die Party, Sir?«

Brooke zog eine Grimasse und spielte mit dem Gedanken, vor dem Gehen noch einen Drink zu nehmen, entschied sich dann aber dagegen. Vielleicht würde es doch ganz spaßig werden.

»Tut mir leid für Sie, Nummer Eins, aber ich brauche Sie an Bord für die Werftleute.«

Kerr hob die Achseln. »Macht nichts, Sir. Ich bin froh, daß Toby Calvert mit Ihnen an Land geht. Er hätte hier Wurzeln geschlagen, wäre er noch länger an Bord geblieben.«

Wenn du nur wüßtest, dachte Brooke und erinnerte sich an die Bemerkung seines Bruders. Calvert hatte in diesem Falle gar keine andere Wahl. Er ging zum offenen Bullauge hinüber, überschattete seine Augen wegen der untergehenden Sonne und betrachtete den leichten Kreuzer, der am Morgen eingelaufen war und hinter Commodore Stallybrass' *Dumbarton* festgemacht hatte. Es war ein holländisches Kriegsschiff mit dem Namen *Ariadne*. Wie mußte sich ihre Besatzung fühlen, fragte er sich. Sie machte hier draußen weiter, während ihre Heimat besetzt war. »Ich nehme übrigens auch Kipling mit, um ihm zu zeigen, wie die andere Hälfte der Menschheit so lebt.«

Es klopfte an der Tür, und Calvert trat ein. Brooke sah es alles: Selbstbewußtsein, Trotz, Groll. Das kleine rote Band unter den Pilotenschwingen leuchtete wie ein Blutfleck. Die weiße Uniform stand ihm, und sein Bart verlieh ihm den richtigen Touch. Alle Mädchen würden sich nach ihm umdrehen. Er hätte beinahe gelacht. *Du hast gut reden.*

Tonlos fragte Calvert: »Wie kommen wir dorthin, Sir? Mit einer Rikscha?«

»Nun, soviel ich weiß, werden wir nicht laufen müssen.« Er blickte sich um, als der Dritte im Bunde, Leutnant Kipling, hereinschaute und sie freundlich angrinste.

»Alles klar, Sir.«

Kerr sah ihn ernst an. »Sogar der Commodore wäre mit Ihnen zufrieden, Sub.«

Ein Telefon klingelte, dann erschien Kingsmill aus seiner Pantry.

»Vom Haupttor, Sir, der Wagen erwartet Sie.«

Calvert seufzte: »Verdammt, wieder keine Rikscha.«

Der W. O. der *Islip* salutierte, als sie das Deck überquerten. Brooke hatte sich gefreut, als er hörte, daß auch Commander Tufnell eingeladen war. Also würde es zumindest ein bekanntes Gesicht geben. Außer natürlich, dachte er sarkastisch, dem von Bruder Jeremy.

Am Tor hatte sich eine kleine neugierige Menge von Seeleuten und Nichtstuern gebildet.

Mit Bewunderung in der Stimme rief Kipling: »Sir, das ist nicht einfach ein Auto!« Er ließ seinen Blick über den langen Rolls-Royce gleiten, der die ganze Einfahrt blockierte. Er war hellgrün mit schwarzem Dach. Bei der ständigen Feuchtigkeit in der Luft mußte es eine Lebensaufgabe sein, ihn so makellos sauberzuhalten. Über den Vordersitzen war das Verdeck offen. Brooke schüttelte den Kopf, als ein kleiner Chinese in einer taubengrauen Uniform und schwarzen Gamaschen zackig auf die Straße sprang. Er salutierte so gekonnt, daß sogar ein Feldwebel der Royal Marines nichts daran hätte aussetzen können.

»Commander Brooke, Sir?« Er verbeugte sich. »Zu Ihren Diensten, Sir.«

Calvert meinte: »Was für ein Wagen. Ich hätte Angst, damit in London zu fahren, geschweige denn hier.«

Kipling erklärte: »Es ist ein Phantom II, toller Motor. Vor dem Krieg kam oft einer in unsere Garage zum Tanken.«

Brooke registrierte, daß er nicht *Jarasche* gesagt hatte, das behielt er sich offenbar für Barrington-Purvis vor.

Sie kletterten in den Wagen und wurden von Ledergeruch und frischen Blumen in einer kleinen Silbervase begrüßt.

Der Fahrer blickte sie im Rückspiegel an.

»Können wir, Käpt'n-Sir?«

Brooke nickte. »Los geht's.« Er fand Zeit, sich darüber zu wundern, wie der Chauffeur mit den Füßen an die Pedale kam. Das Auto glitt durch den Verkehr und die plappernden Händler; dann erreichten sie die Serpentinen zum Peak. Gleichzeitig versank die Sonne im Meer. Niemand sprach. Es ging höher und höher. Einmal, als die Straße besonders steil war, konnte Brooke nur noch das Kühlersymbol, den *Spirit of Ecstasy*, sehen, so als ob sie gleich über den Rand einer Klippe stürzen würden. Er blickte nach unten, fasziniert von den Hafenlichtern: Ankerlaternen, kleine Boote, die wie Glühwürmchen herumschossen, Trampdampfer, auf denen geladen und gelöscht wurde, die Luken weit offen unter dem Licht der Sonnenbrenner. Ein lebendiger Ort, der niemals schlief.

Morgen würden ein paar dicke Köppe vor dem Tisch des Ersten stehen, wenn die Landgänger zum Schiff zurückkehrten, dachte er trocken.

»Fast da, Käpt'n-Sir!«

Calvert murmelte: »Das ist wie Hollywood.«

Kipling kicherte: »Ich könnte damit leben. Gebt mir die Chance.«

Zwei Diener in weißen Jacken kamen aus dem Haus, um sie zu empfangen.

Brooke kletterte auf den Vorplatz und sah seinen Bruder auf der Treppe stehen, die zu dem mit Säulen geschmückten Eingang führte. Er blickte mißbilligend auf seine Uhr. Brooke nickte dem kleinen Chauffeur zu und steckte ihm ein paar Münzen zu, so wie er es bei Jeremy gesehen hatte. *Beschleuniger* nannte man das hier. Er spürte nicht, wie das Geld seine Hand verließ.

Der Chauffeur griff in den Wagen nach einem Putztuch.

»Ich warte hier auf Sie, Käpt'n-Sir!« Er grinste breit. »Runter ist es noch aufregender!«

Der Krieg schien weit, weit weg zu sein.

Commander Jeremy Brooke lächelte und blickte kurz zu Calvert und Kipling hinüber.

»Ein Wort, bevor du hineingehst, Esmond.« Er nahm

seinen Bruder am Arm und zog ihn von den anderen fort. »Der Commodore ist hier und auch ein paar andere Goldfasane. Ich dachte, ich sollte dich warnen.« Er blickte ihn durchdringend an. »Sprich nicht zuviel über den Grund deiner Anwesenheit hier. Die Operation *Bumerang* soll geheim bleiben. Aber wie ich diesen Ort kenne, wird schon die halbe Insel davon gehört haben.«

Er wandte sich den anderen zu. »Mit Ihnen will ich auch noch sprechen, Kipling, bevor Sie für den Abend verschwunden sind.«

Brooke hatte ganz den Eindruck, daß sein Bruder und der ungewöhnliche Leutnant sich schon kannten. Er versuchte, die bösen Vorahnungen zu verdrängen und wandte seine Aufmerksamkeit der imposanten Empfangshalle zu. Am anderen Ende befand sich ein großer Bogen, der auf eine Terrasse führte, von der man auf den Hafen blicken konnte. Dorthin würde er gehen, bevor er wieder wegfuhr.

Sein Bruder stieß ihn an. »Komm und begrüße deinen Gastgeber, bevor die anderen über ihn herfallen.«

Es war leicht, Charles Yeung auch ohne Vorstellung zu erkennen. Er war für einen Chinesen groß, sein glattes weißes Haar bildete einen Kontrast zu seinem feingeschnittenen, lebhaften Gesicht: Es war das Gesicht eines jungen Mannes. Man konnte ihn auf fünfzig Jahre schätzen, aber im Grunde war er alterslos. Er drehte sich um, als sie sich näherten. Brooke fühlte, wie er gemustert wurde, interessiert, höflich, aber vorsichtig. Er trug einen perfekt geschnittenen Seidenanzug in derselben Farbe wie sein Haar. Ein Mann, von dem nicht anzunehmen war, daß er jemals die Beherrschung verlieren würde. Einen harten Gegner würde er abgeben. Und als Freund? Das war viel schwerer abzuschätzen.

Charles Yeung begrüßte ihn: »Der Bruder meines Freundes. Wie geht es Ihnen? Willkommen in meinem bescheidenen Haus.«

Brooke schüttelte seine Hand. Hart und trocken wie Leder.

Bescheiden? Wohl kaum, wenn der Rest des Hauses und der Grundbesitz der Empfangshalle entsprach. Es war eine lange Säulenhalle, diskret beleuchtet, so daß man gerade den gefliesten Boden mit den eingelegten Mustern erkennen konnte. In jeder Nische stand eine große chinesische Vase voller Chrysanthemen und Gladiolen, die auch schon ein Vermögen gekostet haben mußten.

»Sie kommandieren den Zerstörer *Serpent*? Ich hoffe, daß Ihr Schiff über einen scharfen Giftzahn verfügt!«

Jeremy mischte sich ein. »Genau das richtige Schiff für diese Küstengewässer.« Er und Yeung wechselten einen schnellen Blick. »Und der richtige Kommandant dazu.« Als ein Diener mit einem Tablett voller Gläser auftauchte, schien er über diese Unterbrechung erfreut.

Yeung sah ihn fragend an. »Champagner, Commander? Es gibt alles, was Sie wünschen. Sollte nichts nach Ihrem Geschmack dabeisein, werde ich es besorgen lassen.« Sein Englisch war fehlerlos.

Brooke lächelte: »Champagner ist genau richtig, Sir.« Er blickte sich unter den anderen Gästen um. Es waren ein paar Heeres- und Marineoffiziere, ein paar chinesische Zivilisten mit ihren zerbrechlichen Ehefrauen. Und mittendrin der Commodore, sein Gesicht bereits hochrot.

Ein anderer Diener näherte sich dem Hausherrn und flüsterte ihm etwas zu. Entschuldigend sagte Charles Yeung: »Ein weiterer Gast ist eingetroffen. Wir unterhalten uns später weiter.«

Jeremy bemerkte: »Es ist der stellvertretende Gouverneur.«

»Du sprichst Chinesisch?«

»Genug.«

»Du steckst voller Überraschungen, Jeremy.«

Jeremy stellte sein Glas ab. »Er möchte mich dabeihaben. Ich komme zurück.«

Brooke sah, daß er selber überrascht war. »Ich lasse dich in guten Händen zurück. Darf ich dir Lian Yeung, die Tochter unseres Gastgebers, vorstellen?« Er schien sich nicht ganz wohl in seiner Haut zu fühlen.

Brooke streckte seine Hand aus. Er fühlte sich in ihrer Gegenwart ungeschickt, und er wußte, daß er sie anstarrte. Doch er konnte nicht anders.

Lian Yeung war nicht nur überwältigend, sie war einfach entzückend. Ziemlich groß, worin sie nach ihrem Vater kam. Ihr Haar schimmerte wie Jade und war über den Ohren hochgesteckt. Sie trug einen hochgeschlossenen Cheongsam, der bis zu den Füßen reichte, die in kleinen goldenen Sandalen steckten.

Er hörte, wie sein Bruder sagte: »Ich wußte nicht, daß Sie heute abend kommen würden, Lian.«

Sie blickte nicht ihn an, sondern lächelte Brooke zu. »Sie werden mich wiedererkennen, wenn wir uns das nächste Mal sehen, denke ich . . .«

Brooke murmelte: »Ich bitte um Verzeihung, ich konnte nicht ahnen . . .«

»Ganz offensichtlich.« Sie blickte über seine Schulter hinweg. »*Ich* kümmere mich um Ihren Bruder, Jeremy.«

Brooke sah ihren Blickkontakt, er spürte die Spannungen und bei ihr zudem eine tiefe Zurückhaltung oder sogar Abneigung. Sie hakte sich bei ihm unter und deutete elegant auf das Büfett, das sich fast über die ganze Länge des Saales erstreckte. »Kennen Sie sich mit chinesischem Essen aus, Commander?«

»Nein, ich bin noch nie hiergewesen.«

Elegant drehte sie sich zu ihm um, ihre Augen waren sehr ernst, als sie ihn sorgfältig betrachtete.

»Sie sind an vielen Orten gewesen und haben zu viele schlimme Dinge gesehen.« Ihr Englisch war leicht zu verstehen, doch nicht so routiniert wie das ihres Vaters.

Brooke sagte: »Es ist etwas, was nötig ist.« Sogar das klang hier hochtrabend und hohl. »Kennen Sie England?«

»Ja, ich habe dort meine Ausbildung beendet.« Sie machte eine Pause. »Dort habe ich Ihren Bruder getroffen. Er wurde als Dolmetscher ausgebildet.« Sie hob die Schultern. »Aber was soll's. In England habe ich viel vom Krieg gesehen, bis mein Vater auf meiner Rückkehr bestand.«

Brooke wunderte sich über ihre fast gefühllose Bemerkung. Jeremy mußte sie in England getroffen haben, nachdem er Sarah geheiratet hatte, und vielleicht auch hier . . .

»Ich helfe Ihnen bei der Auswahl. Die Diener werden Ihnen die einzelnen Gänge servieren.« Sie deutete auf einen anderen Tisch mit Fingerschalen und kleinen Handtüchern, auf denen jeweils eine Orchideenblüte lag. »Benutzen Sie Ihre Finger, das erspart Ihnen die Peinlichkeit, mit Eßstäbchen nicht umgehen zu können.« Sie lächelte ihn an. »Sie starren schon wieder.«

»Verzeihung. Alles, was ich vorbringe, sind Entschuldigungen. Ich habe noch nie jemanden wie Sie kennengelernt.«

»Einige Menschen entschuldigen sich nie.« Ihre Augen waren so dunkel, daß es unmöglich war, ihre Gedanken zu lesen.

»Warum hat Sie Ihr Vater zurückgeholt?« Er erwartete eine schroffe Zurückweisung, weil es ihn nichts anging.

Statt dessen fühlte er, wie ihre Hand fest nach seinem Arm griff. »Vielleicht fürchtete er, daß England erobert wird. Er hatte Angst um mich.«

Sie wandte sich ab und hob den anderen Arm. Ein Diener eilte herbei und machte dabei einen Bogen um die quirlende Menge, die jetzt die Tafel umgab.

Die wohlschmeckenden Gerichte waren wieder ein anderer Einblick in diese exotische, unvergleichbare Welt. Spanferkel und knackiger Seetang, geröstete Ente, beides in kleine Pfannkuchen gehüllt, Hummersalat, der von einem Genie komponiert sein mußte. Nach jedem Gang wurden die Scheren und Panzer erneuert; die Reihe der Hummer schien endlos zu sein.

Das Mädchen aß nur sehr wenig, sie war zufrieden damit, ihm jedes Gericht zu erklären. Die anderen Gäste schienen für sie nicht zu existieren.

»Ihr Schiff wird einige Zeit hierbleiben, Commander?« Sie lächelte ernst und wiederholte: »Für einige Zeit?«

»Das nehme ich an.« Er zögerte. »Jedenfalls wird unsere Basis *Tamar* sein.«

»Ich hoffe, daß Ihnen Ihr Aufenthalt gefällt.« Ihre Augen blitzten. »Ich muß gehen, es wird von mir erwartet, daß ich mich unter die Gäste mische.« Sie reichte ihm die Hand. »Es war gut, mit Ihnen zu sprechen.«

Er nahm ihre Hand in die seine und wußte, daß er ein Esel war. Es war ihr erstes und wahrscheinlich auch letztes Zusammentreffen, und er benahm sich wie ein frisch verliebter Fähnrich.

Sie entzog ihm ihre Hand. Fast hätte er sich wieder entschuldigt, statt dessen fragte er: »Darf ich Sie anrufen, wenn mein Schiff wieder im Hafen liegt?«

»Ich werde es wissen.« Sie betrachtete forschend seine Gesichtszüge, als suche sie etwas darin. »Vielleicht.« Sie zuckte leicht mit den Schultern. »Ich bin mir nicht sicher.«

Dann winkte sie jemandem zu und bewegte sich langsam von ihm fort.

»Hat Lian sich gut um Sie gekümmert?«

Brooke drehte sich um und sah, daß Charles Yeung ihn undurchdringlich anschaute. Wie lange war er schon dort? Beschützte er sie und vor wem oder was?

»Niemand hätte es besser machen können, Sir. Sie sind ein glücklicher Mann, daß Sie so eine Tochter haben.«

Yeungs Augen blickten in die Ferne. »Das glaube ich auch.«

»Lian. Was bedeutet der Name?« Er sah, daß ihre Augen ihn scharf ins Visier nahmen. »Sie sehen, ich versuche zu lernen.«

»Ja.« Er nickte langsam. »Ich verstehe. Ihr Name bedeutet Lotos. Das ist eines der acht Dinge, die einem Buddhisten wertvoll sind, verstehen Sie? Reinheit, die unberührt aus der Knospe erblüht. Deshalb sollte eine Frau, die diesen Namen trägt, auch rein und unberührt sein.«

Brooke beobachtete ihn scharf. Da war kein Sarkasmus, kein billiges Amüsement in seiner Stimme oder auf dem Gesicht.

»Danke, Sir, es war ein toller Abend. Ich kann mich nicht erinnern, mich jemals besser unterhalten zu haben.«

Yeung lächelte nicht, erwiderte aber: »Sie sind hier jederzeit willkommen. Wir haben nur noch wenig Zeit.« Er erklärte das nicht weiter, sondern ging fort, als die massige Gestalt des Commodore sich aus der Menge heranschob.

Brooke drehte sich zu dem hohen Spiegel um, damit der Commodore ihn nicht sah. Im Spiegel beobachtete er, daß sein Bruder mit dem großen, schlanken Mädchen im grünen Cheongsam sprach. Sie schien nicht zu antworten, aber als er ihr Handgelenk fassen wollte, entzog sie es ihm.

Brooke starrte sein Spiegelbild an, ärgerlich, verwirrt und merkwürdig eifersüchtig. *Was ist los mit mir?* Ihr Vater war ein Multimillionär, der keine unerwünschten Annäherungsversuche bei seiner Tochter tolerieren würde, besonders dann nicht, wenn sie von einem lausigen Kapitänleutnant ausgingen, dessen einziger Besitz ein altes Haus war, das sein Vater in ein Countryhotel umgewandelt hatte. Sollte er den Krieg überleben, würde es, war die Armee erst einmal abgezogen, wenig wert sein.

Überraschenderweise lächelte ihn sein Spiegelbild an.

Es war, als hätte er ihren Namen gehört.

8   Die Entermannschaft

Oberleutnant Kerr schob sich unter die Abdeckung des Kartentischs und schaltete die kleine Lampe an. Es war alles so ungewohnt nach dem Atlantik und der Westlichen Ansteuerung, wo schon ein Streichholz oder ein nicht abgedunkeltes Licht ein verborgenes Periskop dazu bringen konnte, in diese Richtung zu schwenken.

Er blickte auf die Karte und kontrollierte seine Uhr. Fünf Uhr morgens, das Schiff rollte leicht in der seitlich anlaufenden See. Kerr war seit einer Stunde auf Wache.

Die *Serpent* war seit drei Tagen auf See und patrouillierte in einem großen Rechteck, das 100 Meilen lang und 50 Meilen breit war. Eine Gegend ohne Gefahren oder was sie unter Gefahren verstanden. Die Arbeit war langweilig und monoton nach den ersten Erlebnissen in Hongkong. Hin und her, auf und ab, die Flagge zeigen, Piraten und Schmuggler vertreiben, wie es Aufgabe der britischen Marine seit 1840 in diesen Gewässern war.

Wie einige andere auch war Kerr schockiert über den Abbau der maritimen Stärke in Hongkong. Ein paar alte Zerstörer, einige ebenso veraltete Kanonenboote und eine Flottille Schnellboote mit Torpedos. Die U-Boote, der Flugzeugträger und auch das schneidige Fünfte Kreuzergeschwader waren sonstwohin geschickt oder in den heiß umkämpften Gewässern des Mittelmeeres versenkt worden.

Er hörte Kipling mit dem Signalgast plaudern. Er schien sich bei den einfachen Diensträngen des Brückenteams am wohlsten zu fühlen.

Kerr hatte wissen wollen, wie er die Situation im Fernen Osten beurteilte.

»Wie überall! Alte Zausel, die noch immer die Skagerrak-Schlacht schlagen – und keine Ahnung vom richtigen Krieg haben.«

Die Tatsache, daß er wahrscheinlich recht hatte, machte es nur noch schlimmer.

Kerr beugte sich wieder über die Karte und nahm die Angaben der Morgenwache über die bisher zurückgelegte Entfernung in den Zirkel. Es war bald an der Zeit, den Kurs zu ändern. Seine Gedanken wanderten zum Skipper, der in seiner Kabine unter der offenen Brücke war. Brooke war seit dem Landgang völlig verändert. Die ständige Anspannung war von ihm abgefallen, und er sah um Jahre jünger aus. Die Übergabe der Verantwortung vielleicht. Kipling hatte eine fantastische Geschichte über eine schöne Chinesin erzählt, die er mit Brooke zusammen bei dem Empfang auf dem Peak hatte sprechen sehen. Vielleicht hatte sie etwas damit zu tun.

Kerr machte sich ein paar Notizen und blickte auf einen Namen nördlich von Hongkong: Taya Wan und in Klammern daneben *Bias Bay*. Irgendwo vor dem scharfen Bug der *Serpent* lag die endlose Landmasse Chinas. Als Kind hatte Kerr gerne über die Piraten von Bias Bay gelesen. Er hatte nie erwartet, jemals unsichtbare Rechtecke nur dreißig Meilen davon entfernt zu fahren.

Man konnte sich den Krieg zwischen den Nationalchinesen und den angreifenden Japanern nur schwer vorstellen. Er hatte erwartet, daß die Menschen in Hongkong deswegen nervös und ängstlich sein würden, hatte davon aber keine Anzeichen entdeckt. Das gesellschaftliche Leben ging weiter. Der einzige Krieg, der interessierte, war *unser* Krieg, irgendwo starben Männer für ihr Land, und Schiffe gingen mit feuernden Kanonen in der Tradition von Nelson unter.

Er dachte wieder an Kipling und lächelte. Brooke hatte ihm anvertraut, daß Kipling wohl bald seinen zweiten Streifen bekommen würde. Er wurde schneller befördert, als es sonst bei der Admiralität üblich war. Er fragte sich auch, warum. Barrington-Purvis würde nicht erfreut sein.

»Tee, Sir?«

Er nahm die heiße Mugg und nippte daran. Er hatte den Atlantik gehaßt. War es möglich, daß er ihn auf diesem ungefährlichen Meer vermißte? Er lief auf den hölzernen Grätings auf und ab, die bald ihre morgendliche Reinigung erfahren würden, und lauschte auf das endlose Knarren und Quietschen im Schiff, das mit seiner sparsamsten Fahrt von zwölf Knoten dahinrollte. Bei voller Fahrt war die *Serpent* etwas anderes: einer der Windhunde der Grand Fleet, der Traum eines jeden zukünftigen Skippers. Er lächelte in sich hinein. *So wie ich.* Ein Vierteljahrhundert im Dienst. Der Chief hatte es mit seinem üblichen unaufdringlichen Stolz so ausgedrückt: »Sie wird nur etwas älter, genau wie wir.«

Kiplings fahler Schatten näherte sich aus der Dunkelheit.

Zeit, wieder Frieden zu schließen, beschloß Kerr. Eine scharfe Aussprache war die eine Sache, aber es durfte kein Groll entstehen. »Es wird bald dämmern. Die schönste Zeit des Tages.«

Kipling drehte sich zu ihm um, und plötzlich schienen seine Augen wie Lampen aufzuleuchten.

»Was zum Teufel?« Kerr fuhr herum und sah das Licht auf dem schwarzen Wasser erlöschen, so wie man eine Kerze ausbläst. Sekunden später traf ein dumpfer Schlag den Rumpf.

Kerr packte den Telefonhörer, doch bevor er sprechen konnte, hörte er Brooke scharf sagen: »Ich komme nach oben.«

»Hat jemand eine Peilung genommen?«

Ein Bootsmannsmaat rief: »Gut an Steuerbord voraus, Sir!«

Brooke trat auf die Brücke. Sein widerspenstiges Haar flatterte im Wind, der über die Scheibe wehte.

»An Steuerbord voraus. Ein Blitz und eine Explosion, nicht sehr stark.«

Kipling ergänzte flach: »Etwa sechs Meilen entfernt. Eine Handgranate.«

Brooke blickte zu ihm hinüber, sah aber nur seinen fahlen Umriß.

»Alles auf die Gefechtsstationen, Nummer Eins, ich will nicht in ihren Krieg verwickelt werden.« Er deutete mit der Hand in Richtung des unsichtbaren Festlandes. »Aber ich kann ihn auch nicht ignorieren.« Er hängte sich sein Fernglas um, als die Alarmglocken losschrillten. Nach Wochen auf einem leeren Ozean und der sicheren Ankunft in Hongkong, würde dieses Geräusch bei allen, die es hörten, viele Erinnerungen wecken. Vielleicht befanden sie sich ohnehin nur in einem eingebildeten Paradies?

Kipling wollte die Brücke verlassen, aber Brooke sagte: »Nein, bleiben Sie, vielleicht brauche ich Sie noch.«

Die Sprachrohre quäkten, die Meldungen wurden von der Brückenbesatzung bestätigt, die jetzt wieder wechselte.

»Der Bootsmann ist am Ruder, Sir.«

Die rauhe Stimme des Torpedooffiziers: »Funkstation besetzt!«

»Artillerie und Nahbereichswaffen bemannt!« Trotz seiner offensichtlichen Irritation klang Barrington-Purvis messerscharf.

Kerr meldete: »Schiff klar zum Gefecht, Sir!«

Oberleutnant Calvert putzte sein Fernglas und sprach leise mit seinem Signalgast am Kartentisch. Er schien völlig ruhig zu sein.

Brooke nahm das Brückenmikrofon und drückte die Sprechtaste.

»Hier spricht der Kommandant. Tut mir leid, daß ich euch so früh aus den Hängematten holen mußte. Wir überprüfen ein Schiff oder mehrere.« Er sah zu Kipling hinüber und fügte hinzu: »Eine Handgranate ist explodiert.«

Kipling war der Meinung, daß andere, mit weniger Erfahrung, hätten geschwiegen. Welche Art Krieg hatte er geführt, bevor er auf die *Serpent* gekommen war? Er hängte das Mikro auf und nahm den Hörer des Maschinenraumtelefons.

»Chief?«

»Aye, Sir.« Es klang, als hätte er schon darauf gewartet.

»Geben Sie mir eins-eins-null Umdrehungen, richten Sie sich aber darauf ein, volle Pulle fahren zu müssen. Wir haben hier jede Menge Wasser . . .«

Er sah, daß die salzverschmierte Panzerglasscheibe durch einen kurzen Blitz erleuchtet wurde, dann spürte er die Druckwelle.

Der Chief erwiderte: »Allzeit bereit!«

Brooke dachte an die Männer, die er befehligte. Sie hatten alles schon durchgemacht und gesehen. Wasserbombenangriffe, Stukas, sinkende Frachter, schreiende Seeleute, durch die sie hindurchrasten, um ein lauerndes U-Boot zu stellen. Sie schrien um Hilfe, wenn es keine geben konnte, darauf wartend, daß die Wasserbomben hochgingen. Einfache Männer, denen die Gedärme herausgerissen wurden, wenn die Wasserbomben in der eingestellten Tiefe explodierten. Er hob sein Glas, als sich das Deck mit zunehmender Geschwindigkeit stabilisierte. Die weiße Bugwelle schoß schäumend vom geraden Steven weg; vorher war da kaum ein leichtes Kräuseln gewesen.

Man konnte schon die Wasserfläche erkennen, es war erstaunlich, wie schnell es hier hell wurde.

Calvert meldete: »Von der letzten Explosion habe ich eine Peilung.«

»Gut.«

Er hörte Calvert mit dem Ruderhaus sprechen und Pikes dumpfe Erwiderung. Wie das Schiff selbst, reagierte jeder Mann seinen Fähigkeiten gemäß.

»Signalmeister!« Er konnte sich gerade noch zurückhalten. Beinahe hätte er mit den Fingern geschnippt, als ihn die altbekannte Anspannung wieder packte. Als Erster Offizier der *Murray* in einer überforderten Geleitergruppe war er oft bis an seine Grenzen belastet worden. Und doch hatte er nie einen kleinen Zwischenfall vergessen, als er nervös mit den Fingern nach einem Seemann auf der Brücke geschnippt hatte. Er hatte sich gerade noch rechtzeitig umgedreht, um die Verärgerung auf dem jungen Gesicht zu sehen. Nur eine winzige Randerscheinung des Krieges, aber er hatte sie nie vergessen.

Onslow senkte sein Glas. »Sir?«

»Telegramm an den Funkraum: *An den Oberkommandierenden, Doppel an Admiralität. Unsere Position ist so-und-so . . .*« Aus den Augenwinkeln sah er, wie Calvert sie auf einen Zettel schrieb. »*Ich untersuche Oberflächenex-plosionen.*«

Kerr drehte sich um und sah Brookes gebräuntes Gesicht breit grinsen. »Aber sagen Sie dem Funker, er soll es erst auf ausdrücklichen Befehl von mir absetzen.« Er blickte Kerr an und fügte hinzu: »Sonst mischen die sich noch ein.«

Kerr beobachtete, wie das erste milchige Tageslicht die Umrisse des Schiffs aus der Dunkelheit riß und dem grünen Wasser Tiefe verlieh. Eine chinesische Dschunke nahm Gestalt an, wie sie da bewegunglos über ihrem Spiegelbild lag. Sie schien kentern zu wollen, als sie an ihr vorbeirauschten.

Aber Kerr dachte an die letzte Bemerkung des Kommandanten. Wußte Brooke über den Bruch zwischen ihm und dem letzten Kapitän und warum ihm Greenwood den Weg zu einem eigenen Kommando versperrt hatte?

Der Konvoi war hart gewesen, die ganze Zeit wurden sie durch U-Boote bedrängt, und als sie sich England näherten, griffen noch die schweren Focke-Wulff-Condors in die ungleiche Schlacht ein. Die Unterdecks der *Serpent*, vom Messedeck der Heizer bis zur Offiziersmesse, waren randvoll mit Überlebenden, die sie aus der See hatten ziehen können. Verbrannt, erblindet, Öl erbrechend. Greenwood hatte kurz befohlen: »Brechen Sie die Aktion ab, und stoßen Sie wieder zum Geleit, Nummer Eins.«

Da war noch ein letzter Frachter gewesen, der so langsam sank, daß sie beobachten konnten, wie die Überlebenden versuchten, ein Rettungsfloß zu Wasser zu lassen. Alle Rettungsboote waren durch den Torpedotreffer zerstört worden.

»Was ist mit denen, Sir?«

Die Seeleute des Frachters hatten zum Zerstörer hinübergestarrt. Er war ihre einzige Hoffnung.

Greenwood war auf seinen hohen Stuhl geklettert, es war derselbe, an dem sich Brooke jetzt festhielt, während das Schiff aus der sich zurückziehenden Dunkelheit hervorpreschte.

Kerr hatte noch immer die Antwort im Ohr. »Wir haben unsere Pflicht getan, jetzt befolgen Sie meinen Befehl und nehmen Sie wieder die Position ein.«

Als er wieder hinsah, hatte er die Männer neben dem zurückgebliebenen Floß stehen sehen. Einer von ihnen hatte tatsächlich gewinkt, als *Serpents* Heckwelle über sie hinweggeschwappt war.

Kerr blickte über die Brücke und spürte, daß Brooke ihn beobachtete. Er trug ein zerknautschtes Hemd, keine Mütze und die alten Bootsschuhe, die er gewöhnlich in der »Hütte« benutzte. Aber auch ohne große Uniform wirkte er ganz wie der Kommandant der *Serpent*. Seine Worte wurden vom Dröhnen der Lüfter und dem Klappern loser Ausrüstungsteile fast verschluckt. »Machen Sie sich frei davon, Nummer Eins.« Er lächelte unglaublich traurig. »Wir waren beide dort, nicht wahr? Es wird nicht besser werden.«

Barrington-Purvis' Stimme kam scharf aus der Wechselsprechanlage der Brücke: »Feuerleitstand an Brücke! Zwei gestoppte Schiffe, längsseits, in grün eins-null! Achttausend Meter!«

Als er nach dem roten Telefon griff, hörten sie in der Ferne die starken Motoren aufbrüllen, die mehr nach einem Schnellboot klangen als nach einem Kümo.

»Da geht er hin! Wie eine verdammte Rakete!«

Brooke rief: »Voraus voll, Chief!« Er hörte kaum die kurze Bestätigung und das Klingeln der Maschinentelegrafen im Ruderhaus.

Was war es? Instinkt? Vielleicht nichts von dem, vielleicht war ein moderner Pirat auf eine unerwartete Beute gestoßen.

Onslow bemerkte: »Großes Fischerboot, Sir.« Seine Stimme war ausdruckslos, nur von professionellem Interesse erfüllt. »Ich kann die Registriernummer erkennen.« Er wandte sich an den Signalgast Railton. »Notiert, Harry? Örtliches Boot von Hongkong, wahrscheinlich aus Aberdeen.«

Chefsteward Bert Kingsmill kletterte vorsichtig auf die Brücke, obwohl seine Gefechtsstation im Lazarett war. Ganz offensichtlich fühlte er sich fehl am Platze, aber er stiefelte steif zum vorderen Teil der Brücke und hielt Brooke seine beste Mütze mit dem neuen glänzenden Mützenschild hin.

»Sie wollten mich nicht in Ihre Seekabine lassen, Sir, also habe ich Ihnen diese gebracht.«

Calvert und Kerr sahen zu, wie Brooke die neue Mütze auf sein zerzaustes Haar drückte.

Wieder ein Mosaikstückchen, eines, an das sich alle Männer, die es erlebt hatten, ein Leben lang erinnern würden.

Als das hastig gefierte Motorboot ins Wasser klatschte und an seinem Jolltau von der Bordwand abschor, mußte sich Kerr an der Cockpitabdeckung festhalten. Die See, die von der Brücke aus so ruhig gewirkt hatte, bewegte sich um das kleine Boot in tiefen Wellentälern und hohen Wellenbergen. Als er nach achtern blickte, sah er das aufschäumende Kielwasser. Wieder eine Kursänderung.

Das Jolltau wurde geslippt, und sofort heulte die Maschine mit voller Drehzahl auf. Macaskie, der Bootssteurer, glich die Bootsbewegungen trotz seiner Größe und seines Gewichts behende aus.

Kipling war auch Mitglied der kleinen Entermannschaft, obwohl Kerr eigentlich keinen Grund dafür sah. Der Kommandant hatte nur gesagt: »Nehmen Sie ihn mit. Ich vermute, daß er solche Jobs schon häufig gemacht hat.« Er hatte Zeit gefunden, Kerrs Arm zu berühren, als der die Brücke schon verlassen wollte. »Kein Risiko, Nummer Eins! Verstanden?«

Das Motorboot glitt mit Höchstgeschwindigkeit wie ein Rennboot vor Cowes über die Wellen.

Kerr blinzelte durch das Spritzwasser und sah das große Fischerboot jede Minute näher kommen. Von hier unten sah es noch größer aus.

Kipling löste eine Hand, drehte sich um und blickte auf *Serpents* schlanke graue Linien zurück. Sie schienen im ersten Sonnenlicht zu glänzen, das Unterscheidungszeichen H-50 sah eher silbern aus als weiß. Die 20-mm-Oerlikons zeigten in ihre Richtung, als ob sie ihr Fortkommen bewachten.

Kerr übertönte den Lärm. »Das Schiff ist beschädigt! Wahrscheinlich durch die Handgranaten!« Er roch verbranntes Holz und Farbe und sah die tiefen Risse in der Außenhaut.

Er hatte halbwegs erwartet, daß Brooke den schnellen Angreifer verfolgen würde, aber selbst die *Serpent* würde das Boot nicht rechtzeitig einholen, um es stellen zu können. Es könnte sogar ein Zusammenstoß mit den Japanern provoziert werden, falls sich welche in der Nähe befanden. In der Karte sah es aus, als ob die Japaner die ganze Küste hier besetzt hielten. Kerr wurde zum ersten Mal klar, wie nahe sie den New Territories und Hongkong waren.

Kipling sagte: »Ich empfehle, an der anderen Seite an Bord zu gehen.«

Kerr mußte seine Gedanken sammeln, um den Vorschlag zu erwägen.

»Warum, zum Teufel? Wir verlieren den Sichtkontakt zum Schiff!«

Kipling bohrte sich mit einem Finger in den Zähnen. Er hätte auch gelangweilt mit den Schultern zucken können, als ob das ganze hier reine Zeitverschwendung war. Aber seine Worte besagten das Gegenteil: »Unsere Geschütze können nicht schießen, wenn wir in der Mitte liegen. Natürlich nur, falls es nötig werden sollte.«

Kerr rief dem Bootssteurer zu: »Bringen Sie das Boot auf der anderen Seite längsseits, Macaskie!«

»Aye, aye, Sir!« Er bemühte sich, seine Miene ausdruckslos zu halten, aber es würde eine gute Geschichte in der Messe werden, wenn er zum besten gab, wie ein simpler Leutnant dem Ersten beigebogen hatte, was zu tun war. Sie waren jetzt nahe dran und rochen den Gestank von Fisch und Dieselöl.

Kerr legte die Hände an den Mund. »Boot ahoi! Hier ist die Royal Navy!«

Der Maschinist des Bootes stieß einen der bewaffneten Matrosen an. »Besser als in jedem verdammten Film, stimmt's, Teddy?«

Es gab keine Antwort, und das Fischerboot trieb weiter, unbemannt. Vielleicht hatten die Angreifer die Besatzung entführt?

»Voraus langsam!« Kerr rückte das schwere Leinenholster an seiner Hüfte zurecht und übersah dabei Kiplings trockenes Grinsen.

»Ihr beide bleibt im Boot!« Er spürte, daß der Schatten des Fischerbootes sich über sie schob. Nach der Fahrt durch die Sonne wurde es kalt. Entnervend!

Macaskie bemerkte: »Ich glaube, daß das alte Mädchen sinkt, Sir!«

»Was?« Kerr starrte auf die schmutzige Wasserlinie des Rumpfes. Sie schien tiefer als üblich zu liegen, oder war er so aufgeregt, daß er nicht mehr richtig sehen konnte? Er hörte wieder Brookes Stimme: *Es wird nicht besser werden.* Rauh befahl er: »Mir nach! Wurfdraggen!«

Der Motor des Bootes verstummte, als der Bugmann den Wurfanker über die zersplitterte Verschanzung schleuderte. Kerr stand auf dem vollgestauten, unbekannten Deck, ohne zu wissen, wie er dorthin gekommen war.

Seine Augen musterten die Netzballen, Markierungsbojen und anderen Gerätschaften. Nichts bewegte sich. Eine Luke war offen, und er sah Spuren eines Brecheisens oder Kuhfußes, wo die Deckel aufgebrochen waren. Der Laderaum war leer. Kein Fang. Vielleicht hatten sie etwas anderes transportiert? Er sah den Wollmantel eines Kindes, der zum Trocknen aufgehängt war, und erinnerte sich daran, daß die Fischer aus Hongkong häufig mit allen Familienmitgliedern auf den Booten lebten.

Kipling spähte in die Luke. »Sie nimmt Wasser, das ist richtig. Wahrscheinlich waren das die Handgranaten.« Er klang nicht sehr überzeugt. Er starrte zum Ruderhaus, dann auf die Klappe, die zu den Unterkünften führen mußte. »Soll ich vorgehen?«

Kerr schnappte: »Nein!« Dann zögerte er. »Was ist los, Mann?«

Kipling hob seine Stimme nicht. »Können Sie es nicht riechen?« Als Kerr schwieg, spuckte er es förmlich aus: »Es riecht nach Tod!«

Ein Blick auf die verunsicherte Entermannschaft sagte Kerr, daß er etwas unternehmen mußte.

»Waffen entsichern!« Er blickte zur *Serpent* hinüber, die fast in einer Seenebelbank verschwunden war. Dann riß er ärgerlich die Klappe auf und eilte die Treppe hinunter. Das Schiff war völlig auseinandergenommen worden. Der Inhalt der Schränke lag herum, Kisten waren aufgebrochen, der zerstörte Inhalt lag verstreut auf dem Boden. Menzies, der harte Torpedomixer, der die Männer anführte, schnüffelte in die unbewegte Luft. Wie ein Jagdhund, dachte Kerr.

»Hierher, Sir.«

Kerr ging durch das Mannschaftsquartier und schluckte schwer, als er das Blut sah, das sich mit dem Wasser aus dem leckenden Rumpf vermischte.

»Was ist denn hier los?«

Er sah eine verschlossene Tür. Mit Menzies dicht hinter sich, trat er sie auf. Zwei Öllampen schwangen an der Decke. Die Beleuchtung war nicht gut, aber völlig ausreichend, um zu erkennen, was für ein Horror in diesem kleinen Raum geherrscht hatte.

Auf einer langen geschwungenen Koje, die der Schiffsform angepaßt war, lagen die Körper zweier Frauen. Eine war älter als die andere, wahrscheinlich Mutter und Tochter. Beide waren nackt. Überall war Blut. Kerr vermutete, daß sie mehrfach vergewaltigt worden waren: Die entstellten Gesichter und Blutergüsse legten Zeugnis ab von ihrem Leiden. Ein kleines chinesisches Kind lag tot in einer Ecke.

Menzies atmete schwer, irgend jemand mußte würgen und konnte nicht aufhören.

Kerr trat vor und berührte die Haut des Mädchens, sie war noch warm. Als er sie zudecken wollte, entdeckte er, daß beide Frauen zwischen den Beinen aufgeschlitzt waren. Er spürte, daß er sich jeden Augenblick übergeben mußte, und ...

Menzies knurrte rauh: »Da drüben, Sir, is' noch 'ne Tür.«

Kerr nickte. Ihm war bitter kalt. Die Tür führte wahrscheinlich nach vorne zu den Toilettenräumen und schließlich zum Kettenkasten. Wie konnte er so logisch denken, nach dem, war er gerade gesehen hatte?

Er stieß die Tür auf und blickte auf eine weitere Leiche. Die Handgelenke des Mannes waren gefesselt, aus seinem Körper stammte das Blut in der Kabine. Er mußte unter der Folter gestorben sein. Aber erst hatte er die brutale Vergewaltigung und Ermordung seiner Familie miterleben müssen.

Etwas rollte über das Deck, und einer der Matrosen schrie erschrocken auf: Das Fischerboot ging langsam unter.

Zwischen zusammengebissenen Zähnen sagte er: »Gehen Sie an Deck und richten Sie Burns aus, er soll dem Schiff signalisieren ...«

Aber Menzies starrte in das verzerrte Gesicht des Mannes, dessen Zähne trotzig gefletscht waren.

»Da drüben ist noch einer, Sir.« Er versuchte, ihn anzuleuchten. »Den haben sie versteckt, um unsere Gefühle zu schonen!«

Kerr dachte an den wartenden Brooke, der sich über die Verzögerung wundern würde. Er mußte etwas unternehmen.

Als Menzies die Decke wegzog, sprang die »Leiche« auf die Füße und stieß den Seemann um.

Kerr war wie gelähmt. Der Mann war untersetzt und kräftig gebaut, wahrscheinlich ein Pirat, der in der Falle gesessen hatte, als sein Boot nach der Entdeckung plötzlich abgerauscht war. Ohne zu blinzeln starrte er Kerr an, dann zog er das große Messer, das noch blutverschmiert war.

Menzies rollte sich zur Seite und stöhnte: »Vorsicht!«

Zwei Dinge passierten innerhalb einer Sekunde. Das Glas des schmutzigen Skylights zerbrach über ihnen, und der Knall des Schußes explodierte in der Enge des Raumes wie eine Bombe. Kerr sah, wie sich die Stirn des Mannes öffnete und ihn der Einschlag über die mißhandelte Leiche warf.

Füße polterten den Niedergang herunter. Kipling kam durch die Tür geschossen. Mit einem Blick erfaßte er die abgeschlachteten Frauen und den Mann, den er gerade von oben erschossen hatte.

»Alles in Ordnung, Nummer Eins?«

»Sie haben ihn getötet!« Kerr lehnte sich gegen die Tür, als ob der Rumpf heftig schaukeln würde.

Kipling steckte etwas, was wie eine schwere deutsche Luger aussah, in den Gürtel zurück, doch sein Blick klebte an der Leiche.

»Sie wissen doch, was in den guten Lehrbüchern steht, Nummer Eins? Ziehe niemals deine Waffe, wenn du sie nicht benutzen willst. Nun, wie es aussieht, habe ich genau das befolgt.« Er drückte sich vorbei, nicht ohne an Kerrs verschlossenes Holster zu klopfen. »Wenn Sie verstehen, was ich meine.«

Menzies stand wieder auf den Füßen und schnaufte wie ein Halbertrunkener. »Jesus! Diesmal dachte ich, daß ich dran wäre!«

Kerr beobachtete Kipling, der sich über die Leiche beugte, nicht ohne zuerst dem Mann das Messer aus der Hand zu treten, bevor er ihn nach weiteren Waffen untersuchte. Sein Gesicht war ausdruckslos, nur das Zittern seiner Nasenflügel zeigte, was es ihn kostete.

Vom Deck erklang ein Ruf: »Blinkspruch, Sir, *Rückruf!*« Jemand übergab sich, ein anderer stöhnte: »Dem Himmel sei Dank dafür!«

Kerr wartete, bis Kipling ein paar kleine Gegenstände in seinen Taschen verstaut hatte.

Er wischte sich die Stirn mit dem Unterarm ab. »Eigenartig, aber während der Wache mußte ich an Piraten denken.« Er wollte lachen, wußte aber, daß er dann nicht würde aufhören können.

Kipling richtete sich auf. »Es wird keine Seekarten oder Logbücher geben. Wir können abhauen und das Schiff sinken lassen.« Er starrte zu den nackten Frauen hinüber, als müsse er sich alles genau einprägen.

Kerr ließ die Tür los. »Sie haben mir das Leben gerettet.«

Kipling antwortete lässig: »Das war es doch wohl wert, nicht wahr?« Er wartete ab, bis Menzies gegangen war und die Entermannschaft durchzählte. Als sie alleine waren, meinte er: »Er mag wie ein Pirat aussehen, Nummer Eins, aber er ist ein japanischer Soldat. Ich hoffe nur, daß unsere Leute wissen, was sie tun.«

Sie standen nebeneinander auf dem schrägen Deck und warteten darauf, daß der Motor des Bootes ansprang. Kipling spürte Kerrs Betroffenheit. Ein echter Gentleman, dachte er, den diese Art von Kriegsführung völlig aus dem Ruder laufen ließ.

»Die See ist der beste Ort für diese armen Schweine.« Er zog die lederne Brieftasche hervor, die er aus der Jacke des toten Mannes genommen hatte. Sie enthielt vermutlich Einzelheiten über seine Laufbahn. Der Bruder des Skippers würde sich vielleicht dafür interessieren. Er öffnete die Brieftasche im warmen Sonnenlicht und sah die Fotografie eines jungen Mädchens. Tochter oder Geliebte, Schwester oder Ehefrau? Sie war dem Mädchen unten in der Kabine nicht unähnlich.

Kerr flüsterte: »Ich werde dem Kapitän erzählen, was Sie gemacht haben, und ich werde es Ihnen nie vergessen.«

Kipling lächelte. *Er lernte.*

»Ich weiß, was man mir beigebracht hat. Es gibt die Schnellen und die Toten, dazwischen gibt es nichts.«

Als das Motorboot von der schrägen Bordwand ablegte, sah Kerr, daß der Zerstörer wieder die Fahrt verlangsamte. Männer standen auf dem Oberdeck bereit, das Boot einzusetzen. Die Oerlikons waren noch immer auf das Fischerboot gerichtet. Die *Serpent* war für ihn der schönste Anblick, den er sich vorstellen konnte.

Kipling drehte sich um und schaute zurück. Das Fischerboot hob schon seinen Bug zum wolkenlosen Himmel. Wo waren die anderen Besatzungsmitglieder? Ermordet und über Bord geworfen? Oder steckten sie mit den Angreifern unter einer Decke?

Sie würden es wohl nie erfahren. Niemand würde darüber sprechen wollen.

Kerr fragte: »Was haben die hier gemacht, sie kannten doch das Risiko, so dicht an das Festland heranzufahren.«

Was würde er wohl sagen, wenn ich es ihm erzählen würde? Es wäre fast den Versuch wert.

»Oh, nebenbei gesagt, Sie werden wohl bald Ihren zweiten Streifen bekommen.«

Kipling überschattete seine Augen und blickte zum Schiff hinüber. Barrington-Purvis kletterte vom Feuerleitstand hinunter. Er grinste bösartig.

»Oh, sehr gut, das wird Mummie aber freuen.«

Kerr fühlte sich plötzlich ausgelaugt und leer.

Während die Bootscrew damit beschäftigt war, die Taljen zu befestigen, blickte er zu dem öligen Strudel zurück, wo das Fischerboot den Kampf aufgegeben hatte.

Menzies meinte ruhig: »Danke, Sir.«

Kerr fragte: »Wofür?«

Der Obermatrose blickte auf das Schiff längsseits, in die

fragenden, neugierigen Gesichter. »Daß Sie uns zurückgebracht haben. Dafür.«

Kipling wartete, bis Menzies fort war, dann sagte er: »Ich wäre Ihnen sehr verbunden, wenn Sie die Luger nicht erwähnen würden, Nummer Eins.«

Kerr packte fest seinen Arm. Es war knapp gewesen.

»Was für eine Luger?«

Als der tropfende Boden des Bootes aus dem Wasser kam, klingelten die Maschinentelegrafen und die schäumende Heckwelle zeigte, daß die Maschinengang schon scharf darauf gewesen war, den Hebel auf den Tisch zu legen. Auch das Schiff schien diesen beschämenden Ort schnell verlassen zu wollen.

Kerr blickte zur Brücke hoch und sah Brookes Silhouette gegen den blauen Himmel. Er wartete auf ihn.

»Sobald wir zurück in H. K. sind, spendiere ich Ihnen den größten Drink, den Sie je gesehen haben, Sub!«

Aber es kam keine Antwort, Kipling war verschwunden.

Einen Augenblick lang sah er die starren Augen des Angreifers vor sich, als er die blutverschmierte Klinge hob. Es war ihm nicht möglich gewesen, sich zu bewegen.

Ich hatte Angst.

9 Monsun

Das Peninsula Hotel, das *Pen*, wie es Jeremy Brooke genannt hatte, war ein prächtiger Bau auf der Kowloonseite. Es schien, verglichen mit den meisten anderen Gebäuden, sehr modern zu sein. Das Hotel befand sich nur einen kurzen Fußmarsch von den Star-Fähren entfernt, aber Brooke spürte die Mittagssonne, bevor er es erreicht hatte.

Sie waren heute morgen in den Hafen eingelaufen, in eine seltsam friedliche, unbekümmerte Atmosphäre, die in merkwürdigem Gegensatz zu den schrecklichen Entdeckungen stand, die sie auf dem sinkenden Fischerboot gemacht hatten. Die Einzelheiten hatten sich auf dem Schiff wie ein Lauffeuer verbreitet.

Hier in Kowloon herrschte nur die übliche Zurückgezogenheit und Langeweile eines Sonntags. Während die kleinen hübsch angezogenen Kinder der reichen Chinesen spielten, nur bewacht von ihren Amahs, arbeitete sich eine Militärkapelle durch ihr Programm von Gilbert und Sullivan. Die Zuhörer saßen in Liegestühlen und nippten an Drinks.

Im Hafen war es ähnlich: saubere Sonnensegel, die Gottesdienstwimpel gesetzt für die Morgenmesse. Ein paar Bootsmannschaften schwitzten und keuchten, während sie sich auf die nächste Marineregatta vorbereiteten.

Nur die Frachter waren geschäftig, aber das waren sie immer. Jede Leichtergesellschaft und jeder Frischwasserversorger konnte in wenigen Monaten ein Vermögen verdienen.

Das Hotel hatte eine runde Vorfahrt, nicht unähnlich der des Savoy in London, dachte Brooke. Wie über Kowloon selbst, schwebte auch hier ein Hauch von Reichtum und Selbstzufriedenheit über allem. Ein Beweis für den ständigen Aufschwung der Kolonie.

Er hatte für den Commodore, der die *Tamar*-Station befehligte, einen vollständigen Bericht geschrieben. Stallybrass hatte er auf seinem Flaggschiff eine Kurzversion zukommen lassen. Er hatte erwartet, daß ihn der eine oder andere unverzüglich zu sich bestellen würde. Statt dessen hatte er eine Nachricht von seinem Bruder bekommen, der ihn sofort in das Pen bestellte.

Kerr hatte ihm die verstümmelten Körper beschrieben und ihm alles über Kiplings blitzartiges Eingreifen erzählt, das ihm das Leben gerettet hatte und vielleicht anderen der kleinen Entermannschaft auch.

Kipling war weniger gesprächig gewesen.

»Mit allem Respekt, Sir, der Erste ist ein guter Offizier, aber er ist an solche Einsätze nicht gewöhnt.«

»Sie sind es?«

»Ich habe daraus nie ein Geheimnis gemacht, Sir. Ich war im Mittelmeer beim Special Service. Ihr Bruder – ich meine Commander Brooke – war einige Male bei uns. Der Geheimdienst will immer wissen, was sich so tut. Was das Fischerboot angeht ... ich war darauf vorbereitet, das ist alles.«

Und was war mit der Brieftasche, die Kipling dem Mann abgenommen hatte, den er erschießen mußte? Sie bewies nichts. Er konnte sie einem achtlosen japanischen Soldaten gestohlen haben.

Brooke hielt auf der runden Vorfahrt inne und bewunderte die Fontänen in der Mitte. Nichts paßte zusammen.

Nach Dünkirchen und der Luftschlacht über England hatte man eine Invasion nie ausschließen können. Aber darauf war man schließlich vorbereitet, genau wie in England. Er dachte an den Krieg, den er hinter sich gelassen hatte: Die Konvois, die unzähligen Opfer, die nötig gewesen waren, um Essen auf die Tische zu bringen und Waffen zur Verteidigung heranzuschaffen ... Er schüttelte die Erinnerungen ab und ging die Stufen zu den schmucken Pagen hinauf, die für ihn die Türen aufrissen.

Die riesige Lobby war in Marmor und Gold gehalten. Sie war voller Menschen, die herumsaßen oder in Gruppen zusammenstanden. Kellner mit Tabletts voller Drinks eilten zwischen ihnen umher. Das Peninsula war offensichtlich der bevorzugte Treffpunkt für reiche Reisende und einflußreiche Geschäftsleute. In der Lobby waren nur wenige Uniformen zu sehen: offenbar überwogen alte Hasen der Chinastation, gealtert, mit weißen Haaren und offensichtlich nur zu froh, daß man sie wieder zu einem Freiwilligenregiment eingezogen hatte.

Er mußte plötzlich an das schöne Mädchen in dem grünen Cheongsam denken. Hatte Jeremy sie bei seinen früheren Besuchen hierhergebracht? Der Gedanke daran ärgerte ihn, obwohl er wußte, daß es dumm war.

»Ah, da bist du ja.«

Brooke drehte sich um und sah seinen Bruder in einem Korbstuhl sitzen. Er trug seine große blaue Uniform mit den drei breiten goldenen Streifen am Ärmel, mit der er zwischen den Tropenuniformen seltsam deplaziert aussah.

Sie schüttelten sich die Hände, und Jeremy nahm seine Mütze vom Sessel, den er ihm reserviert hatte.

»Ich habe schon ausgecheckt, muß heute noch los. Zu schade, eine Woche länger wäre genau richtig gewesen.« Er lächelte flüchtig. »Wie du feststellen wirst, ist es eine zauberhafte Stadt.« Ein Kellner huschte heran, und Jeremy fragte: »Scotch?« Er wartete nicht auf die Antwort: »Zwei, Boy, aber große.« Er fuhr fort. »Ich habe deinen Bericht gelesen, oder besser, eine Kopie davon. Sehr interessant.«

Brooke übergab ihm die Brieftasche und sah, wie sein Bruder den Inhalt überflog. Sein Gesicht war völlig ausdruckslos.

Die Drinks kamen, und Brooke konzentrierte sich auf die Menschen und Geräusche um ihn herum. Angeregte Unterhaltungen zwischen Berufssoldaten, die immer lauter wurden, während sie ihre Drinks kippten. Von einem Balkon über der Lobby erklang Musik. Als er sich wieder umdrehte, sah er den angespannten Gesichtsausdruck seines Bruders.

»Die gehen dir auf die Nerven, nicht wahr? Hier sind wir in Kowloon, zwar unter britischer Flagge, aber auf dem Festland, vergiß das nicht. Gleich hinter den New Territories, den Entenfarmen und Reisfeldern, findet die größte Militärkonzentration statt, die der Ferne Osten je gesehen hat.« Jeremy trank schnell und ärgerlich. »Wenn diese Trottel das endlich begreifen würden.«

»Bist du dir sicher? Ich dachte, daß Winston Churchill der Meinung war, daß die Japaner hier draußen nie einen Krieg vom Zaun brechen würden. Seine Worte waren wohl: ›Es wäre töricht von ihnen, das auch nur zu erwägen.‹«

Jeremy blickte in sein Glas. Es war leer, und er hielt es in die Höhe.

Brooke sagte: »Die übernehme ich.«

»Spar dein Geld.« Es war offensichtlich, daß das nicht die ersten Drinks waren, die sich sein Bruder an diesem Morgen genehmigt hatte. »Die Japaner haben immer die absolute Herrschaft angestrebt. Wenn es nicht General Chiang Kai-Shek gäbe, hätten sie sie auch schon. Charles Yeung hat mir einmal erklärt, daß Singapur zwar das Schloß zum Tor ist, aber daß Hongkong der wahre Schatz ist. Er hat recht. Der Rest der Welt tut nichts, und die USA ignorieren alles. Aber *hier* liegt der Schlüssel, Esmond – ohne große Anstrengungen werden wir ihn, verdammt noch mal, nicht in der Hand behalten.« Er hatte seine Stimme so erhoben, daß sich einige Leute umdrehten und zu ihnen herüberblickten.

Es verunsicherte Brooke, seinen Bruder, der immer so unterkühlt und kontrolliert war, so zu sehen.

»Was wirst du deinem Chef in London erzählen?«

»Eine verdammt gute Frage. Ich kann mir meine Zukunft und meine Karriere dadurch sichern, daß ich jedem erzähle, daß Churchill recht hat. Daß Hongkong im Ernstfall eine Festung ist! Aber ich kann auch sagen, daß wir im Falle eines Einmarsches der japanischen Armee über die New Territories bis zu diesem verdammten Hotel nicht den Hauch einer Chance haben, es zu verhindern.« Er hielt inne, um einen Schluck zu nehmen, stellte aber fest, daß sein Glas wieder leer war. »Was haben wir denn hier, um Gottes willen? Uralte Befestigungen, ein paar veraltete Schiffe und ein paar Flugzeuge, die aussehen, als ob sie nur mühsam den letzten Weltkrieg überlebt hätten.«

»Es wäre ein harter Schlag, wenn wir die Kolonie aufgeben müßten.«

»Ich weiß. Glaubst du, ich hätte darüber nicht nachgedacht? Aber ich bin Seemann und kein Diplomat. General Chiang Kai-Sheks Armee ist die einzige Hoffnung. Die Japaner werden niemals einen Zweifrontenkrieg führen wollen. Aber die Nationalisten brauchen Kanonen und alle Arten von Waffen. So etwas ist nie leicht, aber mit Verrat, Korruption und inkompetenter Überwachung ist es möglich – sie riskieren alles.«

Brooke öffnete den kleinen Leinensack, den er von Bord mitgebracht hatte. »Was ist damit?« Er zog ein metallenes Magazin heraus und legte es zwischen die Gläser auf den Tisch.

Sein Bruder nahm sich Zeit, eine neue Zigarette anzuzünden. Er berührte es nicht, sagte aber mit beherrschter Stimme: »Zwanzigschußmagazin für ein B. A. R. Woher hast du es?«

»Leutnant Kipling fand es und gab es mir, ohne jemandem sonst davon zu erzählen. Aber ich nehme an, daß das Fischerboot Waffen geschmuggelt hat – vielleicht für die Nationalisten?«

Sein Bruder nahm das Magazin in die Hand. »Browning Automatic Rifle, ein leichtes Maschinengewehr, zwar etwas veraltet, aber es würde das Gleichgewicht für einige Zeit gewährleisten. Gut, gut!«

»Du wußtest nichts davon?«

Jeremy antwortete kühl: »Nein, diesmal nicht, obwohl wir natürlich wissen, daß so etwas läuft.«

»Wir?«

Sein Bruder stand auf, als ein Fahrer der Armee durch die Lobby marschiert kam. Seine Stiefel knallten laut.

»Ich muß gehen, alter Junge. Übrigens, bleibe mit Charles Yeung in Verbindung. Nützlicher Bursche und sehr einflußreich.«

Brooke sah zu, wie die Diener das Gepäck seines Bruders aufnahmen.

»Wie einflußreich?«

»Hongkong und Shanghai Bank, außerdem gehört ihm

die Coutts Steamship Packet Company. Er hat seine Finger überall drin.«

»Was ist mit seiner Frau geschehen? Jemand erzählte mir, sie sei getötet worden.«

»Sie war sehr schön.« Er winkte dem Fahrer zu. »Sie machte den Fehler, Freunde in Kanton zu besuchen. Bei einem japanischen Bombenangriff kam sie ums Leben.«

Sie gingen in Richtung der Glastüren. Brooke fragte plötzlich: »Und seine Tochter . . .«

»Lian?« Jeremy sah überrascht aus. »Was ist mit ihr?«

»Sie war in dich verliebt, nicht wahr?«

Jeremy lächelte. »Ich muß wirklich gehen.« Er streckte ihm die Hand hin. »Wir haben in London etwas am laufen, aber nichts Wichtiges.«

Er drückte dem Oberkellner ein paar Banknoten in die Hand und ging in den grellen Sonnenschein hinaus.

Brooke stellte fest, daß er die Fäuste ballte. *Nichts Wichtiges*, jedenfalls nicht für Jeremy Brooke. Er rief ihm nach: »Grüße Sarah herzlich von mir!«

Jeremy setzte seine Mütze mit dem goldenen Eichenlaub schief auf, um seine Augen zu beschatten. Der Fahrer hielt ihm den Schlag auf. Er blickte Brooke forschend an, vielleicht vermutete er Sarkasmus, doch dann erwiderte er: »Das werde ich machen. Habe ich dir schon gesagt, daß Sarah ein Baby bekommt?«

»Nein.« Das Wort fiel wie welkes Herbstlaub, als der Wagen schon am Springbrunnen vorbeischoß. »Auch sie nicht.«

Drei Tage nach *Serpents* Ankunft in Hongkong und der Abreise seines Bruders nach England, hatte Brooke noch immer nichts von seinem Bericht gehört. Der Stabschef hatte ihn am Rande erwähnt, als sie am Telefon Arbeiten der Werft besprachen, die auf Brookes Schiff durchgeführt werden sollten. Er hatte auch erwähnt, daß alles von der Polizei untersucht würde und daß der Fischer und seine

Familie höchstwahrscheinlich von Piraten ermordet worden waren. Es bestünde aber auch die Möglichkeit, daß es sich um einen Streit zwischen rivalisierenden Schmugglern gehandelt hatte, da sich das Boot weitab von den üblichen Fanggründen befunden habe.

Wie hatte es sein Bruder so ärgerlich im Pen ausgedrückt:»Wenn diese Trottel es doch endlich begreifen würden.«

Der Flottillenführer *Islip* war ausgelaufen, aber der Kommandant hatte erklärt, daß das mehr der Unterhaltung einer Handelsdelegation diene denn kriegerischen Zwecken.

»Die verdammten Messeabrechnungen werden enorm sein, kann ich Ihnen flüstern.«

Es war seltsam, längsseits an der Pier zu liegen, ohne daß der graue Rumpf der *Islip* ihnen eine gewisse Abgeschiedenheit gewährte. Jetzt wurden sie von allen beobachtet: chinesischen Werftarbeitern, britischen Vorarbeitern, die zu Dutzenden kamen und gingen, obwohl es sich nur um den Aufbau von ein paar Lafetten für leichte Maschinengewehre handelte.

Kipling, zerknautschter denn je, überwachte sie und hatte ein Auge auf jeden und alles. Brooke hatte mitgehört, wie er einem ernst blickenden Chinesen mit einem Schweißgerät erklärt hatte, wo eine Begrenzungsstange angebracht werden mußte, damit ein aufgeregter Seemann das MG nicht zu weit herumreißen konnte und aus Versehen vielleicht die Brücke beharkte. Der Kipling hat schon etwas los, dachte er.

Er beneidete seine Männer um ihre komfortablen Shorts und weißen Hemden. Er wußte, daß einige sich wunderten, daß er immer die volle weiße Uniform trug. Sie mochte kühl aussehen, aber bei dieser Hitze und Luftfeuchtigkeit war sie feucht und ließ keine Luft durch.

Auch schmerzte ihn sein verletztes Bein mehr als üblich, was er kaum verhehlen konnte.

Einer der Werftarbeiter hatte zwei Stahlplatten für die Schweißer bereitgelegt, und Brooke war voll dagegengelaufen. Er war mit dem Deck völlig vertraut, und die Sonne hatte hell geschienen; es war seine eigene Schuld gewesen.

Er mußte mal wieder allein sein, um darüber nachzudenken, was passierte, und nicht nur passiv herumsitzen, ohne Fragen zu stellen.

Der Vormittag war halb verstrichen, als er sich entschied, an Land zu gehen. Vielleicht half es, dem Lärm der Maschinen, den Schweißbrennern sowie der stehenden Hitze im Schiff zu entrinnen, die auch die neuen Lüfter nicht vertreiben konnten.

Die meisten Männer waren ohnehin an Land. Er sah, daß Kerr mit Cusack, dem zwergenhaften Chief, die Arbeit besprach. »Ich gehe an Land, Nummer Eins, die Beine vertreten. Wir sind ja nicht in Alarmbereitschaft.«

Kerr sah ihn nachdenklich an. »Hinterlassen Sie eine Telefonnummer, wo ich Sie erreichen kann, Sir?«

»Nein!« Es klang sehr barsch, und er klopfte ihm auf den Arm. »Entschuldigen Sie, Dick, aber ich bin nicht gut in Form.«

Alle nahmen Haltung an, als Brooke den Landgang hinunterhumpelte.

Calvert tauchte auf mit einem Nachrichtenzettel in der Hand. »War das der Alte?«

Alle grinsten. Die Bezeichnung erschien absurd, dann wurde Kerr ernst. »Ich glaube, daß sein Bein schlimmer wird. Dazu hat er sich auch noch an dem Werftplunder gestoßen.«

Calvert zuckte mit den Schultern. »Es ist nur eine Monsunwarnung. Aber ich dachte, er sollte es wissen.«

»Ist schon in Ordnung, Pilot. Wir und die Wache können uns um die Leinen kümmern, wenn es aufbrisen sollte.« Er blickte über das Werftgelände, aber Brooke war bereits außer Sicht.

Calvert strich sich den Bart. »Das hat er sich im spanischen Bürgerkrieg geholt, nicht wahr?«

»Ja. Wir hätten alle wissen müssen, was danach kommen würde.«

Calvert zupfte an seinem offenen Hemd. »Ich glaube, Sie sollten die Bar öffnen, Nummer Eins.« Er blickte zur Seite. »Übrigens mag ich ihn.«

Kerr dachte darüber nach. »Als er das Kommando übernahm, war ich mir nicht sicher. Dann, auf dieser verdammten Patrouille, konnte ich den stahlharten Kern in dem Mann erkennen. Als ich an Bord zurückkam, wäre ich fast zusammengebrochen.« Er war überrascht, daß er so leicht mit einem anderen über etwas reden konnte, was er selbst als Schwäche empfand. »Einige Skipper hätten mir dafür bei lebendigem Leib die Haut abgezogen.«

Calvert lächelte schwermütig. »Einige.«

Kerr blinzelte in die Sonne. »Nun, sie steht *fast* über der Rah, Pilot. Ein Gin wäre nicht schlecht.«

Ohne von dem Gedankenaustausch seiner Offiziere etwas zu wissen, verließ Brooke die Marinebasis und ließ den Hafen und das brütende Festland auf der anderen Seite des Wassers immer weiter hinter sich. Er lief gegen den ständigen Strom der Menschen an, die alle in die andere Richtung eilten. Bald war er in einem Innenstadtbezirk mit engen Gassen und Verkaufsständen, die von der Hauptstraße abgingen. Ständig mußte er Grüße von Soldaten erwidern, einige davon kamen von seinem Schiff.

Er war froh, daß er an Land gegangen war. Unter der weißen Jacke war er klitschnaß, und sein Bein schmerzte wie Feuer, aber das Leben und die Bewegung um ihn herum waren wie eine belebende Droge.

Irgendwo in diesem Bezirk mußte es einen alten Tempel geben. Vicary, der Torpedomaat, hatte vor dem Krieg auf der Chinastation gedient und davon erzählt. Er sah einen alten Chinesen mit einem langen dünnen Bart und untergeschlagenen Beinen neben einem selbstgebauten Zeitungsstand sitzen.

»Zum Tempel. Können Sie mir bitte die Richtung sagen?«

Die schwarzen Augen bewegten sich kaum, trotzdem schienen sie alles in sich aufzunehmen: Seinen Rang, sein Gesicht und vielleicht auch den Schmerz, der sich darin ausdrückte.

»Pottinger Street, Kapitän.« Eine klauenartige Hand schoß vor. »Großer Hügel. Sehr anstrengend. Tempel heißt Man Mo.«

Brooke nickte. »Ja, das ist er.« Er fragte sich, ob er dem kleinen Mann etwas Geld geben sollte, aber er schien ihm zu ehrwürdig.

Der Mann lehnte sich vertraulich vor. »Falls Kapitän große Schmerzen hat, ich haben Freund ...« Er hob die Schultern, als Brooke den Kopf schüttelte.

»Es ist nichts, aber vielen Dank.«

Nur ein kurzes Stück weiter ging die Straße ab, und Brooke legte eine Pause ein. Der Chinese hatte recht gehabt. Sie war sehr schmal und sehr steil. Es gab keine Fahrzeuge, außer ein paar Handkarren am Anfang, von denen Waren verkauft wurden. In der Mitte der Straße war ein eisernes Geländer angebracht, ohne das ältere Leute wohl auch nicht vorwärts kommen würden. Zu beiden Seiten der Straße waren unzählige Läden.

Eine alte Frau balancierte eine Stange auf der Schulter, an deren Enden zwei Körbe mit schön arrangierten Früchten hingen. Sie mußten sicher einen Zentner wiegen, vermutete Brooke. Er faßte das Geländer an und zuckte zurück. Es fühlte sich an wie glühendes Eisen.

Er begann den Aufstieg, fasziniert von den Einblicken in das tägliche Treiben des geschäftigen Hongkong. Es gab Stände, an denen Tuchballen angeboten wurden, an anderen Pappkartons voller Knöpfe. Er kam an einem Mann vorbei, der lässig einen Arm abspreizte, weil ihm ein

Schneider die Maße für ein Hemd abnahm. Hinter den Buden lagen kleine dunkle Läden wie Höhlen. Ein Kräuterhändler hatte seltsam aussehende Wurzeln ausgestellt, daneben wurde Mehl aus großen offenen Fässern verkauft und jede Menge Reis aus großen geflochtenen Körben. Ein kleines hübsches Mädchen kniete auf dem Pflaster und stellte schöne Tischdekorationen her. Überall neben ihr lagen Orchideenblüten oder standen in Vasen. Sie blickte nicht auf, als er vorbeiging.

Als er stehenblieb, um Luft zu holen, blickte er zum Ausgangspunkt hinab. Die Straße sah von hier aus sogar noch steiler aus. Ihre Stufen und Pflastersteine waren von Millionen Füßen poliert.

Er überschattete seine Augen, um die wackeligen Gebäude zu betrachten, die sich dunkel gegen den strahlenden Himmel abzeichneten. Kein Wunder, daß es so heiß war, die Luft so bewegungslos, denn die Häuser und Läden, die sich an beiden Seiten aneinanderdrängten, hielten jeden Windhauch ab. Balkon über Balkon, kleine Wohnungen, aber viele mit Blumen in Töpfen oder hängenden Körben geschmückt. Vögel sangen in Bambuskäfigen.

Er griff nach dem Geländer und ging weiter. Er kam an Buchläden vorbei, Ständen mit Messingornamenten und religiösen Transparenten, deren Aufschriften er nicht verstand. Das Seltsame war, daß ihm niemand viel Aufmerksamkeit zu schenken schien, aber wenn er einen Standbesitzer anlächelte, lächelte der bereitwillig zurück. Dann gab es da noch die alten Frauen, gebeugt durch das Alter und die schweren Lasten auf ihrem Rücken, zumeist mit den typischen schwarzen Pyjamas bekleidet. Ihre zerfurchten Gesichter erschienen wie ein Abbild des alten China. Zwischen ihnen tollten Kinder in ihren leichten Schuluniformen, alle makellos sauber, obwohl doch einige von ihnen offensichtlich sehr beengt in diesen halbverfallenen Häusern leben mußten.

Er hörte das Rumoren des Verkehrs und vermutete, daß

er sich einer Hauptstraße näherte, die die steile Straße kreuzte. Wieder in der Zivilisation.

Er blickte auf, erstaunt über die plötzliche Geschäftigkeit an den Ständen. Auslagen verschwanden, die Frauen und Männer verstauten sie mit der langen Übung einer Schiffsbesatzung, die auf die Gefechtsstationen geht. Er blickte zum Himmel und begriff. Die Sonne war verschwunden, und die Wolken, die jetzt über diesem geschäftigen Ort hinwegzogen, ähnelten dichtem Rauch. Überall entfalteten sich Regenschirme wie Pilze, und ein paar der lachend dahineilenden Schulmädchen zogen ihre Schuhe aus, um sie vor dem erwarteten Regenguß zu schützen. Brooke hatte die Straße erreicht und sah, daß auch hier die Leute Schutz suchten. Ein paar Autos und wenige uralte Lieferwagen drängelten sich durch die Rikschas und Fahrräder.

Ein Mann stand rauchend vor seinem Laden. Sein Angebot schien aus getrocknetem Fisch oder Tintenfisch zu bestehen.

»Sie besser reinkommen, Kapitän! Gleich großer Regen! Lange!«

Brooke sah den Regen wie eine Wand die Straße herunterkommen und auf die gebückten Menschen mit brutaler Gewalt einschlagen.

»Danke!« Er spürte den Regen auf seinen Schultern, und die Heftigkeit ließ seinen Körper gefühllos werden. »Ich hätte daran denken sollen.« Er war jetzt beunruhigt und irgendwie unsicher, denn das Prasseln des Regens machte es ihm unmöglich, einen klaren Gedanken zu fassen.

Der Händler griff seinen Arm, wie um ihn in den Laden zu ziehen. »Was ist los, Kapitän?«

Sie blickten einander an, beide waren klitschnaß. Genau wie die Wagen und Rikschas, die nicht weiterfahren konnten. Andere Menschen drängten sich heran, deuteten auf ihn, berührten ihn scheu, als ob sie helfen wollten.

Brooke wollte protestieren, aber als er nach unten blickte, wäre er fast gestürzt. Das rechte Hosenbein war rot von Blut. Es lief über seine Schuhe und auf das Pflaster.

Er wußte nicht, was er tun sollte, und empfand nur Scham über das, was sich ereignete. Hinter der Menge sah er zwei Hongkongpolizisten in Khakiuniformen; diese kleinen, ausgezeichneten Beamten waren sehr effizient und mitleidlos.

»Ich möchte . . .« Er spürte die nahende Ohnmacht. Eine letzte Demütigung. Aber zwei Dinge bekam er noch mit. Den hellgrünen Kühler eines Rolls-Royce, der von den beiden Polizisten in größtem Respekt betrachtet wurde, und das Gesicht des Mädchens im Fond.

Es war derselbe bebrillte Chauffeur wie das letzte Mal, sehr eindrucksvoll und erstaunlich stark. Er half dem Ladenbesitzer, ihn in den plötzlichen Frieden des Wagens zu bringen. Undeutlich hörte Brooke den Regen auf das Dach prasseln. Jemand reichte dem Chauffeur seine Mütze. Er hatte nicht bemerkt, daß er sie verloren hatte.

Er murmelte. »Verzeihen Sie. Blut auf dem Teppich. Bitte vielmals um Verzeihung . . .«

Er spürte, daß sie seinen Kragen öffnete. Sie runzelte leicht die Stirn, als sie dem Fahrer Anweisungen gab.

»Seien Sie still, Commander! Sie können noch nicht mal auf sich selbst achtgeben!« Sie klang ärgerlich.

Jemand verband sehr vorsichtig sein Bein. Eine kleine alte Frau in Schwarz.

Das Mädchen lehnte sich in den Ledersitz zurück und sah ihn ernst an. Er sah sie etwas unscharf, erkannte aber, daß ihr langes schwarzes Haar lose herunterhing und daß sie ein weißes Kostüm trug.

»Ich werde Sie zu einem Doktor bringen.« Sie hob einen Finger. »Keine Diskussion!«

Er hörte sich selbst sagen: »Wissen Sie, ich wollte zum Tempel.«

Dann wurde er ohnmächtig.

Als Esmond Brooke die Augen öffnete, konnte er sich nur schwer zurechtfinden. Es war, als ob er plötzlich erblindet wäre, aber seltsamerweise empfand er keine Panik. Völlige Dunkelheit, seine Glieder schienen schwerelos zu sein, dahinzuschweben.

Er schluckte langsam. Er hatte einen unangenehmen Geschmack im Mund, und sein Hals war trocken. Als sein Verstand wieder richtig arbeitete, registrierte er zwei Dinge: Er lag in einem Bett zwischen kühlen Bettüchern, und er war nackt. Er versuchte das verletzte Bein zu bewegen. Schwache Erinnerungen kamen auf: der Händler, der auf das Blut starrte, das Mädchen, das ihn aus dem hellgrünen Wagen beobachtet hatte. Er fletschte die Zähne, als der Schmerz durch das Bein schoß. Vermutlich durch Drogen unterdrückt, aber auf den richtigen Moment wartend.

Er lauschte mehrere Minuten in sich hinein. Bilder formten sich und verblaßten wieder. Sie hatte ihn irgendwohin gebracht. Er meinte Musik und ein ständiges lautes Hintergrundgeräusch zu hören. Das mußte der Monsunregen sein. Hatte er die ganze Zeit, während er hier gelegen hatte, nicht aufgehört? Er bewegte sich wieder. Wie lange war er schon hier? Wo war er? Ganz bestimmt nicht in einem Krankenhaus.

Andere Gedanken durchzuckten ihn: Was würde Kerr tun? Hatte er seinen Kommandanten in der Zwischenzeit als vermißt gemeldet?

Seine Gedanken drifteten zurück zu dem Zeitpunkt, als er das Kommando über die alte *Serpent* übernommen hatte. Sein Vater war erfreut gewesen, aber kein anderer hatte richtig verstanden, was es ihm bedeutete. Nach den vielen Enttäuschungen, nach den tauben Ohren, auf die er gestoßen war, als er in den einzigen Beruf zurückwollte, den er jemals gelernt hatte, war der Zerstörer eine Art Wiedergutmachung gewesen. Und jetzt dies! Er ließ seinen Kopf auf das Kissen fallen. Er würde vermutlich vor einem ärztlichen Gremium antreten müssen.

Entschuldigen Sie, alter Knabe, aber das Risiko ist zu groß. Ich bin sicher, daß Sie das verstehen! Einen Augenblick lang dachte er, daß er die Stimmen wirklich hörte. Er spürte, daß Luft über sein Gesicht strich, und wußte, daß die Tür geöffnet worden war.

»Wer ist da?« Sogar seine Stimme klang verändert, es war wie ein Krächzen.

Ein fahler Schatten glitt neben das Bett, und ein Mann sagte: »Schließen Sie die Augen, ich schalte das Licht ein.«

Es war eine kleine Nachttischlampe, deren Fuß aus einer chinesischen Vase bestand, auf der blaue und grüne Pfauen abgebildet waren. Der Mann, der auf ihn hinabblickte, war weder jung noch alt. Er trug eine schlichte schwarze Jacke, fast wie eine Uniform. Vielleicht war es ein Diener. Aber er sprach würdevoll und voller Autorität.

»Ich heiße Robert Tan.« Auch Stolz klang in der Stimme mit, wie beim Chief, wenn er von seinen Maschinen sprach. »Ich bin Mr. Yeungs Butler.« Er hielt inne und fügte dann hinzu: »Und auch sein Freund.«

Brooke blickte sich im Raum um. Einfach, fast spartanisch eingerichtet, mit einem verschlossenen Fenster, vor dem der Regen rauschte.

»Wie lange bin ich schon hier?«

Robert Tan hob die Schultern. »Einen Tag.«

Er beugte sich vor und öffnete eine Kanne mit Saft. Er hielt ein Glas an Brookes Lippen und sah zu, wie er langsam schluckte. Das Getränk war kühl und schmeckte fast wie reines Wasser; es hätte alles mögliche sein können.

Robert Tan nickte zufrieden. »Ich hole Missy, sie macht sich Sorgen.«

Eine Sekunde war er allein, dann stand sie neben dem Bett. Wie ein Traum, aus dem Nichts erschienen. Sie stand ganz still und blickte auf ihn herab. Ein Teil ihres langen Haares hing über eine Schulter. Er war fasziniert von ihr. Ihre dunklen Augen musterten ihn prüfend.

»Fühlen Sie sich besser, Commander Brooke?«

Er schluckte schwer. »Was ist passiert? Wo ist meine Uniform?«

Sie trat einen Schritt näher heran. Er konnte ihr Parfum riechen, das nach Blumen duftete.

»Man kümmert sich darum, keine Sorge. Ihre Uniform wird sauber und gebügelt sein, sobald Sie sie benötigen. Auch Ihre Mütze. Sie ist in den Regen gefallen.« Sie streichelte den geschnitzten Bettpfosten am Fußende. Er bemerkte einen dunklen Jadering an ihrem Finger und eine Halskette aus Silber und Jade, die aus dem Kragen ihrer Bluse herausblitzte. »Mein Vater bestand darauf, daß Sie hierher gebracht wurden. Als ich ihm erzählte, was Sie gemacht haben und wie krank Sie sind, schüttelte er den Kopf. ›Nur tollwütige Hunde und Engländer gehen in der Mittagssonne spazieren!‹ Das waren seine Worte.«

Brooke lächelte und stöhnte auf, als er sein Bein berührte. Sie beobachtete ihn, bis er sich wieder gefangen hatte.

»Ich habe einen Doktor gerufen. Es war so das beste.« Sie schien seine Unsicherheit zu spüren und was ihn bedrückte. »Es ist privater hier.«

Unter der Decke berührte sie seine Haut. Sie fühlte sich kühler an und nicht mehr so fiebrig. »Robert und William haben Sie ausgezogen. Sie waren in guten Händen. Shan-Cha hat sich um alles gekümmert.«

»Der Doktor.«

»Ja, meine Schwester. Sie heißt Camille.« Sie sah seine Überraschung. »Sie ist ein guter Arzt und mit einem Chirurgen verheiratet. Er ist Amerikaner.« Sie stützte die Hände in die Hüften und ahmte jemanden nach: »Harry ist ein toller Bursche!«

»Ich muß jemanden benachrichtigen . . .«

»Schon erledigt. Mein Vater hat mit dem Chef gesprochen, alles klar.«

»Er hat den Commodore angerufen?«

»Zu viele Fragen.« Sie runzelte die Stirn. »Camille wird nach Ihnen sehen, sobald sie aus dem Hospital zurück ist.«

Sie betupfte seine Stirn mit einem kleinen feuchten Tuch. Brooke starrte sie an und wollte sie berühren. Dabei fragte er sich, ob sie wußte, was er dachte.

»Was hat der Doktor . . . äh, Camille gesagt?«

Sie blickte ihm in die Augen. »Sie meinte, daß Sie ein verdammter Schrotthaufen seien!« Dann warf sie den Kopf zurück und lachte. »Aber sie wird Sie wieder hinkriegen.«

Sie wurde wieder ernst. Bevor sie das kleine Tuch auf ein Tablett legte, faltete sie es zusammen. »Ihr Bruder hat die Insel verlassen. Ich wollte mich von ihm verabschieden.« Plötzlich ging sie zum Fenster und öffnete die Blenden. Ihre Stimme war gedämpft, als sie hinzufügte: »Aber er war schon fort.«

Hinter ihrem Kopf und den Schultern waren Sterne zu sehen. Eine schöne Nacht. Der Monsunregen war für den Augenblick vorbei.

»Ich habe ihn getroffen.«

Sie drehte sich halb um. »Hat er von mir gesprochen?« Dann schüttelte sie den Kopf, und ihr schwarzes Haar wirbelte wie ein seidenes Cap um sie herum. »Nein, sagen Sie nichts, es wäre doch eine Lüge!«

»Ich würde Sie nie anlügen, Lian.«

Sie faltete die Hände, und überrascht von dem Unterton in seinen Worten, verlor sie die Fassung.

»Ich denke, ich kann Ihnen glauben.«

Licht fiel von draußen in das Zimmer, und Brooke sah, daß noch jemand neben der Tür stand. Es war der Vater des Mädchens. Sie unterhielten sich kurz auf chinesisch, und als sie nickte, schien Yeung zufrieden.

»Sie sind hier willkommen, Commander Brooke.« Er lächelte. »Es ist schwer, denselben Namen für zwei unterschiedliche Persönlichkeiten zu benutzen, verstehen Sie?« Brooke bemerkte den schnellen Austausch von Blicken, der ihn beunruhigte. »Aber wir werden uns daran gewöhnen.«

»Ich muß Ihnen danken, Sir, daß Sie den Commodore von meinem Mißgeschick unterrichtet haben.«

Yeung sah einen Moment lang überrascht aus. »Den Commodore? Nein, ich sprach mit dem Stellvertreter des Gouverneurs. Man soll keine Maus piepsen lassen, wenn man einen Tiger brüllen lassen kann.«

Andere Stimmen ertönten, und der Butler kam mit einer Doktortasche herein. Ihm auf den Fersen eine Frau, die sich einen weißen Kittel überzog, um ihrem Besuch einen offiziellen Anstrich zu geben.

Sie ähnelte ihrer Schwester in vielerlei Hinsicht: die Augen, das Selbstbewußtsein. Aber als sie sprach, zuerst mit den anderen auf chinesisch, dann englisch mit ihrem neuen Patienten, wurde der Unterschied zwischen den beiden überdeutlich. Sie hatte eine kurze, bestimmte Art. Sein Vater hätte gesagt, daß sie mit beiden Beinen fest auf dem Boden stand.

»Es ging Ihnen nicht gut, Mr. Brooke.« Sie nahm seine Temperatur, ohne auf eine Antwort zu warten. »Wer auch immer Ihr Bein operierte, hat verdammt schlechte Arbeit geleistet, wußten Sie das?« Nach Lians sanfter, fast streichelnder Stimme, klang die ihre rauh, und ihr Akzent war sehr amerikanisch.

Brooke sah zu, wie sie das Thermometer ablas. »Es war in Malta, als wir zurückkamen.«

»Hmm, wenn Sie mich fragen, hatten Sie Glück, so weit zu kommen!«

Sie wusch ihre Hände in einer Schüssel, die Robert Tan bereitgestellt hatte. Als sie sie abtrocknete, Finger für Finger, als wären es medizinische Instrumente, fragte sie: »Bleibst du hier, kleine Schwester?«

Charles Yeung runzelte die Stirn. »Sei nicht provozierend, Shan-Cha!« Er legte seinen Arm um die Schultern des Mädchens und führte sie zur Tür.

Die Ärztin lächelte und schaltete weitere Lampen ein. »Ihr Bruder muß noch viele Fragen beantworten!« Dann griff sie die Decke und zog sie herunter. Er lag nackt unter ihrem forschenden Blick.

Sie hielt eine Schere gegen das Licht und klapperte mit ihr. »Sonnenstich, Fieber und schlechte Chirurgie. Starker Tobak.« Sie begann den Verband aufzuschneiden. »Sie werden das Humpeln nie verlieren.« Sie blickte ihn eine Sekunde lang an, und ähnelte in diesem Augenblick sehr ihrer Schwester. »Aber Sie werden auch Ihr Bein nicht verlieren.«

Brooke keuchte, als sie das letzte Stück Verband abriß. Er wußte, daß die Wunde wieder blutete. Dann verband sie ihn neu. Robert Tan wusch das Blut weg und sammelte die verschmutzten Binden ein. Sein Gesicht war ein einziger Ausdruck von Mißbilligung. Vermutlich sah er es als einen Verstoß gegen alle Regeln an, daß eine Frau, auch wenn sie Arzt war, die Nacktheit eines fremden Mannes sehen und berühren durfte.

Sie beugte sich über Brooke und zog jedes Augenlid hoch. »Ich komme wieder.« Ihre kleine Hand war stahlhart, als sie nach seinem Arm griff, die Beuge desinfizierte und dann nach einer Spritze auf dem Tisch griff.

Brooke fühlte den Einstich, und sein Bewußtsein schien sich sofort zu vernebeln. Er spürte nicht mehr, wie die Spritze herausgezogen wurde, nicht den Tupfer auf seiner Haut, aber die Schmerzen vergingen.

Er hörte noch ihre Stimme wie durch einen langen Tunnel. »Verletzen Sie nicht meine Schwester! Es gibt Wege . . .« Der Rest verschwamm. Aber es hatte wie eine Drohung geklungen.

10 Freunde

Der starke Südwestmonsun, der über die New Territories und Hongkong hinwegfegte, wurde immer wieder von Perioden großer Hitze und Luftfeuchtigkeit unterbrochen. Sobald der strömende Regen aufhörte und die Sonne durchbrach, um die überfluteten Abwässerkanäle, Gärten und Gullys zum Vorschein zu bringen, dampften alle Städte und Dörfer wie im Schwitzbad.

Aber der Julimonsun brachte noch etwas anderes: Die Besatzung der *Serpent* erhielt zum erstenmal Post.

Ein Teil war direkt nach Hongkong gekommen, ein anderer war vom überlasteten Flottenpostdienst von Hafen zu Hafen umdirigiert worden. Während der Pause, als sogar die Werftarbeiter ruhig waren, lasen die Glücklichen ihre Briefe, beneidet von den Enttäuschten.

Es waren aufmunternde Briefe von Müttern und Ehefrauen dabei, obwohl der größte Teil der Besatzung zu jung war, um verheiratet zu sein. Sie waren sorgfältig abgefaßt und voller Sorge um die Männer auf der anderen Seite der Welt. Über die Luftangriffe bei Tag und Nacht wurde wenig erzählt, von den ausradierten Straßenzügen, von den Familien, die durch den Krieg auseinandergerissen waren. Verglichen mit Hongkong, mußte es für die, die es erlebten, die Hölle sein.

Es gab immer Neuigkeiten aus der Nachbarschaft und von Freunden, die jemanden auf See oder in den Luftkämpfen verloren hatten. Letzteres geschah jetzt immer häufiger, da die Royal Air Force den Krieg in das besetzte Europa hineintrug und die feindlichen Basen angriff. Lebensmittelkarten, Stromsperren, alle Arten von Knappheit, alles wurde kurz erwähnt, aber die meisten Briefe drückten nur Liebe aus. Das Sehnen, ein bestimmtes Gesicht wiederzusehen.

Ein paar Umschläge waren mit Lippenstiftabdrücken von Kußmündern versiegelt. Einige enthielten hochgeschätzte Fotos, die man herumreichen konnte. Aber es gab auch schlechte Nachrichten. Ein Todesfall in der Familie, ob durch Feindeinwirkung oder aus natürlichen Gründen, das machte kaum einen Unterschied, wenn die halbe Welt dazwischen lag. Und dann waren da natürlich noch die verhaßten Briefe von sogenannten Freunden. *Ich denke, daß Du es wissen solltest, weil Du doch da draußen Deinen Kopf hinhältst. Wir haben Deine Frau mit dem oder jenem ausge-*

hen sehen. *Sie kam erst morgens nach Hause . . .* Oder: *Ich gehöre eigentlich nicht zu denen, die sich einmischen, aber Dein Mädchen treibt sich mit einem miesen Kerl herum. Er arbeitet auf der Farm . . .* Am nächsten Tag gab es immer ein paar ängstliche Gesichter vor dem Richtertisch des Ersten Offiziers.

Sogar die Offiziersmesse blieb nicht verschont.

Es war ruhig, weil die meisten Offiziere an Land waren und der Kommandant sich im Marinelazarett vom Stabsarzt untersuchen ließ. Oberleutnant Toby Calvert hatte die ganze Messe für sich.

Mit einem Glas Fruchtsaft neben sich blätterte er eine alte Ausgabe der *Picture Post* durch, in Gedanken noch in dem Anwesen auf dem Peak, wo er Brooke die neuesten Nachrichten vorgelegt hatte. Calvert hatte auch schon früher gelegentlich mit reichen Leuten zu tun gehabt, wenn er angeheuert worden war, um ihre Privatflugzeuge nach Südfrankreich zu fliegen. Das waren die Butterjobs gewesen, wie er es genannt hatte.

Er war von ebenjenem schönen Mädchen begrüßt worden, das er schon auf der Party gesehen hatte. Sie war freundlich, aber argwöhnisch gewesen, nein, eher auf der Hut, das traf es besser.

Brooke war aufgestanden und trug einen Morgenmantel aus Seide. Er sah besser aus, als Calvert ihn je gesehen hatte. In seinem Gesicht spiegelte sich eine Jungenhaftigkeit wider, von der er nie geglaubt hatte, daß er sie je wieder erlangen würde.

Calvert wußte noch immer nicht, was zwischen ihm und dem Mädchen war. Er hatte die Geschichte von Brookes Bruder gehört. Vielleicht war das eine Retourkutsche. Er hatte so etwas schon oft erlebt.

Charles Yeung hatte ihn hinausbegleitet. »Ich werde Sie fahren lassen, Mr. Calvert.«

Calvert hatte den Eindruck gehabt, daß er auf ihn gewartet hatte.

»Ihr Kommandant hat sich gut erholt, nicht wahr?« Er blickte Calvert mit seinen durchdringenden Augen an. »Ich möchte Sie um einen Gefallen bitten, Mr. Calvert.«

»Natürlich, Sir.«

Yeung lächelte kurz. »Das ist typisch. Ein Chinese hätte zuerst gefragt, worum es denn ginge und wieviel Geld zu machen sei.«

Der kleine Chauffeur, dessen Name anscheinend William war, trat in diesem Augenblick ein. Auch er hatte gewartet.

Yeung hatte ihn bis zu den Stufen der Terrasse geleitet. »Wir reden später darüber.«

Calvert konnte sich noch immer nicht vorstellen, welchen Gefallen er, ein einfacher Leutnant, Yeung erweisen konnte; hatte Yeung doch die meisten »Goldfasane« sowieso in der Tasche.

Chefsteward Kingsmill kam in die Messe. Wie immer trug er seine weiße Jacke. In seinem üblichen klagenden Ton trug er vor: »Ich dachte mir, daß Sie hier sind, Sir. Die Werftarbeiter sind an Bord, um die letzten Feinarbeiten an den MG-Lafetten vorzunehmen.«

»Nun, ich bin nicht der W.O.« Calvert ließ das Magazin sinken. »Wo ist Barrington-Purvis?«

Kingsmill verzog das Gesicht, fast hätte man es ein Grinsen nennen können. »Mr. Barrington-Purvis ist an Land.« Er schnarrte: »Tennis spielen.« Es klang wie eine Obszönität.

»Dann sagen Sie Mr. Kipling Bescheid, er hat die Wache.« Er lächelte. »Wie ich hörte, kennt er sich gut mit Waffen aus.«

Kingsmill machte kehrt, um die Anweisung auszuführen, wandte sich aber nochmals um. »Hätte ich fast vergessen, Sir, ein Brief für Sie.«

Calvert nahm ihn, obwohl er an eine Verwechslung glaubte. Aber auf dem Umschlag stand sein Name, komplett mit V.C., eine Reihe von Nachsendeanschriften waren mit Kopierstift aufgeschrieben und wieder durchgestrichen worden. Ihm waren weder der Poststempel noch die Handschrift bekannt. Er spürte, daß er zu zittern begann, als er den Umschlag anstarrte. Vielleicht stammte der Brief von einem Angehörigen oder einer Freundin seiner toten Freunde, die wissen wollten, *wie es gewesen war.*

Er fluchte und öffnete den Umschlag.

Es war eine Adresse in Hampshire. Er drehte das Blatt um und las die letzten Zeilen. *Ich hoffe, daß Sie mir vergeben, Sie so unverhofft anzuschreiben. Aber Sie waren im Zug so nett zu mir.* Unterschrieben war mit Sue Yorke.

Die Hämmer und Bohrer legten wieder los, und der Lautsprecher dröhnte: »Rauchen einstellen! Alle Mann an die Arbeit!« Calvert hörte nichts davon. Er legte den Brief auf den Tisch und starrte ihn an.

Vielleicht erinnern Sie sich gar nicht mehr an mich, aber ich hatte das Bedürfnis, Ihnen zu schreiben, nach allem, was passiert ist. Sollte der Brief Sie erreichen, habe ich volles Verständnis dafür, wenn Sie ihn nicht erwidern. Ich kenne Ihre Lebensumstände nicht, weiß nicht, wer Sie sind und wo Sie sind.

Sie werden von der schrecklichen Tragödie gehört haben, der das Schiff meines Mannes zum Opfer gefallen ist. Sie erwähnte den Schiffsnamen nicht, vermutlich aus Angst vor der Zensur. *Bob hat nicht überlebt. Ich glaube, ich wußte es, bevor es passierte. Meine Eltern waren mir eine große Hilfe, und als ich von Ihnen erzählte, wurde mein Vater ganz aufgeregt. Er sammelt Zeitungsausschnitte über den Krieg, bei denen zwei über Sie dabei waren.* Die Handschrift war leicht verwischt. Tränen? *Sie hatten mit keinem Wort erwähnt, was Sie getan haben und daß Sie das V.C. haben.*

Ich habe mich entschieden, Ihnen zu schreiben, weil ich sicher bin, daß Sie mich verstehen werden. Mitgefühl ist nicht immer ausreichend. Der Verlust schmerzt. Es ist, als ob man einen Teil von sich selbst verliert.

Ich hoffe, daß es Ihnen gutgeht. Machen Sie sich wegen der kleinen Narben in Ihrem Gesicht keine Gedanken. Sie werden verheilen, sagt mein Vater. Es sind ehrenvolle Narben, das dürfen Sie nie vergessen.

Der Brief wurde mit unterschiedlicher Tinte geschrieben, so als habe sie den Füller gewechselt, als sie überlegte, ob sie weiterschreiben oder den Brief zerreißen sollte. Calvert berührte seinen Bart. War es so offensichtlich?

Sollten Sie mir schreiben, wird mein Vater die Post an mich weiterleiten. Ich trage wieder meinen Mädchennamen und werde wohl wieder die Uniform anziehen. Vielleicht hilft das.

Er studierte ihre Unterschrift. Sie war rund und sauber wie die eines Schulmädchens. Er versuchte, sich an sie zu erinnern. In dem düsteren Eisenbahnabteil war es nicht leicht gewesen, Einzelheiten zu erkennen: Klein, hübsch, wahrscheinlich dunkelhaarig, aber der Hut hatte ihr Haar verdeckt. Ein Ehering und eine Marinebrosche, nicht mehr.

Er stand auf und ging zu einem offenen Bullauge. Kowloon verschwand schon wieder hinter einer neuen Regenwand. Er würde den Brief nicht beantworten. Was für einen Sinn sollte es haben. Diese Frau mußte verbittert sein, sich betrogen fühlen. So würde es noch vielen ergehen, bevor der Krieg zu Ende war, so oder so.

Er kehrte an den Tisch zurück und las nochmals die Adresse. Winchester. Nicht weit davon entfernt hatte er das Fliegen gelernt. Seltsam, daß eine unbekannte Frau die Erinnerung daran wieder aufkommen ließ.

Wieder in Uniform, hieß das zu den Wrens? Er runzelte die Stirn. Nein, sie hatte zu wenig von Schiffen verstanden, sogar die *Hood* kaum gekannt.

Er klopfte an seine Tasche, erinnerte sich aber dann, daß sein Tabaksbeutel leer war. Er hatte seinen Vorrat für den Skipper auf den Peak mitgenommen. Er lächelte. *Der Alte.* Sie waren gleich alt. Er würde Kingsmill bitten, ihm welchen zu besorgen.

Aber plötzlich fand er sich am Schreibtisch der Messe wieder, zog das Schubfach auf und nahm das Briefpapier mit dem Wappen des Schiffes heraus. *Hostibus Nocens, Innocens Amicus.* Er setzte sich und schraubte seinen Füllfederhalter auf.

Als Kingsmill hereinstürmte, um die Bullaugen zu schließen, durch die der Regen ungehindert auf die Vorhänge peitschte, schrieb Oberleutnant Toby Calvert, Victoria Cross, noch immer.

Kingsmill verschwand wütend. Verdammte Offiziere, dachten immer nur an sich.

Der schwere Rolls-Royce glitt lautlos durch die enge Straße, unbeirrt von den Unebenheiten und dem quirligen Gewühl der Chinesen und der wenigen Soldaten und Matrosen.

Esmond Brooke war sich der Nähe des Mädchens auf dem anderen Rücksitz sehr bewußt. Er roch ihr Parfüm, und eine Hand lag nahe der seinen auf einem Kissen.

Sie zupfte an seinem Ärmel. »Da ist es, dort haben wir Sie gefunden.«

Brooke blickte auf den unordentlichen Eckladen mit den getrockneten Fischen in der Auslage. Der Besitzer stand wieder im Eingang und rauchte eine Zigarette, als hätte er sich seitdem nicht bewegt. Brooke war erstaunt, daß er sich erinnern konnte. Schuldbewußt blickte er auf den Teppich des Autos, aber genau wie seine frisch gebügelte Uniform wies er keine Blutspur auf.

»Angenehmer als zu laufen, ja?«

Er blickte sie an. Sie war wieder ganz in Weiß gekleidet, unter der Jacke eine hellgrüne Bluse. Das Haar war hochgesteckt, so wie an dem Abend, als er sie zum erstenmal gesehen hatte. Sie trug lange verzierte Jadeohrringe, die er gerne berührt hätte.

»Sie starren mich schon wieder an, Commander Brooke!«

Er lächelte. »Es macht mir Vergnügen . . .« Er zögerte bei ihrem Namen. »Lian.«

»Wir sind gleich bei dem Tempel, den Sie zu sehen wünschten.«

Brooke blickte zwischen Chauffeur William und der schmalen schwarzgekleideten Frau, die Lian begleitete, hindurch. Sie war früher die Amah von Lian und ihrer Schwester gewesen und dann bei der Familie geblieben. Ihr Name war Nina Poon. Sie war eine grimmig blickende kleine Frau, deren Gesicht von tausend Falten zerfurcht war.

Als sie in den Wagen gestiegen waren, hatte Lian geflüstert: »Wir nehmen Nina mit. Es ist nicht gut für den Ruf eines wohlerzogenen chinesischen Mädchens, allein in der Gesellschaft eines Mannes gesehen zu werden.«

Brooke wußte nie, ob sie es ernst meinte oder ob sie sich einen kleinen Scherz erlaubte.

William öffnete das Schiebefenster, das ihn von seinen Fahrgästen trennte. »Man Mo Tempel, Kapitän.«

Brooke blickte auf die massiven Geländer und Tore, vor denen der Wagen anhielt. Er hievte sich auf die Vorderkante des Sitzes und spürte, daß sie ihn beobachtete.

»Immer noch Schmerzen?«

Er schüttelte den Kopf. »Es geht mir viel besser. Ihre Schwester versteht ihren Job.«

Sie zuckte die Achseln. »Mein Vater denkt darüber anders. Er ist damit nicht einverstanden. Sie sollte mit ihrem Mann ein normales Eheleben führen und Kinder bekommen.«

»Verlangt er das auch von Ihnen?«

Die Tür wurde für sie geöffnet, und in die Kühle des Wagens schlug die Backofenhitze der Straße. Sie antwortete ihm nicht. Vielleicht hatte sie ihn auch nicht gehört.

Eine plappernde Schlange kleiner chinesischer Schulmädchen öffnete sich, um sie durchzulassen. Die alte Amah folgte in gebührendem Abstand. William salutierte und sagte zu Brookes Beruhigung: »Ich bin hier, falls Sie mich brauchen, Missy. Keine Eile.«

Sie passierten den Eingang, und Brooke mußte stehenbleiben, um sich an die fast völlige Dunkelheit im Tempel zu gewöhnen. Dann blickte er sich um und bemerkte, daß schon andere Menschen anwesend waren. Eine Frau mit einem Einkaufskorb kniete vor einer der Götterstatuen und verbeugte sich mehrmals mit geschlossenen Augen. Die Räucherstäbchen, die sie in der Hand hielt, verbreiteten duftende Rauchfahnen. An der Decke hingen ausgeblichene rote, mit langen schwarzen Fransen verzierte Seidenlaternen, außerdem große Kessel mit Duftessenzen, die wahrscheinlich tagelang brannten. Alles wirkte sehr zwanglos. Ein paar Aufseher in ärmellosen Trikots und Shorts verbrannten Gebetszettel in einem großen eisernen Räucherfaß. Dabei rauchten sie ihre Zigaretten und unterhielten sich. Eine dünne Katze schlief zusammengerollt auf einem der Rosenholzstühle, die an den beiden Außenwänden aufgestellt waren. Ein alter Mann mit einer schwarzen Kappe machte sich Notizen in einer Zeitung.

Sie flüsterte: »Sucht sich Pferde für Happy Valley aus.«

Die Frau hatte ihre Gebete beendet und ließ die Räucherstäbchen in einem Messingständer zu Füßen der Gottheit zurück.

Lian erkundigte sich: »Was denken Sie?«

Brooke zögerte, dann flüsterte er: »Ich glaube, es ist wundervoll. Ich habe so etwas noch nie gesehen.«

Sie musterte sein Profil vor den Lichtern und den Opfergaben für die Götter. Früchte, kleine Kuchen, sogar Zigaretten, aber kein Pomp. Kein Versuch zu beeindrucken oder ein Anzeichen besonderer Ehrfurcht. Trotzdem ist es sehr inspirierend, dachte er.

Ruhig erklärte sie: »Es gibt hier viele Götter. Aber dieser Tempel wurde für zwei von ihnen gebaut. Niemand weiß, wie lange das her ist. Einige Leute sagen, daß es hier schon immer einen Tempel gegeben hat für den König-Kaiser

Man und den heiligen König-Kaiser Kwan. Viele Menschen kommen hierher, um Hilfe und Rat zu erflehen.« Sie sah zu dem alten Mann hinüber, der über seiner Zeitung brütete. »Und auch zur Unterhaltung.«

Ein Stuhl scharrte, und Brooke sah, daß sich die alte Amah setzte. Aber ihre scharfen Augen, die im Schein der Laternen wie rote Kohlen glühten, ließen nicht ab von ihm.

»Können wir uns einen Moment setzen, bitte?« Er wußte nicht, warum er das gesagt hatte. Sie nahm seinen Arm und führte ihn näher zu den Statuen. Ein Hund döste vor einem Altar, froh, der Hitze draußen entkommen zu sein.

»Hier.« Sie setzten sich Seite an Seite, dann fragte sie: »Was hat Ihr Marinearzt gesagt?«

»Er war beeindruckt, aber es wird immer Schwierigkeiten mit dem Bein geben. Ein paar Metallsplitter stecken noch drin. Sehr kleine.«

»Ich habe die Wunde gesehen.«

Er starrte sie an. »Sie haben *was*?«

Sie drehte sich nicht um. »Werden Sie nicht ärgerlich, das mögen die Götter nicht. Ich wollte helfen, weil ich weiß, wie wichtig Ihnen das Schiff ist. Mein Vater hat es mir erklärt . . . Den Rest habe ich wahrscheinlich in Ihren Augen gesehen. Als Ihr Offizier Sie besuchte, habe ich gespürt, was er für Sie empfindet. Es ist etwas, das Männer manchmal verbindet, Frauen nur sehr selten.«

Weitere Menschen betraten den dunklen verräucherten Tempel, und sie sahen ihnen zu, wie sie sich niederknieten und beteten, genau wie es die anderen getan hatten.

Sie sah ihn auf ihre sehr direkte Art an. »Als Sie damals gestürzt sind«, sie suchte ein paar Sekunden nach den richtigen Worten, »verloren Sie eine Brieftasche. Sie war völlig durchnäßt, als William sie aufhob.« Sie streckte eine Hand aus und griff nach seinem Handgelenk. Ihre Finger waren überraschend kühl. »Ein Bild war drinnen. Von einem Mädchen. Ich habe versucht, es zu trocknen. Lieben Sie sie?«

Brooke legte seine Hand auf die ihre.

»Das dachte ich mal.«

»Aber jetzt nicht mehr . . .«

Er wußte, daß es ihr wichtig war. »Sie hat meinen Bruder geheiratet.«

»Ich verstehe.« Sie zog ihre Hand fort. »Ich erfuhr von ihr auch erst danach.«

Er sah, daß sie sich im Tempel umblickte, als wüßte sie nicht, wo sie war. *Danach?* Es konnte alles mögliche bedeuten.

Sie fuhr mit ihrer ruhigen Stimme fort: »Es scheint, als wären wir beide an der Nase herumgeführt worden, Commander Brooke.« Sie erhob sich rasch, und einen Augenblick lang befürchtete er, daß sie ihn verlassen würde. Aber sie ging zu einem der Wächter und nahm ihm vier Räucherstäbchen ab.

»Kommen Sie.« Sie hielt sie über eine Kerze, bis alle rauchten. »Wir beten jetzt.«

Er kniete sich steif auf eines der abgenutzten Kissen und sah zu den Statuen von Man und Mo auf. Sie blickten zu ihm herunter, während der dichte Rauch sie einhüllte.

Sie sah ihn an, ihre Augen lagen im Schatten, aber die Bewegungen ihres Jadehalsbandes verrieten ihre Emotionen. Sie sagte einfach: »Sprechen Sie nicht! Sie werden Ihre Gedanken lesen.«

Also ließ er seine Gedanken schweifen und dachte an seinen Vater und dessen Scherze, seine Erinnerungen an so viele Häfen. Hongkong war einer davon. Er dachte an Sarah, die ein Baby erwartete. Eigentlich hätte es seins sein sollen. Vielleicht hatte sie nicht gemerkt, daß Jeremy für Gefühle nicht viel übrig hatte. Er konnte etwas vorspiegeln, wenn er der Meinung war, daß es seinem Fortkommen diente, aber tiefer ging es nicht. Vielleicht war sie sogar wie er.

Und er dachte an Lian. Fanden die Götter, die seine Gedanken lasen, diese Situation nicht seltsam? Das schöne chinesische Mädchen hatte sein verwundetes und in seinen

Augen häßliches Bein verbunden. Sarah hatte es abstoßend gefunden. Kannten die Götter die Zukunft?

Er half ihr auf die Füße. Nebeneinander steckten sie ihre Stäbchen in den Halter. Sie verbeugte sich vor dem Altar und meinte: »Wir können nur hoffen.« In einem anderen Tonfall fuhr sie fort: »Kommen Sie noch auf einen Tee zurück zum Haus?«

»Ich muß zum Schiff.«

Sie nickte. »Ich bringe Sie zur Werft.«

Er hörte die alte Amah hinter ihnen herschlurfen. William stand im Schatten des Wagens, den er mit so viel Stolz fuhr.

Sie fragte ihn direkt: »Werden Sie bald nach England zurückfahren?«

Wieder spürte er, daß es wichtig war. »Das ist unwahrscheinlich.« Er beobachtete ihr Gesicht. Es blieb ausdruckslos.

»Ich konnte das Bild nicht retten, fürchte ich, es war verdorben.« Sie blickten sich wieder an.

»Das ist in Ordnung, Lian.«

Sie lächelte zum erstenmal, seit sie den Tempel erreicht hatten.

»Das habe ich gehofft.«

Der Wagen rollte langsam in Richtung Hafen, die Connaught Road entlang und vorbei an den Piers mit den geschäftigen Schiffen. Am Tor der kleinen Marinewerft nahm der Posten Haltung an, als der Wagen ausrollte, doch der Seemann zeigte keine Anzeichen von Überraschung oder Neugierde. Charles Yeung war in Victoria offensichtlich gut bekannt. Brooke stieg aus und blickte sie an: »Ich würde Sie gerne wiedersehen.«

Er hörte Stimmen und drehte sich um. Pike, der Bootsmann, und dessen Freund, der Oberheizer Andy Laird, hatten ihre Arme um die Schultern des Signalmeisters Onslow gelegt. Sie nahmen Haltung an und grüßten.

Brooke sah, daß Onslow seine neue Unteroffiziersmütze

trug und ein Hemd mit blauen Abzeichen. Er hatte gehört, daß die Unteroffiziersmesse bei seiner Beförderung für eine maßgeschneiderte Uniform zusammenlegen würde. Sie hatten offensichtlich gefeiert.

Pike grinste breit. »Wir machen mit dem Yeo eine kleine Stadtbesichtigung, Sir.«

Sie kicherten alle, aber ihre Augen waren bei dem Mädchen im Inneren des vornehmen Wagens.

Brooke lächelte. »Dann mal los! Und meinen Glückwunsch, Yeo.«

Andy Laird nickte. »Nicht schlecht, Schmarting, oder?«

Aber Pike wußte, wie weit er gehen durfte. »Vertreibt die trüben Gedanken, nicht wahr, Sir?«

Sie trotteten weiter.

Er erklärte ruhig: »Mein Signalmeister hat vor kurzem seine Frau und Tochter verloren.«

Sie sah auf seinen Mund, als wolle sie ihm die Worte vom Munde ablesen.

»Die Männer mögen Sie.« Sie sah plötzlich traurig aus. »Ich muß vorsichtig sein, sonst mag ich Sie auch, und das würde nie gutgehen.«

Er hob ihre Hand an die Lippen. Leute eilten vorbei, aber niemand sah hin oder machte eine dumme Bemerkung.

»Ich werde Sie anrufen, Lian.«

Sie hielt die Hand an ihre Wange, ihre Augen leuchteten. »Auf Wiedersehen, Es-mond.«

Der Wagen entfernte sich, und Brooke blickte ihm nach, aber sie drehte sich nicht um.

Es-mond. Er hatte sich nie viel aus seinem Vornamen gemacht. Aber wie allem anderen auch, hatte das Mädchen ihm eine neue Bedeutung gegeben.

11 Ein Kriegsschiff

Esmond Brooke saß fest in seinem Brückenstuhl, die kalte Pfeife zwischen die Zähne geklemmt. Die Luft war schwül und feucht, aber verglichen mit den Zuständen in den Decks, wo es trotz der laufenden Lüfter heiß wie in einem Ofen war, oder der brütenden Hitze in den Nischen der offenen Brücke am Tage, war es jetzt fast erfrischend. Er beobachtete, wie sich der scharfe Bug mit Wasser beladen aus der Welle hob. Das Wasser lief nach achtern bis zum Geschütz »A« und strömte an beiden Seiten herunter. Dann tauchte er in den nächsten steilen Wellenberg ein. Sogar ein paar der alten Hasen würde es jetzt flau im Magen werden, vermutete er.

Es war pechrabenschwarz, kein Stern zeigte die Trennungslinie zwischen Himmel und Wasser an. Wieder abwärts. Spritzwasser sauste über die Glasscheibe wie weiße Pfeile.

Kerr tauchte unter der Haube des Kartentischs auf und bemerkte: »Ziemlich lebhaft, Sir.«

»Es kann noch besser kommen.« Seltsam, wie unverkrampft er jetzt mit dem Ersten reden konnte. Kerrs Geständnis, daß er auf dem Fischerboot Angst gehabt hatte, trug dazu bei. Wie auch Calvert, der kurz von seiner Flugangst erzählt hatte.

Wie ich auch. Er wischte sich das Gesicht mit einem nassen Handtuch ab und erinnerte sich an seine Scham wegen des verletzten Beins. Er hatte sie noch nicht überwunden, aber das Mädchen hatte ihm mehr geholfen, als sie jemals wissen würde.

Er hatte sie nur noch einmal gesehen, bevor die *Serpent* zur Patrouillenfahrt ausgelaufen war. Mühelos konnte er sie sich vorstellen, obwohl er sich immer wieder sagte, daß seine Wünsche abwegig waren. Vielleicht wollte sie nur seinem Bruder zeigen, daß sie sich um sein Verhalten nicht scherte, daß es ihr nie ernst gewesen war.

Ihr letztes Zusammentreffen war sehr formell gewesen; er hatte kaum mit ihr sprechen können. Ihr Vater hatte einige seiner Freunde in das Haus auf dem Peak eingeladen, alles ausgemachte Feinschmecker. Charles Yeung hatte Zigarettenrauch in die Luft gepustet und gesagt: »Lian, setze dich neben den Commander. Lehre ihn den Umgang mit den ungewohnten Eßstäbchen.«

Sie hatte ihn nicht angeblickt, aber hatte seine Finger geführt, bis er die Stäbchen richtig halten konnte.

Eine nasse Gestalt taumelte über die Brücke. Leutnant Kipling stach in seiner alten Khakiuniform, mit der er schon an Bord gekommen war, seltsam von den anderen ab.

Brooke drehte sich auf dem Stuhl zur Seite. »Nummer Eins, können wir nicht ein paar chinesische Wäscher an Bord nehmen? Andere Schiffe der Chinastation haben welche. Man hat mir gesagt, daß sie unsere Hemden und anderes tadellos in Schuß halten würden.«

Kerrs Zähne funkelten trotz der Dunkelheit. »Das würde den alten Obermatrosen im Zwischendeck aber nicht gefallen, denn die haben ihre eigene Firma aufgemacht, natürlich zusammen mit den Jungs vom Kesselraum, wo die Sachen getrocknet werden.« Er erwog den Vorschlag. »Ich werde etwas anleiern. Die Gemeinschaftskasse der Offiziersmesse kann die Kosten übernehmen.«

Er sah zu, wie sich Brooke in seinem Stuhl aufrichtete und in das Spritzwasser nach vorne starrte. Er ähnelte mehr einem Fähnrich auf seiner ersten Reise als einem Kommandanten.

»Haben Sie immer auf Zerstörern gedient, Sir?«

»Ja, nur einmal war ich auf einem Ausbildungskreuzer. Ich wollte es so. Ich glaube, daß es mit meinem Vater zu tun hatte.«

Kerr sah, daß er mit der Hand über die Reling strich, wo früher Segeltuchplanen befestigt waren, um die Brückenbesatzung vor Wind und Wetter zu schützen. Wie viele andere Dinge auch, waren diese Persenninge im Laufe der Zeit verschwunden.

»Ich habe allerdings nie geglaubt, daß ich mal die *Serpent* führen würde.«

»Sie scheinen gut zusammenzupassen, Sir.« Kerr taumelte, als der Bug in ein Wellental fiel. Jemand lag flach vor der Brückenleiter auf dem Deck. Das Schiff befand sich nur in der Bereitschaftsstufe, was vier Stunden Wache und acht Stunden Freiwache bedeutete. Unter anderen Bedingungen als diesen war das immer sehr beliebt.

»Mein Vater hat Zerstörer immer so definiert: ›*Schlagkräftiger als alles, was schneller ist, und schneller als alles, was schlagkräftiger ist.*‹ Stimmt ganz gut, nicht wahr?«

Kerr bohrte weiter. »Wie ich hörte, haben Sie Hongkong stilvoll genossen, Sir.«

»Sie meinen das Auto?« Allerdings hätte er sich auch ein paar andere Gedanken über diese Bemerkung machen können. Zu Kipling gewandt, fragte er: »Es war ein Phantom II, nicht wahr?«

Kipling kam wie ein besoffener Liverpooler Hafenarbeiter über die Brücke zu ihnen herüber geschwankt. Gegen die weiße Farbe sah sein Hemd schwarz aus. Es war völlig durchnäßt.

»Geben Sie mir die Gelegenheit, den einmal zu fahren. Mehr will ich nicht.«

Brooke rieb die Pfeife an seinem Hemd. Also wußte Kerr Bescheid. Dann wußte es das ganze Schiff, so war das auf Zerstörern.

»Machen Sie eine Runde durch das Schiff, Nummer Eins. Stellen Sie sicher, daß alles dicht ist. Ich weiß, daß Sie das bereits gemacht haben, aber überzeugen Sie sich, daß die Männer die Sache ernst nehmen. Nach dem Atlantik und den Heimatgewässern . . . nun, es könnte sein, daß sie sich hier wie im Urlaub fühlen. Der Sub und ich werden hier die Stellung halten, bis Sie zurück sind.« Er senkte die Stimme und fügte hinzu: »Die Versuchung, ein Bullauge oder eine Panzerblende zu öffnen, ist groß, es passiert oft genug. Aber das Schiff steht im Kriegsdienst, auch wenn es im Augenblick nicht so aussieht. Ich will, daß wir völlig abgedunkelt sind.«

»Rechnen Sie immer noch mit dem deutschen Hilfskreuzer, Sir?«

»Nein.« Er berührte seinen nackten Arm, der nicht nur naß, sondern plötzlich auch kalt war. Er langte hinunter und betastete die neue Bandage an seinem Bein. Daran lag es aber nicht.

»Stimmt was nicht, Sir?«

»Nur ein Gefühl, vergessen Sie es. Wahrscheinlich kann ich mich nicht an diese Umstände gewöhnen.«

Kerr beobachtete ihn und wünschte, sein Gesicht sehen zu können. Es lag wahrscheinlich mehr an diesem schönen chinesischen Mädchen, an das der Kommandant vermutlich gerade dachte. Die Insel lag knapp fünfzig Meilen achteraus. Es hätte auch die zehnfache Entfernung sein können.

»Glauben Sie, daß wir jemals wieder nach England zurückbeordert werden, Sir? Ich meine, in den richtigen Krieg?«

»Das kommt ganz darauf an . . . «

Ein Melder rief: »Ein Funkspruch, Sir!«

»Die Funkbude soll ihn hochschicken.« Er hörte Kerr sagen: »Scheint nicht wichtig zu sein.«

Der Melder holte den kleinen Messingzylinder aus der Röhre zum Funkraum und zog die zusammengerollte Nachricht heraus.

Brooke und Kerr krochen zusammen unter die Segeltuchabdeckung und knipsten die Kartentischbeleuchtung an. Brooke las laut vor: »Wetterbericht von Hongkong. Ein Taifun unbekannter Stärke befindet sich in einem Umkreis von fünfzig Meilen von der Position 19° N und 110° E, Zugrichtung Nordwest, Zeit der Meldung siebzehn Uhr.«

»Jetzt wissen wir es, Sir.« Er beobachtete, wie Brookes braune Hände das Parallellineal geschickt über die verschmutzte Karte schoben. Das Spritzwasser klatschte auf ihre geschützte Höhle wie Bleikugeln. Brooke fühlte, daß ihm der Schweiß den Rücken hinablief, als ob eine Leckage in der Segeltuchabdeckung wäre.

»Er müßte abschwenken, bevor er uns erreicht.«

»Ich dachte, es ist ein bißchen früh für einen Taifun, Sir?«

Brooke klopfte mit dem Zirkel auf die Karte. »Normalerweise ist der Oktober der gefährlichste Monat, wenn man den Lehrbüchern glauben darf, aber darauf kann man sich offensichtlich nicht verlassen. Sagen Sie den Männern Bescheid, wenn Sie durch die Wohndecks gehen. Es ist nichts Dramatisches. Sollte es schlimmer werden, spreche ich über den Lautsprecher zu den Leuten.«

Sie kamen unter der Abdeckung hervor, zurück in die schwüle Hitze. Es regnet zwar nicht, dachte Kerr, aber auch dann wäre es nicht feuchter gewesen.

»Bestellen Sie dem Navigator, daß er die Zugrichtung mitplotten soll, sobald er die Wache übernimmt.«

Kerr spürte, daß da noch etwas anderes war.

»Haben Sie jemals ans Heiraten gedacht, Nummer Eins?«

Kerr hielt sich am Handlauf fest, als das Schiff überholte. »Ich kenne da ein Mädchen, Sir. Schon seit meiner Kadettenzeit. Allerdings bin ich mir nicht sicher . . .«

»Worüber nicht?«

Kerr blickte in seine Richtung. »Im Krieg . . . Sie wissen, wie das ist, Sir.«

»Ich glaube zu verstehen, was Sie meinen.« Er kletterte wieder auf seinen hohen Brückenstuhl. »Machen Sie weiter.«

»Ruderhaus an Brücke!«

Kipling war schon am Sprachrohr. Er hatte schnell gelernt.

»Hier Brücke.«

»Vollmatrose Shaw übernimmt das Ruder, Sir.«

»Danke.«

Es hörte nie auf. Gleich würde man sich in den verschiedenen Wohndecks auf die Abendmahlzeit vorbereiten, vorausgesetzt, daß in der Kombüse noch gekocht wurde. Sollte die See wirklich rauh werden, würden wohl viele ihre Mahlzeit mit dem Meer teilen.

Brooke erinnerte sich an den Ausdruck ihrer Augen, als sie ihm von der beschädigten Fotografie Sarahs erzählt hatte. Sie mußte sie aus Ärger zerrisssen haben, wahrscheinlich hatte sie geglaubt, daß er wie sein Bruder Jeremy . . .

Eine Kanne mit Tee wurde auf die Brücke gebracht. Es mußte ein beschwerlicher Weg von der Kombüse gewesen sein, denn er schmeckte salzig.

Kerr erschien wieder und schüttelte seine nasse Mütze aus.

»Alles abgeblendet, Sir. Ich habe dem Navigator Bescheid gesagt.« Er trank einen Schluck Tee und zog eine Grimasse. »Mein Gott, ich hätte welchen von achtern mitbringen sollen.«

Wieder piepte ein Sprachrohr, und Kipling öffnete die Klappe.

»Ganz schön was los heute abend«, bemerkte Brooke gelassen, aber in seinem Inneren war er weit davon entfernt, ruhig zu sein.

Kipling zischte scharf: »Schicken Sie ihn rauf, Mann!« Zu Brooke gewandt, fügte er hinzu: »Ein Mayday-Funkspruch, Sir.«

Kerr nahm die kleine Messingbüchse aus dem Rohr und legte den Nachrichtenzettel auf den Kartentisch.

Brooke befahl: »Jemand soll den Navigator benachrichtigen!«

Kerr las vor: »Vom Hauptquartier, Sir: *Notsignal von S.S. Kiang Chen. Ruderverlust. Manövrierunfähig. Benötigt umgehend Hilfe.*«

Kipling fragte ruhig: »Warum haben unsere Funker die Meldung nicht empfangen, Sir?«

»Wahrscheinlich schlechte Empfangsbedingungen. Außerdem sind die Empfänger und Sender in der Basis, verglichen mit den unseren, wahre Giganten.«

Kerr steckte noch immer unter der Abdeckung des Kartentischs und machte sich eifrig Notizen. Er rief: »Funkspruch endet mit: *Helfen Sie umgehend!*«

Schritte näherten sich der Brücke, und Calvert erschien wie ein schwankender Greis am Ende der Brückentreppen.

»Sir?«

»SOS, Pilot.«

Kerr erschien wieder. »Einhundertfünfzig Meilen Südwest-zu-West von Hongkong. Breite zwanzig Grad, Länge einhundertzehn Grad.«

Das war ungefähr hundert Meilen entfernt, und man konnte dem Wirbelsturm noch immer entgehen. Brooke betrachtete den nächsten Brecher, der förmlich am Bug zu explodieren schien. Wenn es nicht schlimmer wurde, konnten sie mit halber Kraft laufen.

»Den neuen Kurs, Pilot! Und holen Sie den Chief aus seinem Ohrensessel.«

Calvert meldete gelassen: »Der Kompaßkurs beträgt zwei-eins-fünf, Sir.«

Brooke rieb sich das Kinn, er war mit den Gedanken weit dem Schiff voraus. Das war das andere Gesicht des Chinesischen Meers.

Kipling unterbrach seine Gedanken: »Der Chief ist am Telefon, Sir.« Er grinste breit. »Er war schon unten bei seinen Maschinen.«

Brooke nahm den roten Telefonhörer auf. Wie schwierig mußte die Kommunikation zu den Zeiten seines Vaters gewesen sein, als der Maschinenraum lediglich über das Sprachrohr mit der Brücke verbunden war. Man konnte sich nur wundern, daß da alles klargegangen war.

»Chief, Sir.«

»SOS, Chief.« Er deckte die Sprechmuschel ab. »Nummer Eins fragen Sie im F/T-Raum nach, ob die was empfangen haben. Falls nicht, setzen Sie einen Funkspruch an das H.Q. auf. Inhalt: Unsere Position und die Bestätigung des Befehls zur Hilfeleistung!« Er nahm die Hand wieder weg. »Können Sie mir Umdrehungen für achtzehn Knoten liefern?«

Ohne Zögern kam die Antwort: »Natürlich, Sir.«

Er lächtele. »Ich rufe an, wenn es soweit ist.«

»Sie sind hier entlassen, Nummer Eins, setzen Sie den Oberbootsmannsmaaten ins Bild. Fender, Leinenwurfgerät – er kennt sich aus.«

Kerr zögerte. »Keine Meldungen aus dem Funkraum, Sir.«

»Wahrscheinlich gesunken«, war der Kommentar von Kipling.

»Benötigen Sie mich, Sir?« Onslow sah mit seiner Schirmmütze immer noch fremd aus.

Brooke grinste grimmig. »Sie sind ein Gedankenleser Yeo. Nehmen Sie den Funkspruch und blättern Sie die Unterlagen in meiner Bude durch. Versuchen Sie herauszufinden, um was für ein Schiff es sich handelte. Es kann ein dicker Pott oder eine Hafenfähre sein, nach allem, was wir bis jetzt wissen.«

Ein paar Männer lachten, während das Schiff in das nächste Wellental fiel.

Plötzlich sah er ihr Gesicht ganz deutlich vor seinem geistigen Auge – es war wie eine Fotografie –, als sie ihn aus dem Auto von unten angeschaut hatte. *Die Männer mögen Sie!*

Er sah zu Calvert am Kartentisch hinüber. »Bringen Sie das Schiff auf Kurs zwei-eins-fünf, Pilot. Wenn das Wetter nicht schlechter wird, sollten wir in fünf bis sechs Stunden dort sein.« Er klopfte auf seinen Sessel. »Sie schafft es.« Dann hob er schnell die Hand. »Aber erst eine wichtige Durchsage!« Er packte das Mikrofon der Bordsprechanlage, das feucht in seiner Hand lag. Wie viele hundertmal war es wohl schon benutzt worden: während Soldaten verzweifelt, aber geduldig, vor Dünkirchen in die See gewatet waren, oder während die *Serpent* Kreise um Überlebende gefahren war, nachdem wieder ein Frachter untergegangen war. Wenn das Schiff reden könnte . . .

Auch Calvert mußte wohl so fühlen. Von einem »Geigenkasten« auf einen Zerstörer, aber es war derselbe verdammte Krieg.

Er drückte den Sprechknopf. »Hier spricht der Kommandant. Wir werden gleich den Kurs nach Backbord ändern. Wird vermutlich etwas unangenehm.« Der Signalgast fletschte grinsend seine Zähne. In den Wohndecks würden sie über den Spruch sowohl kichern als auch fluchen. »Ein Schiff befindet sich in Seenot. Wir sind zwar ein Kriegsschiff, aber die Beistandspflicht ist älter und ebenso wichtig.« Er hängte das Mikro ein. »Weitermachen, Pilot!«

Calvert beugte sich über die Kreiseltochter, dann über das Sprachrohr. »Backbord zwanzig!«

»Der Bootsmann ist am Ruder, Sir! Ruder liegt zwanzig Grad Backbord.«

Brooke packte die Armlehnen seines Stuhls, als das Schiff herumschwang. Pike merkte immer von selber, wann etwas los war, genauso wie der Chief, Onslow, der Buffer oder der fuchsgesichtige Unteroffizier, der bereits auf dem Achterdeck mit den Rettungsgeräten und den Männern herumwirbelte.

Kipling murmelte: »Jetzt geht's rund!«

»Mittschiffs! . . . Stütz mit! . . . Neuer Kurs zwei-einsfünf!« Er wischte mit dem nackten Arm über die tickende Kreiseltochter, um zu kontrollieren, wo die erleuchteten Zahlen zum Stillstand kamen.

Pike meldete ruhig: »Kurs zwei-eins-fünf liegt an, Sir.«

Brooke nickte befriedigt. Der ehemalige Swordfishpilot manövrierte das Schiff wie ein Veteran. »Eins-eins-null Umdrehungen!«

Onslow kam wieder durch die Brückentür, hielt aber

inne, um das Brausen und Toben der See auf der Luvseite zu bestaunen.

Brooke fragte: »Haben Sie etwas gefunden, Yeo?«

Onslow nickte, er war außer Atem. Er war stolz, daß der Kapitän ihm erlaubt hatte, in seine Kabine zu gehen und seine vertraulichen Unterlagen durchzusehen.

»Die *Kian Chen* ist in Hongkong registriert, Sir. Es ist ein Kümo von zweitausend Tonnen. Gebaut während des Ersten Weltkrieges.«

Brooke berührte wieder seine Haut. Dasselbe Gefühl wie vorhin. »Das wurde diese Dame hier auch, Yeo.«

Irgend etwas mußte in seinem Ton mitgeschwungen haben, denn Onslow ergänzte: »Viel mehr gibt es nicht, Sir.«

»Wer ist der Reeder?« Er mußte die Frage wiederholen, bevor ihn der Signalmeister verstand. Aber er kannte schon die Antwort.

»Coutts Steamship Packet Company.«

Brooke hörte förmlich die Stimme seines Bruders, als er ihm von den vielen Geschäften des Charles Yeung erzählt hatte. Der alte Kümo gehörte dazu. Zur Brückenbesatzung gewandt, sagte er: »Wir sind unterwegs.«

»Die blaue Wache ist auf Bereitschaftsstation, Sir!«

Brooke hörte, wie Calvert die Meldung bestätigte. Seine anfängliche Zurückhaltung hatte er abgelegt. Brooke beobachtete, wie sich der Bug wieder hob, diesmal noch höher, um dann wie eine riesige Axt in einen Wellenberg zu schlagen. Er mußte daran denken, was ihm Kerr nach einem weiteren Rundgang durch die Decks erzählt hatte. In einigen der Wohnräume herrschte Chaos. Überall lag zerbroches Geschirr, und Ausrüstungsteile rutschten umher. Sogar die Laschings hielten bei diesen Bocksprüngen nicht.

Am schlimmsten war es in den Toiletten, denn dort suchten würgende Männer einen Platz, wo sie sich übergeben konnten, während der ekelhafte Geruch die anderen ansteckte. Sogar Kerr, der wahrlich ein guter Seemann war, hatte eingeräumt, daß ihm mulmig geworden war.

Mittelwache. Brooke hatte gehofft, daß er jetzt etwas sehen würde, ein Notsignal oder ein treibendes Boot vielleicht. Aber nichts. Schlimmer war, daß sie wertvolle Zeit verloren hatten, weil sie die Umdrehungen reduzieren mußten, um die Propellerwellen nicht zu überlasten. Davor hatte sich das ganze Schiff wie ein nasser Hund geschüttelt, wenn die Propeller fast an die Oberfläche gekommen waren.

Wahrscheinlich war das Schiff, das sich in Seenot befand, bereits untergegangen. Nach den Berichten kam so etwas hier draußen häufig genug vor. Es waren alte, seeuntüchtige Seelenverkäufer, die häufig überladen waren oder auf denen die Ladung verrutschte, wenn die See einmal ihre wilde Seite zeigte.

Hinter dem Panzerglas war alles schwarz, nur die weißen Brecher waren zu sehen. Sogar das warme rote Leuchten an Brookes Seite fehlte. Er hatte alle Positionslaternen ausschalten lassen. Ob zu Recht oder nicht, wer wollte das sagen? Sie befanden sich in keinem offiziellen Kriegsgebiet. Doch die *Serpent* befand sich im Krieg. Was immer passierte, Brooke wußte, wie es ausgehen würde. Handelte er richtig, würden andere das Lob einstreichen, machte er einen Fehler, würde er vor einem Kriegsgericht landen. Es war ein bitterer Witz unter Kommandanten – bis es ernst wurde.

»Brücke, Sir?«

Calvert schwankte zum Sprachrohr. »Hier Wachoffizier.«

»Der Übersetzer erbittet die Erlaubnis, auf die Brücke kommen zu dürfen, Sir.«

Brooke drehte sich um. »Erlaubnis erteilt.«

Der Übersetzer, Mr. John Chau, war der letzte Zuwachs ihrer Besatzung. Er war ein eifriger kleiner Mann mit ernstem Gesicht. Von Beruf war er Bankangestellter, aber eben auch Mitglied der Hongkong Royal Naval Volunteer Reserve. Im Frieden hatte er als Prisenoffizier auf einem der Aushilfspatrouillenboote gedient, wo sich seine Kenntnisse in Mandarin und Kantonesisch als äußerst wertvoll erwiesen hatten. Er würde mögliche Fehler beim Durchsuchen eines verdächtigen Schiffes zu vermeiden wissen. Er agierte als diensttuender Deckoffizier und aß in der Offiziersmesse. Er schlief auf einem Feldbett in Calverts mit Seekarten vollgestopfter Kammer. Bei einem Notfall in der Nacht würde Mr. Chau wahrscheinlich totgetrampelt werden, bevor er jemals das Deck erreichte.

Es dauerte eine Ewigkeit, bis er die Brücke erreichte. Schnaufend und würgend wurde er schließlich von einem Signalgast durch die Pforte gezogen.

»Entschuldigen Sie, Sir.« Er packte den Handläufer der Kompaßplattform und starrte verzweifelt auf die See, während sich der Bug wieder hob.

Brooke riet ihm: »Blicken sie einfach geradeaus, wenn Sie können.«

Calvert meinte: »Ist ein bißchen wie Achterbahn.«

Brooke grinste: »Geben Sie ihm ein wenig Zeit, Pilot.«

Onslow, der seit dem Notsignal auf der Brücke geblieben war, flüsterte: »Haltet 'ne verdammte Pütz bereit.«

Brooke erkundigte sich: »Na, haben Sie sich eingelebt, Mr. Chau?«

»Sehr gut, Sir, danke der Nachfrage.«

Brooke mußte an Charles Yeungs Butler Robert Tan denken. Chau sprach wie eine jüngere Ausgabe von ihm.

Calvert meinte: »Kommen Sie mit und schauen Sie in die Karte, John. Sie können etwas lernen.«

Unter dem Schutz der Persenninghaube klopfte Calvert mit seinem Bleistift auf die Karte. »An Steuerbord wird die See flach, obwohl wir sie in Heimatgewässern noch als tief bezeichnen würden.«

»Wie sieht es hier aus, Sir?«

»Völlig andere Geschichte. Noch ein paar Meilen weiter, und wir haben über 2500 Meter unter dem Kiel.«

Chau war weder beeindruckt noch überrascht. Leise sagte er: »Ein Ort, der den Menschen völlig unbekannt ist. Immer dunkel, Fische und schreckliche Kreaturen, die Gott dorthin verbannt hat, damit sie niemandem Schaden zufügen können.«

Calvert grinste. »Vermutlich haben Sie recht.« Über die schmächtigen Schultern des Übersetzers hinweg fragte er Brooke: »Soll ich Suchkurse ausarbeiten, Sir?«

»Ich glaube nicht. Noch fünfzehn Minuten, dann drehe ich ab.« Er dachte noch über die Ernsthaftigkeit des Übersetzers nach. So war auch sie gewesen, als er gedacht hatte, daß sie sich über ihn lustig machte. Chau sprach nicht über Fabeln, für ihn war es ein Fakt.

Brooke wandte sich an Onslow: »Lassen Sie den großen Scheinwerfer klar machen, aber schicken Sie Männer hin, die wissen, was sie tun.«

»Aye, Sir.« Er stieß den Seemann neben sich an. »Hole deinen Kumpel und sag Bescheid, sobald ihr den Scheinwerfer klar habt, verstanden?«

Der junge Mann grinste. »Logisch, Yeo.«

Das alte Geheimnis des Zwischendecks, dachte Brooke, denn der Seemann war derselbe, den Onslow so wütend angefahren hatte, als sie die tote Frau mit dem Kind unter dem gekenterten Rettungsboot gefunden hatten. Offensichtlich hatten sie sich wieder versöhnt. Ein Händedruck und ein gemeinsamer Schluck Rum. Aber beide wußten, daß sie unter vergleichbaren Umständen wieder so handeln würden.

Kerr erschien auf der Brücke. Heute nacht schien niemand zu schlafen. Brooke informierte ihn. »Ich habe nicht mehr viel Hoffnung, Nummer Eins. Wie sieht es unten aus?«

Kerr dachte an die ausgestreckten Leiber, die etwas Ruhe finden wollten, zusammengekrümmt zwischen den zerbro-

chenen Tellern, verschüttetem Essen und dem Erbroche-
nen.

Grinsend erwiderte er: »Richtig schön, Sir!«

»Darauf wette ich.«

»Oh, noch etwas, Sir. Ich war in der ASDIC-Bude. Sie haben Ärger mit dem Gerät. Obermatrose Aller ist überzeugt,
daß die Werft etwas falsch gemacht hat.«

»Ich werde die Werft benachrichtigen, sobald wir eingelaufen sind. Hier draußen nützt es uns ohnehin nicht viel.«

»Darum geht es nicht, Sir, sondern um den neuen
ASDIC-Mann, Leichtmatrose Kellock, der erst vor ein paar
Monaten an Bord gekommen ist.« Sogar in der Dunkelheit
sah er, daß Brooke die Stirn runzelte. »Rothaarig und ein
netter Bursche.«

Brooke sah plötzlich ein rundes Gesicht voller Sommer-
sprossen vor sich. »Was ist mit ihm?«

»Ich denke, er wird mit Ihnen privat sprechen wollen,
Sir. Der Bootsmann hat so etwas läuten hören.«

»Worum geht es?«

»Er will heiraten, Sir.«

Brooke versuchte sein Gesicht zu erkennen. »Aber der ist
doch noch ein Kind.«

»Das waren wir alle mal.«

»Sie sprechen mit ihm, Nummer Eins. Wohlfahrt fällt in
Ihr Ressort.«

Kerr hatte sich die Pointe bis zum Schluß aufgespart. »Es
ist eine Chinesin aus dem Rotlichtmilieu von Wanchai.«

Calvert mischte sich ein: »Fragen Sie da besser Kipling,
ich glaube, der kennt die Gegend.«

Kerr blieb stur. »Kellock hat das Recht, mit Ihnen zu
sprechen, Sir.«

Brooke grinste: »Ach, was Sie nicht sagen.«

»Notsignal, Sir! An Steuerbord!«

Alle Ferngläser schwangen herum, um das Licht zu finden. Es schien wie eine flackernde Kerze dicht über dem
Wasser zu funkeln. Hatte es jemand instinktiv gezündet,

oder hatte die hohe weiße Bugwelle der *Serpent* die Aufmerksamkeit erregt?

Brooke befahl: »Informieren Sie den Buffer!« Er wischte sich die Stirn mit dem Unterarm ab. »Klar bei Scheinwerfer! Sie sollen vom Bug bis querab schwenken!« Er lehnte sich in seinem Stuhl vor und spürte, daß seine Rippen dort schmerzten, wo die Arme sie während des Rollens gepreßt hatten.

Kerr meldete sich ab: »Ich gehe nach unten, Sir.«

Brooke wandte sich ihm nochmals zu: »Wirklich der Leichtmatrose Kellock?«

Der Junge, von dem sie gesprochen hatten, quetschte sich neben das ASDIC-Gerät, um nicht im Wege zu sein. Der kleine Raum war überfüllt. Obermatrose Aller war auf den Knien und reichte einem Torpedomechaniker, der auf dem Rücken unter dem Stahlschrank lag, Drähte zu. An den Wänden des Raumes lief das Kondenswasser hinunter, von der Decke tropfte es wie tropischer Regen.

Usher, der Mechaniker, sein Spitzname war Opa, weil er schon fast kahl war, krächzte: »Gleich geschafft, alter Kumpel – nur ein bißchen mehr Draht.«

Niemand antwortete. Er war als gewiefter Strippenzieher bekannt.

Ginger Kellock versuchte es nochmals: »Sieh doch mal, Hookey, es kann doch nicht schaden, wenn ich mal mit dem Alten spreche.«

Aller blickte ihn düster an. »Halt die Klappe, ich habe von dir und deiner chinesischen Dockschwalbe die Schnauze voll. Wahrscheinlich ist sie nur hinter deiner Knete her!«

Opa Usher grinste sie von unten an. Schweiß vermischte sich mit Schmiere auf seinem gebräunten Gesicht.

»Alles klar, die Herren, kann wieder losgehen!«

Das Gerät begann zu summen, und Aller mußte an den Atlantischen Ozean denken.

»Melde der Brücke, Ginger, daß unser weißer Blindenstock wieder funktioniert.«

Alle zuckten zusammen und starrten sich ungläubig an. Aller schoß an das Gerät. »Beweg deinen Hintern, Ginger!« Die anderen sahen ihm zu, wie er die Knöpfe vorsichtig justierte, bis er das Objekt eingepeilt hatte. Seine Stimme war ruhig, als er durch das Sprachrohr der Brücke mitteilte: »Starkes Echo, Sir, in der Peilung eins-eins-null. Peilung steht!«

Opa Usher murmelte: »Jetzt werden sie das Furzen in der Kirche lassen.«

Im gleichen Augenblick begannen die Alarmglocken zu schrillen.

»Schiff klar zum Gefecht, Sir!«

Brooke bestätigte. Wenn es nur heller wäre.

Calvert fragte: »Kann es ein Wrack sein, Sir?«

Brooke überdachte seine Bemerkungen von vorhin über die Tiefenverhältnisse hier und Chaus nachdenkliche Erwiderung.

»Wer ist am ASDIC?« Er kannte die Antwort, versuchte aber, Zeit zu schinden. Hatte er schon geahnt, daß es so kommen würde? Er vermeinte zu spüren, daß sich trotz der feuchten Hitze seine Nackenhaare sträubten. Befänden sie sich jetzt im Atlantik, wären sie eine ideale Schießscheibe.

Kerr sagte: »Aller, Sir. Ein Grummler, aber ein guter Mann am ASDIC.«

Brooke ging zum Sprachrohr. »ASDIC, hier ist der Kommandant. Was macht das Objekt, Aller?«

»Starkes Echo, Sir, keine Veränderung.«

Brooke kehrte zu seinem Stuhl zurück und hielt sich daran fest. Angenommen, es war ein Wrack. Im Atlantik kam so etwas häufig vor, aber hier draußen?

»Wieder ein Notsignal, Sir! Gut an Steuerbord voraus! Verdammt, jetzt ist es verlöscht!«

»Beide Maschinen voraus langsam!« Die Bewegungen würden noch schlimmer werden, aber das Risiko einer Kollision wurde vermindert. »Kletternetze für den Fall ausbringen, daß wir längsseits gehen müssen!« Er fühlte einen kalten Schauer seinen Rücken hinunterlaufen und spürte die Anwesenheit des unbekannten Gegners draußen in der Finsternis wie ein Jäger oder Mörder. Er entschied sich: »Scheinwerfer an!«

Wie ein eisiger gleißender Finger tastete sich der Scheinwerfer über das Wasser und verwandelte die Wellenberge und -täler in ein wanderndes gläsernes Gebirge. Das Licht erfaßte das Fahrzeug und blieb daran kleben. Es mußte die Besatzung blenden, überlegte Brooke. Es war ein bekannter Anblick. Er stellte fest, daß er ihn fast gelassen durch sein Fernglas studieren konnte. Der Kümo trieb ohne Licht und Antrieb. Er konnte den verrosteten Kimmgang sehen, so stark war die Schlagseite. War die Ladung verrutscht? Aber das spielte jetzt keine Rolle mehr.

»Wir müssen die Besatzung abbergen, Nummer Eins. Abschleppen kommt bei diesen Verhältnissen nicht in Frage, ich kann das Leben unserer Jungens nicht aufs Spiel setzen.« Er hatte eine Gruppe aneinandergedrängter Gestalten am dünnen hohen Schornstein entdeckt.

Der Übersetzer hatte seine Seekrankheit völlig vergessen. »Ich kenne das Schiff, Sir, das habe ich oft gesehen.«

»Positionslichter an!«

Er mußte an seine eigenen Worte denken: *Ein Kriegsschiff!*

»ASDIC an Brücke. Kontakt wandert nach links aus!« Sogar Aller klang überrascht.

Brooke befahl: »Funkspruch an den Oberbefehlshaber: *Habe Kontakt mit U-Boot auf Position so-und-so . . .*«

»Brücke! Torpedo an Steuerbord!«

Die folgende Explosion war so laut und ohrenbetäubend, daß die Heizer und Reiniger in ihrer Welt aus Lärm und Dampf eine Sekunde lang denken mußten, daß ihr eigenes Schiff getroffen war. Metallteile klatschten zwischen den Schiffen ins Wasser, einige kreischten über die Back wie Bombensplitter.

Brooke fuhr fort: »*Ich greife an!* Schicken Sie es ab!«

Er packte den Handläufer. »Steuerbord zwanzig! ... Recht so! ... Neuer Kurs eins-eins-null!«

»ASDIC an Brücke.« Aller klang erregt. »Das Schiff zerbricht.«

Brooke stellte sich vor, wie der zerstörte, zerbrochene Rumpf langsam in die unendliche dunkle Tiefe versank.

»Klar bei Wasserbomben!«

»ASDIC an Brücke, Kontakt verloren.«

»Weitersuchen!« Er hörte die Härte in seiner Stimme; der Atlantik hatte seinen Würgegriff doch nicht völlig gelöst.

Der Kontakt konnte nicht wiederhergestellt werden, aber ein Funkspruch des Hauptquartiers traf ein: *Gefecht abbrechen! Kehren Sie sofort in den Sektor Charlie Zebra zurück!*

Kerr beobachtete Brooke, als der das kurze Telegramm las. »Was werden Sie machen, Sir?«

Brooke ließ sich in seinen Sessel fallen und stellte fest, daß sich die See beruhigte. Sie waren wohl dem Schlimmsten entgangen.

»Wir fahren zurück, um zu sehen, ob jemand überlebt hat. Die Möglichkeit besteht immer.« Er klang ausgelaugt.

Calvert warf ein: »Die Schweine hätten uns treffen können!«

Brooke blickte in seine Richtung. »So war es auch gedacht.« Wie leicht es ihm fiel, das auszusprechen. »Wegtreten von den Gefechtsstationen, aber auf Bereitschaftsstationen bleiben.«

Durch das offene Sprachrohr konnte er das regelmäßige ASDIC-Signal hören. Er wußte, daß der Angreifer verschwunden war, er fühlte es einfach.

Wahrscheinlich war es das plötzliche unerwartete Aufblitzen des großen Scheinwerfers gewesen. Er hatte den Angreifer an seinem verborgenen Periskop zeitweilig verwirrt und geblendet.

Er blickte sich nach den Wachgängern um. Sie schwankten unsicher auf den Füßen, unfähig, die Bewegungen des Schiffes auszugleichen. Sie wußten nicht einmal, in was sie geraten waren, nur weil sie einem SOS-Ruf gefolgt waren. Sie wußten lediglich, daß sie beinahe gestorben wären.

Beim ersten Tageslicht entdeckten sie etwas Treibgut, das über eine große Fläche verteilt war. Es wirkte wie abgebrannte Streichhölzer auf einem Teich. Dann fanden sie einen älteren Überlebenden, der sich halbtot an einen Lukendeckel klammerte, der durch die Explosion weggeflogen war. Der Mann hatte so schwere Verbrennungen, daß er bei seiner Bergung mehr tot als lebendig wirkte. Sanitäter Twiss tat, was er konnte. Er behandelte ihn mit der Brandsalbe, die er schon oft bei aufgefischten Handelsschiffsmatrosen benutzt hatte, nachdem sie torpediert worden waren.

Brooke hatte Kerr die Brücke übergeben und war in das Lazarett hinuntergegangen. »Schwester« Twiss' Gesichtsausdruck war wie versteinert, während er mit den Verbänden hantierte. Es schien mehr zu schaden als zu nützen.

John Chau beugte sich über den Körper des alten Mannes. Sein Gesicht war so dicht über ihm, daß Teile des verbrannten Fleisches an seiner untadelig weißen Uniformjacke haften blieben. Der sterbende Mann war tatsächlich der Kapitän des Schiffes. Wahrscheinlich wußte er nicht einmal, was sich ereignet hatte. Unter diesen Umständen war das nicht ungewöhnlich.

Twiss sagte ruhig: »Er ist hinüber, Sir.«

Brooke nahm die angekohlte und durchnäßte Ausweiskarte vom Übersetzer entgegen. »Sie haben gute Arbeit geleistet, Mr. Chau.«

Er sah ein kurzes freudiges Aufblitzen in den dunklen Augen.

»Lassen Sie ihn einnähen, wir werden ihn am Vormittag dem Meer übergeben.« Er blickte den Übersetzer an. »Vielleicht könnten Sie mir helfen, etwas Passendes zu sagen?«

»Natürlich, Sir. Es ist mir eine Ehre.«

Er erklomm die Leiter zur rollenden Brücke. Jede Stufe war eine Anstrengung. Als er zu seinem Stuhl ging, blickte er sich auf der Brücke um, dann zur Gaffel hinauf, wo die Kriegsflagge sich hell gegen die dunklen Wolken abzeichnete.

Plötzlich erschien ihm die Brücke wie ein heimatlicher, sauberer Platz.

12 Schicksale

Nach der erdrückenden Hitze des Hongkonger Hafens, durch die das Boot der *Serpent* in Richtung des Flaggschiffs geschossen war, erschien die Atmosphäre unter dem Deck des Kreuzers kühl und friedlich.

Die *Serpent* war am gestrigen Nachmittag eingelaufen und hatte noch vor Einbruch der Dunkelheit an der Werftpier festgemacht. Brooke hatte eine kurze Mitteilung bekommen, die besagte, daß er sich auf der *Dumbarton* melden solle, sobald er es ermöglichen könne. Das war ein Fortschritt gegenüber dem letzten Mal. Trotzdem hatte man ihn zehn Minuten warten lassen, nachdem er an Bord gekommen war.

Der Sekretär des Commodore war ein nervös aussehender Zahlmeister, der ihm dann unter Deck einen Platz angeboten hatte. Die *Dumbarton* war schon eine Erfahrung für sich, dachte er trocken. In den Gängen glänzte die Farbe, daß man sich davor hätte rasieren könne. Überall Fotografien des Schiffs aus alter Zeit, mit weißem Rumpf und gelben Schornsteinen oder vor der Küste Afrikas. Bilder der Kommandanten. Grinsende Bootsmannschaften, die eine Regatta gewonnen hatten. Äquatortaufen oder ein Schiffsjunge, der Weihnachten in Kapitänsuniform die Ronde machte. Es war die Geschichte des Schiffes.

Brooke hatte bemerkt, daß die Ankerkette des Schiffes,

die an der Festmacherboje angeschäkelt war, weiß angestrichen war. Er fragte sich, wann das Schiff das letzte Mal auf See gewesen war. Die Bewaffnung bestand aus veralteten 10-cm-Kanonen, automatische Waffen fehlten völlig. Die kreischenden Stukas würden das Schiff in ein paar Minuten auf Grund schicken.

Die meisten Schiffe dieser Klasse waren zu Flakkreuzern für den Einsatz in Geleitzügen umgebaut worden. Wie war die *Dumbarton* da durchgeschlüpft? Ob die *Serpent* wohl dem Schicksal ihrer Schwesterschiffe entgehen würde? Er konnte sie sich nicht als Minenleger vorstellen.

Er hatte kurz mit dem Kommandanten der *Islip* gesprochen, als sie darauf gewartet hatten, längsseits zu gehen. Die *Islip* war nach Singapur ausgelaufen, um ein Versorgungsschiff zu begleiten. Während der Zeit würde kein schlagkräftiges Kriegsschiff in Hongkong sein. Alles, was vorhanden war, war die *Dumbarton*, der holländische Kreuzer *Ariadne*, ein umgebauter Zerstörer ähnlich der *Serpent*, aber ohne dritten Schornstein, ein paar Schnellboote und die örtlichen Kanonenboote. Der Sekretär kam zurück. »Hier entlang, bitte.«

Die große Tür am Ende des Ganges war mit dem aufgemalten Breitwimpel eines Commodores verziert. Im oberen Feld am Flaggenstock war ein roter Ball, um anzuzeigen, daß es sich um einen »zweitklassigen« Commodore handelte. Die Tür wurde von einem Steward geöffnet. Brooke versuchte, ihn nicht anzustarren. Der Mann trug weiße Handschuhe.

Commodore Cedric Stallybrass hatte sich erhoben. Seine kleinen Knopfaugen verschwanden in den Fettpölsterchen, als er ihm die Hand zur Begrüßung entgegenstreckte. Der andere Mann war ein Kapitän zur See, den er flüchtig kannte.

Der Commodore stellte vor: »Das ist unser Chef des Stabes, Kapitän Albert Granville.«

Der Kapitän war sehr groß, hatte welliges graues Haar

und eine breite große Nase. Er wirkte wie ein Schauspieler, der seiner Rolle gerecht wurde.

Sie setzten sich, der Chiefsteward und ein chinesischer Messehelfer stellten Drinks auf einem Messingtisch bereit. Wieder ein Souvenir von weither.

Granville meinte: »Ich fand Ihren letzten Bericht sehr interessant. Beunruhigend.«

Der Commodore drohte mit einem Finger. »Langsam, Bertie! Laß ihn doch erst mal Luft holen.«

Brooke hatte das unbestimmte Gefühl, daß sogar diese launige Bemerkung vorher abgesprochen war.

Granville nahm sein Glas und betrachtete es sorgfältig. Brooke spürte förmlich, wie er seinen Text repitierte. Schließlich begann er: »Wenn sich Ihr Schiff nicht in einem Rettungseinsatz befunden hätte, wären Sie in die ganze Chose gar nicht verwickelt worden. Der Torpedo? Das ist etwas ganz anderes. Ich kann nur vermuten, daß er für das Kümo bestimmt war. Es herrschte schweres Wetter, vielleicht hat sich der U-Boot-Kommandant auch geirrt und es für ein anderes Schiff gehalten.«

Brooke fand, daß er sich entspannen konnte. Hier ging es nicht um das versenkte Fischerboot mit seiner abgeschlachteten Besatzung. Zu viele Männer hatten den Torpedo gesehen, und niemand konnte ›Hein Seemann‹ daran hindern, darüber sein Garn zu spinnen.

»Ein Torpedo hat kein Gewissen, Sir, er hat für alle dieselbe Wirkung.«

Granville hob die Augenbrauen. »Ich kenne Ihre Akte, Brooke. Sie haben den Krieg aus erster Hand erlebt. Vielleicht sogar zu hautnah. Wir haben hier eine wichtige, aber undankbare Aufgabe: Wir müssen den Frieden so gut wie möglich erhalten und dürfen keine Zwischenfälle provozieren.«

»Der japanische Kommandant wußte bis zum letzten Augenblick nichts von unserer Anwesenheit. Wir fuhren abgeblendet, und das ASDIC war zeitweilig ausgefallen. Das südliche Chinesische Meer ist nicht mit dem Nordatlantik oder der Nordsee vergleichbar. In diesen Gewässern sieht man einen Torpedo erst, wenn es zu spät ist. Hier haben meine Männer den Torpedo an der helleuchtenden phosphoreszierenden Leuchtspur erkannt.«

Der Commodore lächelte. »Brooke, wir wissen nicht, ob es ein japanisches U-Boot war. Das ist unsere Meinung. Wir können uns nicht auf Vermutungen stützen, die wir nicht beweisen können. Vielleicht war es ein Japaner, und das Kümo wurde irrtümlich versenkt. Aber absichtlich auf ein britisches Kriegsschiff zu schießen, das ist völlig undenkbar!« Er klang aufgebracht. Granville nickte zustimmend. »Deshalb dürfen wir nicht darin verwickelt werden. Die Regierung Seiner Majestät hat auch so alle Hände voll zu tun.«

Die beiden blickten sich an wie Verschwörer, dann fuhr Granville fort: »Ich glaube, daß ich mir die Freiheit nehmen kann, Ihnen folgendes zu sagen: Die Admiralität wird auf Anforderung des Ersten Seelords, unterstützt von Winston Churchill persönlich, mit neuen schlagkräftigen Schiffen die Chinastation verstärken. Beruhigt Sie das?«

Der Commodore winkte dem Steward. »Diesmal einen großen, Billings.«

Sie versuchten, es ihm einfach zu machen. Er sollte es vergessen. Es fiel nicht unter seine Verantwortung und, wie es schien, auch nicht unter die der hier Anwesenden.

Granville fragte beiläufig: »Sie waren beim spanischen Bürgerkrieg dabei?« Es war eine Feststellung, das wußte er genau. »Ich war auch da. War eine miese Vorstellung. Aber nach all den Rückschlägen haben Sie jetzt Ihr eigenes Schiff. Es ist nicht brandneu, aber für einen Offizier in Ihrer Position ein schönes Kommando. Viele Offiziere sind vorzeitig befördert worden – viele über ihre Fähigkeiten hinaus, wenn Sie mich fragen –, aber Sie, Brooke, sind wieder im Rennen. Die anderen werden nach dem Krieg wieder zurückgestuft. Tun Sie Ihr Bestes. Ich weiß, daß Sie das immer machen, und es gibt keinen Zweifel daran, daß Sie weiter oben landen werden.«

Übertrieben fürsorglich nickte der Commodore. »Genau wie Sie es verdient haben.«

Brooke blickte auf das Glas in seiner Hand und war überrascht, daß sie so ruhig war. Jemand hatte das Glas wieder gefüllt. *Für jemanden in Ihrer Position ein schönes Kommando.* Die Drohung stand überdeutlich im Raum. Er sollte kein Aufsehen erregen, sondern nur die Flagge zeigen. Falls er sich anders verhielt, würde er die *Serpent* verlieren und unter dem einen oder anderen Vorwand nach Hause geschickt werden. Kerr würde einen schmalen Streifen mehr bekommen und das Schiff übernehmen. Er befürchtete, daß das Glas in seinen Fingern zerbrechen würde. Und sie hatten die Macht, es auch durchzusetzen. Ein vertraulicher Bericht an die Admiralität: *Steht unter großer psychischer Belastung, vermutlich Kampfstreß.* Irgend etwas in der Art. Er hatte es bei anderen erlebt.

Er versuchte klar zu denken. Aber alles, was ihm einfiel, war der Stolz in der Stimme seines Vaters, als er ihm das Foto übergeben hatte.

Der Commodore blickte auf seine Uhr. »Und machen Sie sich keine Sorgen wegen des ASDIC, ich werde die Wartungsjungs gleich darauf ansetzen.«

Kapitän Granville fügte hinzu: »Ein neuer Brigadier aus England stößt zum Stab. Wieder so ein Bursche aus Whitehall, der hier in die Sommerfrische möchte.« Er blickte in die Luft, als ob er nach dem nächsten Satz suchte. Dann fragte er unvermittelt: »Hat der chinesische Skipper vor seinem Tod noch etwas gesagt? Sie haben doch jetzt einen Übersetzer an Bord.«

»Er sagte, daß die *Kian Chen* Bausteine geladen hatte, Sir.« Vor seinem geistigen Auge sah er, wie ihn der Dolmetscher über den mit der Kriegsflagge bedeckten Leichnam hinweg ansah. Dann ein paar Worte in seinem singenden Tonfall, eine Verbeugung, darauf kippten die Matrosen die Planke an, und die Leiche ging auf die lange einsame Reise in die ewige Dunkelheit ...

»Kein Wunder, daß die Ladung verrutscht ist, nicht wahr, Bertie? Charles Yeung hat es anscheinend ziemlich gelassen aufgenommen.«

Granville erkundigte sich: »Sie kennen ihn ja wohl?«

»Ein wenig, Sir.«

»Dabei sollte es auch bleiben.«

Brooke stand vorsichtig auf, aber sein Bein ließ ihn nicht im Stich.

Ja, dabei sollte man es belassen: Seine Gastfreundschaft genießen, sich bei ihm vollfressen und besaufen – aber Freundschaft? *Nicht mit uns, alter Knabe.*

Sie gingen auf das Achterdeck. Von den perfekt verlegten Planken hätte man essen können. Granville grüßte und ging zur Gangway. Der Commodore blickte auf die makellos gepflegte Barkasse, die unten lag. Die Besatzung wartete mit erhobenen Bootshaken, ein Unteroffizier führte das Boot. Dazu bildete das schlichte Motorboot der *Serpent* mit dem bulligen Macaskie an der Pinne einen deutlichen Kontrast. Wie alles hier, dachte Brooke.

Der Commodore tippte an seine Mütze. »Wir sehen uns am Dienstag im Repulse Bay Hotel, Bertie. Dürfte ein netter Abend werden.«

Der starke Motor der Barkasse heulte auf, und das Boot verschwand schnell zwischen den Leichtern und Dschunken in Richtung Kowloon.

Stallybrass blickte über das geschäftige Treiben auf dem Wasser zu dem schlanken Zerstörer am Kai hinüber.

»Hübsches kleines Schiffchen. Möchte ich nicht verlieren. Und Sie auch nicht.«

Sie grüßten einander, bevor Brooke die lange lackierte Gangway hinabstieg.

Zwischen zusammengebissenen Zähnen knirschte er: »Und du wirst uns auch nicht los!«

Oberleutnant Richard Kerr blickte vom Tisch der Offiziersmesse auf, an dem er die neuesten Anweisungen der
Admiralität durchging. In der Hand hatte er eine Kaffeetasse. Er war überrascht und sagte dann entschuldigend:
»Pilot! Einen Augenblick lang habe ich Sie nicht erkannt.«

Calvert ging zu einem Spiegel neben einem offenen
Bullauge und rieb prüfend sein glattes Kinn. »Er war in
der Hitze so störend.« Er studierte die Narben in der einen
Gesichtshälfte. Vielleicht hätte er noch warten sollen. Sie
hoben sich jetzt so hell von seinem gebräunten Gesicht ab.

Kerr spürte seine Unsicherheit und sagte freundlich:
»Sie sehen prima aus, Pilot.« Als sich Calvert umdrehte,
um zu sehen, ob er es ernst meinte, fügte er hinzu: »Ja
wirklich. Außerdem heilt es so schneller und besser ab.
Jetzt sehen Sie fast wie ein Mensch aus.«

Calvert lächelte gequält. »Ich weiß, es ist dumm, aber
vermutlich die ständige Erinnerung an damals.« Er blickte
sich um. »Ist der Skipper an Bord?«

Kerr schüttelte den Kopf. »Er ist spazierengegangen.
War drüben beim Commodore und dem Chef des Stabes.«

»Was haben *die* denn gesagt, oder sollte ich besser nicht
fragen?«

»Ich weiß es nicht sicher« Er mußte an den Ausdruck in
Brookes braunen Augen denken und seine Rastlosigkeit.
»Ich glaube, daß es ihn ziemlich angekotzt hat, was auch
immer sie ihm erzählt haben.«

Calvert blickte wieder in sein Spiegelbild. Ein fremdes
Gesicht. Ein ganz anderer Mensch.

Kerr schlug vor: »Wenn Sie an Land gehen wollen,
schieben Sie ab. Ich habe heute Dienst und warte wieder
auf so ein As von der Werft.« Er blickte auf die Durchreiche zur Pantry, die fest verschlossen war: das große Ohr
des Zwischendecks. »Ich habe etwas läuten hören, daß wir
RADAR bekommen sollen. Aber behalten Sie das für sich,
denn Sie wissen ja, was das bedeuten würde.«

»Zurück in den Atlantik, in den richtigen Krieg.«

Kerr blickte auf den Papierhaufen. »Ich könnte mich an diesen Hafen richtig gewöhnen. Ihr Vorgänger auf der *Serpent* . . . « Er unterbrach sich und konnte es kaum glauben. Es war erst so kurze Zeit her, aber ihm war der Name des alten Navigators entfallen. So war das in der Marine. Gesichter kamen und gingen, nach ein paar Monaten war man vergessen. Nur die, die jetzt da waren, und das Schiff, das alle zusammenhielt, waren Wirklichkeit.

»Was war mit ihm?«

»Ich habe vergessen, was ich sagen wollte.«

»Sie haben es schwer!« Kerrs Überraschung auf seine lässige Bemerkung hin entging ihm. »Ich glaube, ich gehe wirklich an Land. Alle anderen sind ja wohl schon los.«

Im Duett sagten sie: »Außer dem Chief.«

Calvert griff nach seiner Mütze. »Wahrscheinlich komme ich nicht weiter als bis zur ersten Kneipe, aber die tut es auch.«

Er ging zum Niedergang und stieg zur Lobby des Quartermasters empor. Durch das Schott sah er ein helles Rechteck blauen Himmels. Der Hitzedunst ließ die Gebäude zu Phantasiegebilden verschwimmen.

Der diensthabende Quartermaster rief: »Anruf von Land, Sir.«

»Für wen, Monk?«

»Nun, sie möchte den Kommandanten sprechen, aber der ist an Land.«

»Ich nehme das Gespräch entgegen.«

Es war, als ob sie neben ihm stehen würde; ihre Stimme klang genau so, wie er sie in Erinnerung hatte.

»Tut mir leid, Miss Yeung, aber er ist irgendwo in Victoria.

»Ich möchte mit ihm reden. Ich wußte, daß das Schiff zurück ist, geht es ihm gut?«

Calvert dachte an Kerrs Bemerkung. »Er braucht etwas Aufmunterung, Miss.«

Eine lange Pause. »Was bedeutet Aufmunterung, das verstehe ich nicht.«

Er konnte sich vorstellen, wie sie die Stirn runzelte. »In seiner Position muß er sich ständig über irgend etwas Sorgen machen.« Er konnte ihr nicht erzählen, daß sie knapp von einem Torpedo verfehlt worden waren, der dann ein Schiff ihres Vaters zerstört und anscheinend grundlos die Besatzung getötet hatte. »Wollen Sie eine Nachricht hinterlassen? Oberleutnant Kerr wird dafür Sorge tragen, daß er sie nach seiner Rückkehr bekommt.«

»Nein.« Sie mußte gemerkt haben, daß das zu scharf geklungen hatte. »Sie sind Oberleutnant Calvert, nicht wahr? Ich habe Ihre Stimme erkannt.«

Er stellte sich vor, wie sie in dem großen Haus saß, vor dem sich der Hafen wie ein buntgewirkter Teppich erstreckte.

Sie sagte: »Ich werde ihn finden.« Dann verstummte die Leitung.

Der Qartermaster meinte fröhlich: »Ich fürchte, jetzt haben Sie den Werftbus verpaßt, Sir.«

Calvert zuckte die Schultern. »Ich hätte den Anruf dem Ersten überlassen sollen.«

Der Quartermaster ging hinaus in den Sonnenschein und salutierte gemeinsam mit dem Wachposten, als Calvert den Landgang hinunterschritt.

Er winkte mehrere alte Rikschas weg und hielt sich im Schatten der Gebäude. Jedenfalls gab es keine Wolken und die Gefahr eines Wolkenbruchs. War es das Mädchen, das den Skipper so bedrückte, oder war es der Gedanke, daß er sie verlassen mußte? Er glaubte nicht, daß zwischen den beiden etwas passiert war. Er blickte in ein Ladenfenster und sah das Spiegelbild eines unbekannten Fliegeroffiziers, der jetzt eine andere Rolle spielte.

Als Calvert noch seine Tagesausflüge gemacht oder jungen wohlhabenden Männern und Frauen Flugunterricht erteilt hatte, da hatte er seine Chancen gehabt. Einige hatte er genutzt, aber die Beziehungen hatten nie lange gedauert. Bei Brooke war das anders, das konnte jeder sehen.

Autos hupten, und jemand rief: »Wissen Sie, auf welcher Seite der Straße Sie, verdammt noch mal, laufen?« Calvert ging weiter. Einen schönen großen Drink und eine Pfeife voller Tabak, danach . . .

»Leutnant Calvert! Bitte nicht so schnell!«

Er fuhr herum, verdutzt darüber, daß hier jemand seinen Namen kannte. Es war eine junge Frau, ganz in Weiß gekleidet, mit dem einzelnen blauen Streifen eines Dritte Offiziers der Wrens auf der Schulter. Sie war stehengeblieben; ihr Körper bebte vor Aufregung und Bestürzung. Hinter ihr parkte ein brauner Wagen mit einem Wappen an der Tür halb auf dem Bürgersteig. Die eine Tür stand noch offen und wurde von den anderen Fahrern mit einer Mischung aus Ärger und Amüsement betrachtet.

»Ich dachte, ich . . . dachte . . . « Dann faßte sie sich wieder. »Sie sind es! Aber der Bart, verstehen Sie.«

Er erwiderte ruhig: »Ich habe gerade den Bus verpaßt, aber sonst hätte ich Sie auch nicht getroffen.« Er ergriff ihre beiden Hände. Es war unmöglich! Es war schierer Wahnsinn! »Es muß Schicksal sein.«

Sie blickte suchend in sein Gesicht. »Ich . . . ich habe Ihnen geschrieben. Ich wußte nicht, wo Sie stecken. Es war eine ziemliche Frechheit.«

Er konnte seine Augen nicht von ihr abwenden. »Ich habe Ihnen auch geschrieben. Vielleicht können Sie den Brief eines Tages lesen.« Er lächelte zum erstenmal. »Das war auch eine ziemliche Frechheit.«

»Ich bin erst vor zwei Tagen angekommen, aber da habe ich mir nicht träumen lassen . . . «

Der Wagen bewegte sich etwas, und ein großer Mann in Uniform trat in den Sonnenschein. Calvert erkannte, daß er einen hohen Dienstrang hatte. Er war aber kein Armeeoffizier, sondern ein Royal Marine. Der Mann sagte geduldig: »Wenn Sie soweit sind, Sue, müssen wir noch arbeiten.« Er lächelte über Calverts Überraschung. »Sonst würde ich sie Ihnen hierlassen, alter Junge.« Er ging zurück zum Wagen.

Calvert sagte schnell: »Ich muß Sie wiedersehen, Sue.«

»Sie erinnern sich an meinen Namen . . .«

Das Mädchen aus dem Zug. Ihr Mann Bob war mit der *Hood* untergegangen. Er berührte sein Gesicht, immer noch überrascht, daß da kein Bart war.

»Das war Brigadier Sexton. Ich bin seine Sekretärin.« Sie schüttelte den Kopf. »Ich kann es immer noch nicht fassen.« Sie zog ein Blatt Papier aus der Tasche. »Sie können mich hier anrufen.« Langsam ging sie zum Auto zurück. Ihre Augen waren feucht.

Ein großer Armeelastwagen schob sich langsam durch die Menschenmenge. Ein rotgesichtiger Soldat lehnte sich heraus und schnarrte laut: »Sehr schön, Miss, aber könnten Sie Ihr Auto so hinstellen, daß ich vorbeikomme?«

Calvert folgte ihr zum Wagen und hielt ihr die Tür auf. Zwei Chinesen klatschten in die Hände, und jemand rief zaghaft hurra. Calvert hörte davon nichts. »Entschuldigen Sie, Sir.«

Der Brigadier strich seinen kleinen Schnurrbart mit dem Knöchel eines Fingers. »Ich verstehe schon, Leutnant. So verdammt alt bin ich nicht.«

Calvert beobachtete, wie der Wagen auf die Fahrbahn rumpelte und in Richtung Hafen verschwand. Er sah, daß sie sich nach ihm umblickte, und sie schien ihm zuzuwinken.

Würde er sie erkannt haben? Es war ein düsterer Zug gewesen, Regen hatte gegen die Fenster geklatscht. Sie war jünger, als er sie in Erinnerung hatte. Sehr jung. Als sie geheiratet hatte, mußte sie gerade als Dritter Offizier bei den Wrens angefangen haben. Ihr Haar war dunkel und lockig. Aber kürzer, als er geglaubt hatte. Ihre Augen? Da war er sich nicht sicher.

Ohne etwas wahrzunehmen, schritt er eine enge Gasse hinauf, in der ein paar alte Männer die Vögel in den Käfigen bewunderten und ihrem Zwitschern lauschten.

Und jetzt war sie hier! Er lehnte sich gegen eine Wand und rieb sich die Augen. Sie brannten plötzlich, und er konnte die Tränen nicht zurückhalten.

Eine Frau tauchte aus einem dunklen Eingang auf und faßte ihn am Ärmel. Sie schien alterslos zu sein und verfügte über eine fast maskenhafte Schönheit.

»Kommen Sie in meinen Laden, Sir.«

Er realisierte, daß ihn ein paar Soldaten anstarrten, wahrscheinlich hielten sie ihn für betrunken.

In dem kleinen Laden war es kühl, und es duftete nach Kampfer und Weihrauch. Nachdem sich seine Augen an die Dunkelheit gewöhnt hatten, erkannte er, daß der Laden voller Schmuckstücke war.

Ruhig erklärte sie ihm: »Ich habe die schöne englische Lady gesehen. Sie sollten ihr ein Geschenk kaufen, ja?« Sie führte ihn zu einem Stuhl. »Aber zuerst trinken wir Tee.« Sie verschwand hinter dem Verkaufstisch und füge dabei hinzu: »Schämen Sie sich nicht Ihrer Tränen. Kein noch so starker Mann ist dagegen gefeit.« Mit großer Vorsicht reichte sie ihm eine Schale Tee.

Calvert räusperte sich. »Was würden Sie mir empfehlen?«

»Natürlich Jade. Jade ist genau richtig für schöne Lady. Bringt immerwährendes Glück.«

Er wollte ihr danken, fand aber nicht die richtigen Worte. Nur ein Wort ging ihm nicht aus dem Sinn: *Schicksal.*

Esmond Brooke blieb stehen und blickte auf den imposanten Eingang des alten Tempels. Er wußte eigentlich nicht, warum er hierhergekommen war, auch an seinen Weg vom Hafen konnte er sich kaum erinnern. Er hatte sorgfältig vermieden, sich zu übernehmen, weil er sich noch gut an das letzte Mal erinnern konnte, an die atemberaubende Feuchtigkeit des Monsuns und die Hitze auf seinen Schultern in der Gasse, in der kein Windhauch wehte.

Die Abenddämmerung war so früh wie immer hereingebrochen, aber obwohl die kühle Brise vom Victoriahafen etwas Erleichterung brachte, war er kein Risiko eingegangen. Und jetzt war er hier. Er testete sein verwundetes Bein auf der ersten Stufe. Es schmerzte noch, aber die Schwester des Mädchens hatte ihm mehr Erleichterung verschafft, als er je seit der Explosion verspürt hatte.

Er nahm seine Mütze ab und trat durch das große Tor. Außer dem Licht von ein paar staubigen Laternen und einigen bunten Glühlampen in der Nähe der vergoldeten Statuen war es im Inneren fast dunkel. Aber die Erinnerung war sofort wieder da: ihre Hand auf seinem Arm, um ihn zu stützen, falls er stolpern und sein Bein verletzen sollte, der Duft ihres Parfüms, das sich mit dem Geruch der verbrannten Gebetszettel, Räucherstäbchen und des Weihrauchs vermischte.

Menschen bewegten sich vor den Statuen, die Räucherstäbchen leuchteten wie Glühwürmchen, wenn die Betenden sich vor den Gottheiten verbeugten.

Ein dünner Aufseher in Trikot und Shorts rauchte eine Zigarette, während er geschickt einige Bänder glättete. Er musterte ihn nur kurz und nickte lässig. Als Brooke einige Räucherstäbchen an sich nahm und ein paar Münzen in den Kasten warf, schien er interessierter, aber dann fuhr er mit seiner Arbeit fort. Sollte er sich über Brookes Anwesenheit wundern, so zeigte er es jedenfalls nicht.

Brooke ging zur anderen Seite hinüber, wo er fast mit einer kleinen Frau zusammengestoßen wäre, die dabei war, niederzuknien. Im flackernden Licht sah sie uralt aus, wie eine historische Schnitzerei.

Er lächelte sie entschuldigend an, und spontan reichte er ihr seinen Arm, als sie auf dem Kissen niederkniete. Ihre Hand auf seinem weißen Ärmel war wie eine Klaue aus Stahl. Sie murmelte etwas und blickte ihn unbewegt an. »Gut. Gut.«

Brooke setzte sich auf einen der alten Stühle und sah zu, wie der Rauch seiner Stäbchen zu den Laternen emportrieb.

Er spürte das Mädchen fast körperlich neben sich, sah, wie ihn ihre dunklen Augen neckten oder plötzlich ernst wurden.

Wieder mußte er an den Besuch auf dem Flaggschiff denken. Die Erinnerung hatte ihn durch jede Straße und jeden engen Markt verfolgt. Sein Bruder hatte ihm einmal erklärt, daß man sich den Rücken freihalten und den Mund halten mußte, wollte man in der Navy überleben. Aber das war *damals* gewesen. Ein wohlfeiler Rat von einem Karriereoffizier. Sollte er jemals nach Hongkong zurückkehren, würde sie ihn wieder begehren? Oder bildete er sich das alles nur ein?

Es gab Gerüchte, daß die *Serpent* nach Hause zurückbeordert werden sollte. Die Flotte war knapp an Geleitern für die Konvois, weil die Verluste täglich wuchsen.

Der Gedanken, sie vielleicht nicht wiederzusehen, ließ ihn fast verzweifeln. Es war Wahnsinn, aber das machte es nur schlimmer. Sie war schön, und ihr Vater war augenscheinlich genauso reich wie einflußreich. *Was hätte ich ihr zu bieten, selbst wenn sie es erwägen würde?* Auf jeden Fall würde ihr Vater einen Schwiegersohn auswählen, der hier anerkannt und respektiert war und wirtschaftliche Verbindungen hatte.

Was kam nach der *Serpent*? Er wollte nicht über die Möglichkeit, den alten Zerstörer zu verlieren, nachdenken, auch wenn der geschmeidige Kapitän Granville über seine Zukunftsaussichten spekuliert hatte. Und nach dem Krieg? Das war wie ein Blick in eine fremde Welt.

Wie den Hunderten, nein Tausenden, die nach dem letzten Krieg rausgeschmissen wurden, würde es auch ihm ergehen. Gestrandet. Nichts hatte sich geändert. Sogar zu Nelsons Zeiten war es so gewesen *Gott und die Marine verehren wir. Aber erst, wenn Gefahr droht!* Vielleicht würde er, wenn alles vorüber war, den Dienst freiwillig quittieren, ein Gedanke, den er vorher nie in Erwägung gezogen hatte. Er zündete das letzte Räucherstäbchen an einer Kerze an und lächelte wehmütig. Er benahm sich wie ein Schuljunge.

Angenommen, der schlimmste Fall würde eintreten: Die Japaner würden sich aufgrund eines militärischen Mißverständnisses oder einer Provokation dazu entschließen, in den New Territories und vielleicht auch in Hongkong einzumarschieren. Er erinnerte sich daran, was Jeremy so wütend über den erbärmlichen Zustand der Verteidigungsanlagen geäußert hatte. Die Japaner verfügten über kampferprobte Truppen, die sich seit vier Jahren mit den Nationalchinesen herumschlugen. Brooke hatte viele der britischen und der Soldaten des Commonwealth gesehen, die sie im Rahmen der Operation Bumerang hergebracht hatten. Die meisten waren grün wie Gras, hatten nur die Grundausbildung absolviert und konnten bestenfalls in Reih und Glied marschieren.

Er streckte sein Bein aus. Fast erwartete er, es wieder voller Blut zu sehen. Es gab viele Gerüchte und Halbwahrheiten über das, was auf dem Festland geschah. Dort gingen die Kämpfe immer weiter. Hinter den vorstoßenden Truppen wurde ein Terrorregime errichtet: Vergewaltigungen, Folter, Massenexekutionen durch Erschießungskommandos und Enthauptungen waren an der Tagesordnung. Die Invasoren wollten den Widerstand der Chinesen ein für allemal brechen . . .

Das war nicht die Kriegsführung, die er verstand. Auf See überlebte man, *packte es*, wie es heute genannt wurde, oder starb. Er hatte den neuen Optimismus in den hiesigen Zeitungen bemerkt. Er beruhte auf der Tatsache, daß eine andere Insel überlebte, nämlich Malta. Die ständigen Luftangriffe durch die Italiener und die Luftwaffe, die ihre Fliegerhorste nur wenige Meilen entfernt hatten, konnten die Bevölkerung nicht in die Knie zwingen.

Jeremy hatte von der Handvoll Jägern gesprochen, die in Kai Tak auf der Seite von Kowloon stationiert waren. Auf Malta hatten sie zumindest die Unterstützung der Mittelmeerflotte, auch wenn die stark beansprucht war. Er schüttelte den Kopf. Nein, das war kein Vergleich. Die meisten Kriegsschiffe verlegten sie nach Singapur, der wahren Festung, wie es schien.

Sollten sich die Japaner entschließen, Hongkong anzugreifen, unter welchem Vorwand auch immer, konnte es nicht gehalten werden.

Er stand auf, ging zu einem der großen, mit Sand gefüllten Töpfe und steckte seine beiden verbliebenen Räucherstäbchen sorgfältig hinein. Sein Kopf war plötzlich leer.

»Genau richtig. Ich wußte, daß Sie hier sein würden.«

Er fuhr herum, halb überzeugt, daß er Halluzinationen hatte. Sie war ganz in helles Grün gekleidet, obwohl es im Dämmerlicht fast jede Farbe hätte sein können. Ihr Haar hing lose herab, wie an dem Tag, als sie mit ihm im Auto gesessen hatte. In ihren Augen spiegelten sich die Laternen der Götter Man und Mo.

Sie streckte ihm die Hand hin. »Sie hätten mich anrufen sollen, es mir sagen sollen!«

Er nahm ihre Hand und hielt sie fest. »Dazu hatte ich kein Recht.«

Sie erwiderte nicht direkt darauf. »Sie haben Ärger, nicht wahr? Wegen des U-Bootes, der Gefahr in der Sie geschwebt haben. Sie hatten jedes Recht.«

Brooke lächelte. »Soviel zum Thema Geheimhaltung, Lian.«

Er spürte, daß sich ihre Finger entspannten. Vielleicht, weil er ihren Vornamen benutzt hatte. »Es war eines der Schiffe Ihres Vaters.«

Sie wandte sich zur Seite und hakte sich bei ihm unter. »Neuigkeiten verbreiten sich hier schnell, Es-mond. Ich hatte Angst, daß Sie sich wieder verletzen würden.«

Er drückte ihre Hand auf seinem Arm. »Ach, mir geht es gut. Eine Hand für den König, die andere für dich selbst, hat man mir beigebracht.«

Sie blickte ihm direkt ins Gesicht. »Das ist kein Scherz.

Männer machen immer Witze, obwohl ich weiß, daß es bitterer Ernst ist.«

»Es tut mir leid, Lian, und mir ist wichtig, was Sie denken, wie Sie fühlen.«

Ruhig sagte sie: »Sie glauben, daß ich wegen Ihres Bruders mit Ihnen Katz und Maus spiele, nicht wahr?«

Er hatte sie noch nie so ernsthaft und emotional erlebt. Am liebsten hätte er sie in die Arme genommen, aber die mißtrauische Amah Nina Poon lauerte bestimmt in der Nähe.

»Ich könnte es Ihnen nicht verdenken.«

»Ich werde nicht zulassen, daß Sie irgend jemand wieder verletzt.« Dann beruhigte sie sich langsam und ließ es zu, daß er sie zum Ausgang führte. Sie murmelte vor sich hin. »Ich wußte, daß Sie hier sein würden.« Dann sah sie ihn forschend an. »*An unserem Platz,* nicht wahr?«

Er nickte, dafür gab es keine Worte.

»Jetzt habe ich nur noch eine Rivalin.«

»Rivalin?«

Sie lächelte ihn an, und ihre Freude ließ sie sehr kindlich aussehen. »Ihr Schiff.«

Scheinwerfer strichen über die Straße, und der schwere Wagen kam auf sie zu.

»Ich bringe Sie jetzt zu meiner Rivalin, Es-mond.«

Brooke sah, daß die alte Amah mißtrauisch hinter dem Chauffeur hervorspähte, so als vermutete sie ehrenrührige Vorgänge.

Im Wagen klappte das Mädchen die Armlehne zwischen ihnen herunter, ließ aber ihre Hand dicht an der seinen liegen.

»Am nächsten Dienstag ist ein wichtiger Empfang im Repulse Bay Hotel.«

»Ich weiß.«

Sie drehte sich abrupt um. »Wer hat Sie eingeladen?«

»Mich eingeladen?« Er grinste und nahm ihre Hand, ohne zu wissen, was er tat. »Den Tag möchte ich erleben.«

»Sie scherzen schon wieder.« Sie drehte ihre Hand und steckte ihre Finger durch die seinen. »Mein Vater hat veranlaßt, daß Sie eingeladen werden. Auch ein paar Ihrer Offiziere, damit es . . . «

»Natürlicher erscheint?«

Sie lachte. »Mein Vater möchte um einen Gefallen bitten.« Sie drückte leicht seine Hand. »Nur um einen kleinen.«

Und schon waren sie am Werfttor.

Sie drehte sich auf ihrem Sitz und nach einem kurzen Zögern klappte sie die Armlehne zurück.

»Jetzt sollten Sie nicht mehr traurig sein, Es-mond.« Sie blickte sich schnell um. William stieg aus und kam zur Tür. Schnell flüsterte Sie: »*Kuß!* Einen Kuß.«

Er legte einen Arm um sie und küßte sie auf die Wange. Er war von ihrer Nähe und dem Duft ihres Körpers benommen.

Sie stieß in fort. »Genug!« Aber sie lächelte, plötzlich scheu, ihre Selbtsicherheit war verschwunden.

Die Tür schwang auf, und er stieg aus, die Mütze noch in der Hand. Der Schlag wurde geschlossen, aber sie kurbelte das Fenster herunter.

»Nehmen Sie das.« Sie reichte ihm ein kleines Päckchen. Sie schlug die Augen nieder. »Ein neues Bild für Sie.« Dann wandte sie sich ab und rief. »Weiter, William!«

Wie lange er da noch stand, wußte er nicht. Er wollte das Bild erst in seiner Kabine auspacken, wenn er alleine war. Er wollte es mit niemandem teilen und jede Minute mit ihr noch einmal überdenken. Wie lange hatte sie ihn im Tempel beobachtet, bevor sie ihn angesprochen hatte? Was hatte sie dorthin getrieben, wenn nicht . . . ?

Er versuchte, die Möglichkeit nicht ernst zu nehmen, doch plötzlich erschien sie ihm real.

Die Entscheidung war gefallen. Vielleicht gerade dort im Tempel.

13 Ein Gefallen

Die Repulse Bay lag an der Südostseite der Insel und war nach einem britischen Kriegsschiff benannt. Sie galt als die schönste Badebucht von allen.

Obwohl sie in der Dunkelheit ankamen, konnte sich Brooke vorstellen, wie sie bei Tageslicht aussah: ein langer geschwungener Strand, dahinter Bäume und grüne Hügel. Jetzt funkelten überall Lichter. Sie passierten mehrere große Villen, und Kerr bemerkte, daß die meisten von reichen Chinesen und Briten bewohnt wurden.

Calvert wollte allein zum Hotel kommen. Er hatte davon gesprochen, erst einen Schneider aufzusuchen.

Barrington-Purvis saß mit im Taxi. Er war eine seltsam schweigsame Version seines früheren Ichs, das immer schnell mit Kritik und Vorwürfen bei der Hand gewesen war. Der Grund war klar. Die vorzeitige Beförderung von Paul Kipling zum Oberleutnant der RNVR war bestätigt worden. Sie hatten Kipling als WO an Bord gelassen, tatkräftig unterstützt vom Chief und dem Torpedooffizier.

Vielleicht hatte der Vater von Barrington-Purvis seine Finger mit im Spiel. Möglicherweise hatte er durchgesetzt, daß sein Sohn zu seinem eigenen Besten noch ein wenig länger den niedrigen Dienstrang behielt. Der Leutnant sah aus wie jemand, der einen Schilling gefunden und dabei zwanzig Pfund verloren hatte.

Sie bogen in eine Auffahrt ein. Gegen die Sterne zeichnete sich das Repulse Bay Hotel ab. Der richtige Ort, um seinen Tee zu trinken und den atemberaubenden Anblick der See mit den vorgelagerten verstreuten Inseln zu genießen.

Der Empfang fand für den neuen Brigadegeneral aus England statt. Offensichtlich war er ein Royal Marine. Brooke fragte sich, ob Brigadier Sexton mit seinem Bruder Jeremy in London gesprochen oder einen Bericht von ihm nach seinem letzten Besuch in Hongkong gelesen hatte. Und ärgerlich erinnerte er sich daran, wie das Mädchen ihren Arm weggezogen hatte, als Jeremy sie beschwichtigen wollte – oder was immer er vorgehabt hatte.

Vor dem Hotel parkten Autos aller Größen. Brooke fühlte, daß sein Herz schneller schlug, als er den vertrauten hellgrünen Rolls-Royce erkannte. William stand mit lässig vor der Brust gekreuzten Armen daneben. Er war sich sehr bewußt, daß sein Wagen hier der feinste war.

Kerr blickte ihn an: »Also ist Charles Yeung auch hier, Sir.«

»Ja.« War es nur eine Vermutung von Kerr, oder waren seine Gedanken so leicht zu lesen?

Es war ein aufwendiger Empfang. Uniformen aller Waffengattungen waren vertreten, ein paar Damen in leichten Gewändern und eine Mischung aus chinesischen Geschäftsleuten und Beamten. Die Tische waren voll von Speisen, Kellner eilten mit Drinks umher, und überall gab es Blumen in Hülle und Fülle.

Brooke lächelte in sich hinein. Auf der Party ihres Vaters auf dem Peak hatte er sich vorgestellt, überall Orchideen zu sehen.

Lian hatte dezent gelächelt. »Orchideen kann hier *jeder* haben, Commander.«

Hatte sie über ihn gelacht oder über den Gastgeber, ihren Vater, der versuchte, seine Gäste zu beeindrucken?

Alle waren da. der Commodore der *Tamar*, der Chef des Stabes, der über die Köpfe der Anwesenden hinwegblickte, als ob er sich gerade für einen neuen Auftritt präparierte. Das Gesicht von Commodore Stallybrass war stärker gerötet denn je. Dann waren da noch Offiziere aus dem Hauptquartier und vom Flaggschiff, aber keine niederen Dienstränge. Stallybrass schien es zu bevorzugen, das Spielfeld für sich zu haben.

Plötzlich tauchte Charles Yeung aus der Menge auf. Sein seidener Anzug war makellos, sein Haar sah aus, als ob es jeden Tag geschnitten wurde.

Er lächelte, während er sein Zigarettenetui hervorzog.

»Ich freue mich, Sie zu sehen.« Dann begrüßte er Kerr und Barrington-Purvis. »Sie sind hier als *meine* Gäste.« Er nahm Brooke am Arm und führte ihn zu einem Tisch an der Seite. »Champagner?«

»Es tut mir sehr leid um Ihr Schiff, Sir. Wären wir näher dran gewesen, hätten wir möglicherweise die Besatzung retten können.«

Yeungs schwarze Augen funkelten. »Es war ein kriegerischer Akt, aber niemand wird das hier zugeben.« Seine Stimmung wechselte wieder. »Aber was ist mit Ihnen? Bleiben Sie in Hongkong?«

»Das hoffe ich, Sir.«

Yeung betrachtete ihn nachdenklich. Vielleicht war er durch die Ernsthaftigkeit in seiner Stimme berührt gewesen.

»Das hoffe ich auch. Wir haben hier nicht mehr viele britische Kriegsschiffe, alle sind nach Singapur abgezogen worden. Der *Schlüssel*, erinnern Sie sich?«

»Welchen Gefallen erwarten Sie von mir, Sir?«

Yeung schien ihn nicht zu hören. »Sehen Sie, mein Freund, sollten sich die Briten entschließen, sich aus Hongkong zurückzuziehen, entsteht ein Machtvakuum. Das wäre eine Einladung für die Japaner auf dem Festland oder General Chiang Kai-Shek. Wir haben darauf wenig Einfluß. Wir können nur Hilfe bieten, aus welchen Quellen auch immer.« Er packte Brookes Ärmel. »Der Gefallen kann warten. Er betrifft Ihren Oberleutnant Calvert. Übrigens ein interessanter Mann, aber ich möchte ihm diesen Abend nicht verderben.«

Brooke blickte an ihm vorbei und sah Calvert mit einem Drink in der Hand an der Wand stehen. Er unterhielt sich mit einer kleinen Wren, die neben ihm stand. Beide hielten sich fest an den Händen. Es hatte sich grundsätzlich etwas verändert. Zwischen den beiden schien eine starke Beziehung zu bestehen, die er durch den ganzen Raum fühlen konnte.

Yeung lächelte und zündete sich eine neue Zigarette an. »Die Adjutantin des neuen Brigadiers, glaube ich. Sie ist erst vor ein paar Tagen eingetroffen. Wie es scheint, ist das ein unerwartetes Rendezvous.«

Brooke trank seinen Champagner in kleinen Schlucken, um Zeit zu gewinnen. Erst Kerrs Geständnis seiner heimlichen Liebe zu einem Mädchen, das er seit seiner Kindheit kannte, und nun Calvert, der nie von einer Bindung gesprochen hatte. Er blickte auf Yeungs intelligentes Profil. *Was würde er sagen, wenn er meine Gedanken lesen könnte?*

»Ihr Leutnant Calvert war ein guter Flieger. Das muß er gewesen sein. Es hat mir ziemliche Mühe gemacht, etwas über ihn herauszufinden. Was er vor dem Krieg gemacht hat. Ich möchte seine Kenntnisse nutzen, weil ich ein Wasserflugzeug in Hongkong besitze. Ich hatte dafür einen Piloten eingestellt.« Er zuckte mit den Achseln, als ob es keine wichtige Sache wäre. »Er starb.«

»Sollten Sie Calvert bitten wollen, Ihr Flugzeug durchzuchecken, muß ich Sie warnen . . . «

»Ich weiß.« Er klopfte ihm auf die Schulter. »Und ich verstehe es, aber Menschen können sich ändern.« Er schaute zu den beiden an der Wand hinüber. Obwohl sie von einer lauten Menschenmenge umgeben waren, schienen sie völlig isoliert zu sein. »Jeder hat seinen Preis, das ist der Lauf der Welt.«

»Soll ich mit ihm darüber sprechen, Sir?«

Yeung legte ihm die Hand auf die Schulter. »Meine Freunde nennen mich Charles.« Er griff plötzlich nach Brookes Arm, seine Augen blickten bezwingend. »Es wird eine Zeit kommen, in der ich mehr als Ihrer Freundschaft bedarf.« Er ließ den Arm los, das Feuer in seiner Stimme verschwand so schnell, wie es gekommen war. »Ja, sprechen Sie mit ihm, man kann nie wissen.«

Türen schlugen, und Stiefel polterten auf dem Flur.

Yeung meinte leise: »Er kommt, um uns zu erzählen, daß Hongkong eine uneinnehmbare Festung ist und das Winston Churchill versprochen hat, uns niemals im Stich zu lassen.«

»Sie wissen, was der Brigadier sagen wird?«

Yeung lächelte müde. »Ich hätte ihm seine Rede schreiben können.«

Eine Beifallswoge ging durch den Saal, noch mehr Uniformen mit den roten Stabsstreifen an den Hosen drängten heran.

Yeung sagte: »Es gibt hier auf der anderen Seite eine Terrasse. Kümmern Sie sich um sie, bis wir gehen.«

»Sie können mir vertrauen.«

»Das habe ich nie bezweifelt. Sie ist schon genug verletzt worden, ich möchte nicht, daß es noch einmal passiert.« Er wandte sich ab und schritt zu dem kleinen Pult, das für die Rede des Ankömmlings errichtet worden war.

Brooke betrachtete das Gesicht des Royal Navy Brigadiers, der auf die Plattform kletterte. Er war klein, hatte einen feschen Schnurrbart, dünnes blondes Haar und durchdringende blaue Augen. Das Gesicht eines Soldaten, wenig zu unterscheiden von denen an der Somme, bei Paschendaele oder vielleicht sogar bei Waterloo. Kein Anzeichen von Selbstzweifel, geschweige denn von Phantasie. Warum fing man Kriege mit solchen alten Säcken an, die aus der Vergangenheit nichts gelernt hatten?

Aber er mußte auch an Yeungs abschließende Bemerkung denken. Sie hatte wie eine Drohung geklungen. Er schob einen Vorhang beiseite, hinter dem sich eine Gruppe Kellner zusammendrängte, um zu lauschen. Vielleicht wollten sie etwas über ihre eigene Zukunft erfahren.

Die Terrasse war so leer, daß sich das Mädchen wie eine Statue abzeichnete. Bis er sich näherte. Sie stand an der Balustrade. Ihr Haar schimmerte im Licht, die funkelnde See bildete einen perfekten Hintergrund. Sie trug wieder einen Cheongsam, der im schwachen Licht hellblau wirkte. Er war ärmellos und fast bis zur Hüfte geschlitzt. Brooke beobachtete sie, während sie eine gelbe Blüte in ihr Haar steckte. Ihre Augen ruhten dabei die ganze Zeit auf seinem Gesicht. Dann ließ sie die Arme sinken und flüsterte: »Sie sehen, diesmal ist keine Amah dabei.«

Er griff nach ihren Händen. »Sie sind entzückend, Lian.«

»Entzücke ich Sie?« Ihre Stimme war leise, ohne Emotionen. »Wollen Sie das ausdrücken?« Sie schüttelte den Kopf, als er sie unterbrechen wollte. »Ich bin eine Närrin. Sie werden mich bald verlassen, Sie und meine Rivalin.« Sie schaute ihn an, aber ein Lächeln wollte ihr nicht gelingen. »Ich weiß, daß so etwas vorkommt, wenn die Männer Kriege führen. So wird es immer sein. Mein Vater erklärte mir, daß es immer Kriege geben wird und daß tapfere Männer wie Sie für Stolz oder Habgier geopfert werden . . .«

Er legte den Arm um ihre Hüfte und drehte sie in Richtung des glitzernden Horizonts. Er fühlte ihren geschmeidigen Körper, spürte, daß sie keinen Widerstand leistete. Sein Begehren wuchs, aber auch die Verzweiflung über das, was sie gesagt hatte.

»Ich habe es in Ihrem Land gesehen, Es-mond. Die Tapferkeit der einfachen Menschen, deren Leben und Hoffnungen im Krieg zerstört wurden. Aber sie sind zumindest *dort*. Wenn Sie fortgehen, werde ich Sie nie wiedersehen.«

Sie blickten sich bestürzt an. Es war, als ob ein Fremder gesprochen hätte.

»Was könnte ich Ihnen bieten, Lian? Ihr Lebensstil liegt weit über dem meinen. Egal, ob Krieg ist oder nicht.«

Sie studierte sein Gesicht sehr sorgfältig, jede Falte. Ihr Gesichtsausdruck war sehr ruhig.

»Sie könnten mir Liebe geben und mir zeigen, wie ich sie erwidern kann.«

Seine Hände lagen auf ihrer Hüfte. Und er wünschte sich, sie so lange festzuhalten, bis sie beide nicht mehr stehen konnten.

»Ihr Vater hat gesagt, daß man Sie verletzt hat . . . «

Sie sah ihm direkt in die Augen. »Ihr Bruder hat mich fasziniert. Wahrscheinlich war es Dankbarkeit. Er muß es falsch verstanden haben. Es war schwer, seine Gedankengänge zu verstehen.«

Brooke wartete. Er spürte ihre Unsicherheit und Zweifel deutlich. Er wußte, daß sie ihm etwas erklären wollte.

»Es war in London. Ich half bei der Sprachausbildung von Diplomaten und Seeoffizieren. Dort traf ich Jeremy.«

Es war das erste Mal, daß sie den Vornamen seines Bruders aussprach. Es war, als ob eine alte Wunde aufgerissen wurde.

»Ich war zu jung und zu gut behütet aufgewachsen, um alles zu verstehen.« Sie blickte ihn bittend an. »Es wurde viel getrunken. Zwei der Männer zogen mich in den Garten und wollten mich zu bestimmten Dingen zwingen.« Ihre Augen zwinkerten, als sie sich dazu zwang, den Alptraum nochmals zu durchleben. »Ich war wütend, aber sie drückten mich nieder.« Brooke sah, wie eine ihrer Hände an ihre Kehle und zwischen ihre Brüste fuhr, als ob sie den Angreifern gehörte. »Sie rissen an meinen Kleidern und hielten mich nieder . . . «

»Sprechen Sie nicht weiter.« Er legte sehr vorsichtig einen Arm um sie, als ob er Angst hätte, sie zu zerbrechen.

»Ihr Bruder kam dazu. Ich war in Sicherheit. Aber ich habe das nie vergessen.« Sie zitterte, als ob sie plötzlich Fieber hätte. »Mein Vater sagte einmal voraus, daß man England erobern würde. Aber ich war dort.« Sie blickte in sein Gesicht, es war fast wie Trotz. »Und ich habe Sie getroffen.« Sie blickte über die Balustrade in die dunklen Schatten des Gartens unter ihnen. War er wie der andere? »Ich fürchte, Es-mond, daß die Japaner einmarschieren werden, deshalb bin ich manchmal sehr furchtsam. Glauben Sie, daß ich kindisch bin?«

Er streichelte über ihr Haar mit den Blüten und wartete ab, bis sie sich beruhigt hatte.

»Ich glaube, daß es die Meinung eines mutigen, schönen Mädchens ist.« Er mußte an die Rede denken, die in einem anderen Teil des Hotels gehalten wurde. Das schien tausend Meilen entfernt zu sein. »Ich liebe dich, Lian. Ich möchte dich so sehr, daß ich glaube, verrückt zu werden.«

Sie kuschelte sich an ihn, ihr Gesicht war verborgen. »Mir geht es ebenso.« Sie hob ihr Kinn, wie er es schon einmal gesehen hatte. »Die Chinesen rechnen immer in Tausenden von Jahren, manchmal in Millionen. Aber wir müssen sehen, was wir bekommen können, müssen die Zeit nutzen.«

Im Hintergrund wurde begeistert applaudiert. Die Rede riß das Publikum mit. Aber das interessierte nicht länger. Nichts war wichtig, solange er sie in den Armen hielt.

Dann fragte sie: »Gefällt dir das Foto?«

Er nickte. »Ich liebe es.« Er blickte sie an und sagte: »Ich liebe dich.«

Sie streichelte sein Gesicht. Ihre Finger waren so sanft, daß er sie kaum fühlte.

»Deine Augen sind wie die eines Tigers.« Sie nickte bestätigend. »*Mein* Tiger.«

Jemand pfiff leise unter der Balustrade.

Sie zog sich zurück. »William. Sein Signal. Wir werden jetzt abfahren.« Dann änderte sie ihre Meinung und schlang ihre Arme um seinen Hals, so daß er ihren Körper an seinem spürte. Hitze durchlief ihn von oben bis unten.

»Kuß!« befahl sie.

Dann schlüpfte sie aus seinen Armen und ging schnell zur Treppe.

Eine der gelben Blüten war aus ihrem Haar gefallen. Mit großer Sorgfalt verpackte er sie in seinem Taschentuch. Er dachte an seinen Vater. Was er wohl gesagt hätte?

Brooke berührte die Stelle, wo sie ihn gestreichelt hatte und lächelte. Er wußte genau, was sein Vater gesagt hätte.

Der altersschwache und dreckverschmierte Ford kam knirschend vor dem großen Tor zum Stehen.

Brooke ließ die Halteschlaufe los und seufzte erleichtert. »Nicht ganz wie ein Rolls, aber immerhin.« Er blickte Calvert an, der während der Fahrt von der Werft kaum ein Wort gesprochen hatte. Er war tief in Gedanken versunken, vermutlich ebenso wie ihr unergründlicher chinesischer Fahrer.

Sie hatten die Repulse Bay passiert, die im hellen Sonnenschein wieder ganz anders aussah. Die Bäume und Büsche glänzten noch vom nächtlichen Regen.

Brooke sagte ruhig: »Sehen Sie, Toby, Sie müssen das nicht machen, nur weil ich Ihnen Charles Yeungs Botschaft übermittelt habe.«

Calvert lächelte. »Vielleicht bin ich neugierig und nicht mehr.«

»Auf ein Wasserflugzeug?«

»Nein, auf mich. Wie ich reagieren werde.«

Nach dem Empfang für den Brigadier war Brooke drei Tage nicht von Bord gekommen. Er mußte neue Patrouillengebiete studieren und die verschiedensten Anweisungen der weit entfernten Admiralität durchgehen. Das Gerücht hielt sich, daß die *Serpent* nach Hause zurückkehren würde, um mit RADAR ausgerüstet zu werden. Danach wieder richtiger Kriegseinsatz.

Als das Auto am Repulse Bay Hotel vorbeirumpelte, waren ihm Erinnerungen durch den Kopf gegangen. Es war eine Mischung aus Schmerz, Verzweiflung und tiefen Glücks gewesen. Er hatte wieder den Druck ihres Körpers an seinem gespürt, die Unmöglichkeit ihrer Situation.

Sie stiegen aus dem Auto. Vielleicht hatte es Charles Yeung ausgewählt, weil es unauffälliger war als der große Phantom. Oder bildete er sich das nur ein? Vielleicht änderte man sich in Hongkong.

Er betrachtete das Tor, das mit chinesischen Schriftzeichen übersät war und einem unmißverständlichen Schild mit der Aufschrift: KEIN ZUTRITT! KEIN EINTRITT OHNE GENEHMIGUNG!

Über der Einfahrt hing ein abgeblättertes verblichenes Schild mit der Aufschrift: *Eigentum der Coutts Steamship Packet Company.*

Der Fahrer hatte es sich auf seinem Sitz bequem gemacht und las Zeitung. Brooke meinte: »Besser, wir melden uns selber an.«

Aber das war unnötig. Eine Seitenpforte öffnete sich leise, und ein kleiner Mann in einem groben Lederwams verbeugte sich vor ihnen.

Das Gelände war größer, als Brooke vermutet hatte. Es ähnelte eher einer Werft, überall lagen rostende Drähte, Teile alter Maschinen, Kisten und jede Art von Gerümpel zuhauf herum. Sein Herz machte einen Sprung, als er den wohlbekannten Rolls-Royce in der Nähe einer Pier entdeckte. Ein Symbol des Erfolgs, das von dem Verfall hier abstach.

»Charles Yeung ist schon hier.«

Aber Calvert starrte auf ein großes Wellblechgebäude, das wie ein Hangar aussah und über dem Wasser zu schweben schien. Brooke mußte an das hübsche Mädchen denken, das er auf dem Empfang gesehen hatte. Als er es gegenüber Calvert erwähnte, wollte der nicht von ihr sprechen. *Dritter Offizier Yorke.* Es hatte sehr formell geklungen, ungewöhnlich für diesen Mann.

Charles Yeung kam aus einem kleinen Büro, das in einer Bude untergebracht war, Zigarettenrauch zog hinter ihm her. Sie schüttelten sich die Hände. »Schön, daß Sie gekommen sind.« Er sah Brooke wissend an. »Beide.«

Er hatte ein Schlüsselbund in der Hand. »Sind Sie bereit?« Kurzzeitig schien er etwas unsicher zu sein. Ungeduldig.

»Kann ich mitkommen?«

Sie wandten sich um, als Lian aus dem Büro trat. Ganz in Weiß, eine Hand über den Augen, um sie vor den blendenden Reflexen des Wassers zu schützen.

Der Zeitpunkt war optimal gewählt, besonders für Calvert. Er lächelte gequält. »Ich habe nichts dagegen, Miss Yeung.«

Sie warteten, während verschiedene Schlösser an einer

Seitentür geöffnet wurden. Schließlich ging sie quietschend auf.

Brooke reichte ihr eine Hand, als sie leichtfüßig über ein rostiges Süll trat. Er spürte ihren sanften Händedruck. Während sie sich durch die niedrige Tür bückten, flüsterte sie: »Ich habe dich vermißt. Ich habe mir Sorgen gemacht.«

Charles Yeung sagte scharf: »Das Licht funktioniert nicht.«

Brooke spürte, daß sie sich an ihn drängte, und fühlte die Spannung körperlich.

Nach dem Sonnenschein draußen, war es hier wie in einer dunklen Höhle, aber darüber hinaus hatte man das Gefühl einer tödlichen Kühle, in der es nach Metall und Brennstoff roch. Nach ein paar Sekunden konnte er einen hellen Streifen erkennen, dort, wo die beiden Torflügel den Hangar verschlossen.

Calvert stand etwas abseits von ihnen. Sein Mund war völlig trocken, während er sich innerlich darauf vorbereitete, auf etwas Angsteinflößendes blicken zu müssen – aber etwas Bekanntes. Er mußte sich räuspern, bevor er sprechen konnte: »Fertig!«

Charles Yeung sprach in ein Telefon, und dann begann erst die eine, dann die andere Tür aufzuschwingen. Niemand sprach oder bewegte sich, während die Flügel aufgingen. Das Sonnenlicht spiegelte sich auf dem öligen Wasser und erreichte schließlich das Wasserflugzeug selber. Es sah aus wie ein großer Raubvogel und schien unruhig an den Festmachern zu zerren, als ob es erwacht wäre, gestört durch einen möglichen Feind.

Calvert stand kerzengrade da, die Fäuste gegen die Hosennaht gepreßt, bis der Schmerz ihn stabilisierte. Mehr Licht fiel herein, das Flugzeug schien zu wachsen, die Decke zu erreichen. Er zwang sich, die Einzelheiten aufzunehmen. Ein großes, starkes Flugzeug mit zwei Motoren. Seine beiden Schwimmer waren festgemacht und mit hölzernen Planken geschützt, um jedes Risiko einer Beschädigung auszuschließen. Am liebsten hätte er die Augen geschlossen und es aus seinem Kopf verbannt. Brooke konnte er erklären, daß es um die Männer ging, die an jenem Tag im Juni vor so langer Zeit gestorben waren. *Gestern.*

Statt dessen hörte er sich sagen: »Während meiner Ausbildung habe ich Fairey Seafox geflogen. Sie war kleiner, nur einmotorig, nicht so ein Monster.« Eine lässige, professionelle Bemerkung, keine Emotionen in der Stimme. Nichts.

Charles Yeung bat: »Gehen Sie näher heran. Es tut mir leid wegen des Lichts.«

Brooke fühlte den Griff des Mädchens auf seinem Arm, bezweifelte aber, daß sie wußte, was sie tat. Auch sie beobachtete Calvert, als er auf einen der Schwimmer trat und sich festhielt.

Calvert fühlte sein Herz so laut pochen, daß er sich wunderte, daß die anderen es nicht hörten. Er betastete die Motorhaube hinter einem der dreiblättrigen Propeller. Es mußte zu seiner Zeit ein elegantes Flugzeug gewesen sein. Und das war es noch. Er erinnerte sich an die Erzählungen seines Vaters, an das berühmte Schneider Trophy Race nach dem Ersten Weltkrieg. Das waren alles Wasserflugzeuge gewesen. Der Sport und der Luxus einiger weniger, im Gegensatz zu den Arbeitslosen und Nutzlosen, die im Schlamm von Flandern und in den Massenabschlachtungen ihren Verstand verloren hatten.

Er berührte das Metall, es war glatt und erstaunlich kühl. Nach einer ersten Schätzung konnte es vier Personen und eine kleine Ladung befördern. Seine Stimme schallte durch den Hangar. »Aus Italien, Mr. Yeung, Alfa Romeo Sternmotoren mit 750 PS.«

Charles Yeung nickte. »Das ist richtig.«

Brooke versteifte sich, als Calverts Hand vor dem Griff zum Cockpit mitten in der Luft hängenblieb. Befürchtete er etwas? Einen Erinnerungsschock?

Charles Yeung klang geistesabwesend: »Ich habe die Maschine zwar von meinen Männern pflegen lassen, aber jetzt brauche ich die Kenntnisse eines Piloten, verstehen Sie?«

Brooke blickte über das Flugzeug hinweg auf das funkelnde Wasser, die wenigen kleinen Dschunken und Sampans. Es war, als befände man sich am anderen Ende eines Kontinents und nicht nur in einer kleinen Ecke derselben Insel.

»Der Ausblick von hier ist wunderschön.« Er hatte kaum gemerkt, daß er laut gesprochen hatte.

Doch sie griff seinen Arm und antwortete: Der *feng shui* Mann hat ihn gut ausgewählt. Die Seedrachen können von hier direkt ihre Paläste erreichen.«

Er blickte sie an und bemerkte, daß sie es ernst meinte und über seine Bemerkung irgendwie erfreut war.

Er hörte ein Klicken. Als sie sich wieder dem Wasserflugzeug zuwandten, sahen sie Calverts verschwommene Umrisse im Cockpit. Er tastete um sich, während er die Luke schloß.

Charles Yeung seufzte: »Gut! Gut!« Er konnte seine Erleichterung kaum verbergen.

In der feuchten Stille des geschlossenen Cockpits rückte sich Calvert im Pilotensessel zurecht. Ein verschwommener Sonnenstrahl spielte über die Instrumentenanzeigen und ein blitzendes Silberschild, auf der der Name des Herstellers eingraviert war: *Cantieri Ruinti dell'Adriatico*. Er vermutete, daß das Schild erst kürzlich poliert worden war. Vermutlich extra für seinen Besuch.

Er griff in die Ablage für das Logbuch und erstarrte. Woher hatte er gewußt, wo es war? Es war hier ganz anders als auf der alten Swordfish, und an die Seafox konnte er sich kaum noch erinnern.

Er stellte fest, daß er am ganzen Körper zitterte. Wie in seinen Alpträumen, wenn er nicht im Dienst war. Die fürchterlichen Erinnerungen, die aufgerissenen Augen junger Männer, die starben, ohne zu wissen, warum. Er bedeckte sein Gesicht mit den Händen, überrascht, daß seine

Haut so kühl war und daß er nicht seine alten ledernen Fliegerhandschuhe trug. Die beiden großen Schlachtkreuzer feuerten Salve auf Salve, der zerfetzte Träger brannte und kenterte, die wie Spielzeug anmutenden Flugzeuge stürzten vom Flugdeck ins Meer. Dann drehte der kleine Zerstörer mit einer schäumenden Heckwelle auf die Angreifer zu.

Dann seine Stimme, die wie die eines Fremden klang: *»Ich erwische diese verdammten Hunde! Halte durch, Muffin! Auf geht's, Bob!«*

Der letzte Name riß ihn aus dem Alptraum. Es war der Name ihres Ehemannes, der auf der *Hood* geblieben war. Er spürte, daß sich das Wasserflugzeug leicht bewegte, jemand war auf den Schwimmer gestiegen.

Er schlüpfte aus dem Sitz und öffnete die gewölbte Klappe unter dem Cockpitdach.

Brooke blickte zu ihm empor. »Sind Sie okay, Toby?« Seine Stimme war sehr ruhig.

Calvert atmete tief durch. Seine Finger zitterten, als ob er geflogen wäre und ständig den explodierenden Flakgranaten ausgewichen wäre. Er stellte fest, daß er lächeln konnte. Der Skipper war ehrlich besorgt. Ein wirklich feiner Kerl, anders als viele andere.

»Mir geht's gut wie einem falschen Fünfziger, Sir!«

Sie blickten sich mehrere Sekunden lang an. Zwei junge Männer, die schon zuviel gesehen und erlebt hatten, aber man erwartete von ihnen, daß sie bis zum Höllenfeuer weitermachen würden.

Brooke drehte sich um und sah, daß ihn das Mädchen mit gefalteten Händen ansah.

»Ich glaube, jetzt wäre ein großer Drink angesagt.«

Charles Yeung beobachtete die leichte Umarmung, mit der seine Tochter Brooke wieder an der Landgangsplanke begrüßte, ignorierte sie aber. »Können Sie mir helfen, Oberleutnant Calvert?«

Calvert grinste und fragte sich, warum eine Attacke ausgeblieben war. Verschwunden – bis zum nächsten Mal.

»Sie müssen sich einen Piloten suchen, Sir.« Er nickte, erstaunt über seine plötzliche Zuversicht. »Aber in Ordnung bringe ich Ihnen die Kiste!«

Charles Yeung berührte seinen Arm. »Sie sind ein tapferer Mann. Glauben Sie nicht, daß ich das nicht wüßte.«

Calvert blickte sich nur einmal um, als die Männer die Tore wieder zu schließen begannen.

Wie ein großer, schwarzer Vogel. Es war kein Zufall. Die Maschine hatte auf ihn gewartet.

Das kleine zweistöckige Wohnhaus in Kowloon war ursprünglich für die gebaut worden, die auf der Durchreise in andere Teile des Empires waren: Offiziersfrauen, Beamte der Marine und des Militärs. Nur ein Bett und eine spartanische Ausstattung, genug für die kurze Unterbrechung der Reise.

Jetzt wohnten die meisten in den sechs Appartements dauerhaft hier: ein paar Oberschwestern der Lazarette und im Erdgeschoß ein Militärpfarrer. Nur ein Appartement diente noch dem ursprünglichen Zweck. Wie alle anderen hatte es einen kleinen Balkon mit Ausblick auf das glitzernde Wasser des Victoriahafens, auf dem ständig Schiffe in Bewegung waren oder in großer Menge ankerten. Der Blick reichte bis zum berüchtigten Hafenviertel Wanchai.

Sue Yorke lag auf der Seite, hatte die Träger ihres Badeanzugs heruntergestreift und beobachtete das geschäftige Treiben durch das Balkongitter. Sie lag auf einer häufig benutzten Sonnenliege, das Haar fiel ihr in die Stirn, während ihre Beine und Schultern in der Sonne schmorten. Sie stützte sich auf einen Ellenbogen und überschattete ihre Augen, um auf die Marinewerft und die Reede zu blicken, die ihrem Appartement genau gegenüber zu liegen schienen. Graue Schiffe und schlichte Gebäude. Die weißen Kriegsflaggen bewegten sich nur ab und zu in der heißen Brise. Sie fragte sich, welches sein Schiff, die *Serpent*, war.

Vielleicht konnte sie sich ein Fernglas borgen. Es wäre schön, hinüber nach Hongkong zu fahren, um ihn wiederzusehen. Vielleicht, um mit den Gefühlen zu kämpfen, denen man doch nicht widerstehen konnte.

Ihre Arbeit erschien ziemlich sinnlos. Der Brigadier war immer beschäftigt, sprach mit Leuten, gab Erklärungen ab, aber meistens spielte er Golf. Es war so unfair. »*Halten Sie die Stellung, Sue, wird nicht lange dauern . . .*« Es war reine Zeitverschwendung. Währenddessen könnte sie . . .

Sie legte sich wieder hin und blickte auf das Sonnensegel über sich. Was hätte sie währenddessen machen können?

Manchmal wachte sie in der Nacht auf und fragte sich, was vorging, wie es geschehen konnte. Bob lächelte vor der alten Kathedrale von Winchester. Er hatte den Degen umgeschnallt, und seine Offizierskameraden bildeten mit blanken Klingen ein Spalier. Dann die Fotografen und das Hotel, wo die Feier stattfand. Ein paar Wochen später war Bob fort, als ob er niemals dagewesen wäre. Sie hatte versucht, sich an ihre Intimitäten, ihre kurze Liebe zu erinnern, und schämte sich, daß sie nur an den Mann aus dem Zug denken konnte, der ihr geschrieben hatte. Einen Brief nach England, den sie nie erhalten hatte.

Sie rollte sich wieder auf den Bauch, ihre Augen schmerzten. Es waren Tränen.

Es würde nicht von Dauer sein, selbst wenn sie es geschehen ließen. Die *Serpent* könnte wieder als Geleiter eingesetzt werden, hatte Toby angedeutet. Sie lächelte und hielt die Hand vor den Mund. So ein netter Name.

Andererseits konnte der Brigadier seine Koffer packen, nachdem er hier gute Arbeit geleistet hatte, wie immer die auch aussehen mochte, und sie würde auf irgendeine Marinebasis oder in eine Kaserne geschickt werden.

Toby hatte sie vor zwei Tagen angerufen, aber keine Zeit gehabt, sich mit ihr zu treffen. Oder wollte er es ihr leichtermachen?

Er hatte vage erwähnt, daß er einem chinesischen Geschäftsmann, dem mit der Tochter, eine Bitte erfüllte. Sie hatte nachgefragt, aber er hatte nur geantwortet: »Sobald ich dich sehe, erzähle ich dir alles. Es würde mir helfen.«

Sie schaute über das Wasser, bis ihre Augen schmerzten. Dort drüben war er. Dachte er an sie? Hatte das alles einen Sinn?

Es war seltsam. Die meisten Frauen, die sie bei den Wrens kannte, schienen so patent zu sein, es mit jeder Situation aufnehmen zu können. Und obwohl sie verheiratet gewesen war, fühlte sie sich wie eine Novizin.

Es klopfte an der Tür, und jemand trat ein, ohne auf Antwort zu warten.

Ruth Shelley war Oberschwester im Militärlazarett. Sie hatte eine barsche Art, versuchte aber, mit der jungen Wren gut auszukommen.

»Mein Gott! Ihr von der Navy scheint das Leben der oberen Zehntausend zu führen!«

Sie trat in den Sonnenschein und blickte grimmig auf den Hafen. Sie war groß und dunkelhaarig und war von einer strengen Schönheit, die auch von der schlichten Uniform nicht verdeckt werden konnte.

»Noch ein paar Monate, dann geht's für mich ab in die Heimat, mein Mädchen.«

»Gefällt es Ihnen hier nicht? Ich fühle mich wie im Himmel«

»Es gibt wichtigere Dinge zu tun. Sie werden es bald herausfinden, wenn Sie hierbleiben. Geile Majore, die froh sind, von ihren langweiligen Frauen weg zu sein, um hier einen kleinen Seitensprung wagen zu können, und pickelgesichtige Leutnants, die nach einer Ersatzmutter oder einem ergebenen Spaniel suchen.« Sie blickte sie direkt an. »Ach, jetzt habe ich Sie schockiert.«

Sue Yorke spürte, daß sie errötete, und ärgerte sich, daß sie sich so leicht außer Fassung bringen ließ.

»Ich fürchte, ich bin nicht daran gewöhnt . . .«

Die große Schwester reichte ihr ein Handtuch. »Auch die

Sonne sind Sie nicht gewöhnt. Ich dachte mir schon, daß Sie sich vor der Heimfahrt etwas Sonnenbräune würden holen wollen. Glauben Sie mir, wenn Sie nicht aufpassen, bekommen Sie mehr davon, als Sie vertragen können.« Sie zog eine gelbe Flasche hervor und schüttelte sie energisch. »Legen Sie sich hin, ich mach das schon.«

Sue legte sich auf den Bauch. Sie spürte, wie das Handtuch über ihren Rücken fuhr. Es war irgendwie erregend.

»Richten Sie sich auf!« Wahrscheinlich sprach sie auch mit ihren Patienten so.

Sue hob gehorsam den Bauch und fühlte, daß ihr Badeanzug heruntergezogen wurde.

Kühle Tropfen und dann eine langsame, gleichmäßige Massage.

»Sie tragen noch immer seinen Ring?«

Sue trug den Ehering an einer Kette um den Hals. Als Erinnerung? Oder war es eine Schutzmaßnahme vor etwas anderem?

Als sie schwieg, meinte Schwester Ruth: »Ich hätte auch beinahe mal geheiratet. Kaum zu glauben.« Sie kicherte und rieb die Lotion auf die Schultern. Es klang etwas traurig.

»Wie war er?«

»Wie?« Die Frage schien sie zu verwirren. »Er war Leutnant bei der H.L.I. Sie wissen, was man von den Männern der Leichten Infanterie sagt? Sie tragen ihr Gehirn zwischen den Beinen!«

Sue preßte ihr Gesicht in das Handtuch. War sie schon wieder schockiert? Sie war erstaunt, daß sie das nicht war. Wenn, dann tat ihr nur diese Schwester leid.

»Es hätte sowieso nicht geklappt.«

»Das tut mir leid.«

»Warum? Sobald ich das Zimmer verlassen habe, werden Sie es vergessen.«

Sie bearbeitete jetzt die Beine, und Sue freute sich heimlich, daß sie sie gerade rasiert hatte.

»Und was ist mit Ihnen? Ich habe gehört, daß Sie einen tollen Burschen kennengelernt haben?«

Sue drehte sich halb um und erwiderte gereizt: »Er ist nicht so . . .!«

Sie blickte auf ihre nackten Brüste und versuchte nach dem Handtuch zu greifen. Ruth Shelley drehte sie auf den Rücken, als wäre sie ein Kind.

»Ich habe schon früher Titten gesehen, mein Mädchen.«

Wie hypnotisiert sah Sue zu, wie sie die Lotion verteilte, kräftig und doch sehr zart.

»Liegen Sie still, atmen Sie nicht so heftig – machen Sie die Augen zu, wenn Sie wollen. Ich kann auch gehen, wenn Ihnen das lieber ist.«

Sue schloß die Augen. Plötzlich war es ihr wichtig, daß sie blieb. Sie gab sich dem Rhythmus der kräftigen Hände hin, die Muskel für Muskel durchkneteten, und da war noch etwas anderes, aber wieder war sie nicht geschockt. Leise flüsterte sie: »Ich begehre ihn so sehr. Wir scheinen füreinander bestimmt zu sein – ich weiß nicht, warum. Er ist ein Held mit dem V.C. Ich bin nur eine Sekretärin, egal was die Uniform sagt.«

Nur einen Augenblick hatten die Hände aufgehört. Eine ruhte auf ihrem Bauch, die andere auf der linken Brust. Dann spürte sie, daß die Hände sie auf die Seite drehten. Sie sah wieder die See.

Über ihre nackte Schulter versicherte Ruth: »Niemand kann Sie so sehen.« Wieder ein gespanntes Kichern. »Vielleicht außer ein paar Piloten vom Flugplatz Kai Tak.«

Sue hörte, wie sie sich die Hände abtrocknete. »Wenn es so ist, mein Mädchen, dann kämpfe nicht dagegen an. Du hast ihm eine Menge zu bieten.«

Dann beugte sie sich vor und küßte sie sehr zärtlich auf die Wange. Sue meinte ihren erregten Atem zu spüren, als sie flüsterte: »Jetzt weißt du, warum das mit meiner Ehe schiefgelaufen ist.«

Noch lange, nachdem Ruth Shelley gegangen war, saß

Sue auf der Liege und ließ sich von der Sonne bescheinen. Dort, wo ihre Hände tätig gewesen waren. Sie versuchte zu verstehen, was sich verändert hatte.

Laut sagte sie: »Dritter Offizier Yorke, endlich scheinen Sie erwachsen zu werden.« Sie lächelte unsicher. »*Mein Mädchen!*«

14 Für den unwahrscheinlichen Fall, daß ...

Im Oktober kehrte Commander Jeremy Brooke, Royal Navy, nach Hongkong zurück. Als er ohne Hast in den Empfangsraum von Kai Tak ging, um auf sein Gepäck zu warten, blickte er sich genau um. Er war nicht überrascht, aber doch enttäuscht von den mangelnden Sicherheitsvorkehrungen.

Zwei Jäger der Royal Air Force stiegen lärmend auf und wurden wie immer von Kinderscharen hinter dem Maschendrahtzaun beobachtet. Er dachte an die Luftkämpfe am klaren Himmel über Dover und dem Kanal. Maschinen wie diese würden in England keine zehn Minuten überleben.

Vor der Gepäckausgabe wartete eine Stabslimousine. Automatisch strich er seine Uniform glatt. England, Australien, Neuseeland, und das alles mit dem Schiff und mit Flugzeugen, die kaum größer waren als die beiden eben. Er hatte sich immer bemüht, nie Müdigkeit zu zeigen, aber auch keine übertriebene Eile. Man hätte es als Überanstrengung auslegen können.

Jetzt war er zurück in Hongkong. Die feuchte Luft, die Gerüche, die er von früheren Aufenthalten so gut kannte, und das Gewimmel der Menschenmassen waren wie ein Willkommensgruß.

Der Admiral hatte ihn genau angewiesen, was er zu tun hatte. Wie auf den grimmigen Plakaten in England: *Wenn der Angreifer kommt.* Jeremy zog die Mundwinkel herunter. Er würde sich hier keine Freunde machen, jedenfalls nicht bei den hohen Diensträngen.

Er ging zu einem Fenster hinüber und stand direkt unter einem der sich drehenden Ventilatoren. Vielleicht war die *Serpent* im Hafen? Er prüfte seine Gefühle in bezug auf ein Wiedersehen mit seinem Bruder, so als ob er den Wetterbericht auswerten würde. Es erstaunte ihn, daß da nur Neid war, wo doch eigentlich keiner hätte sein sollen. Noch mehr irritierte ihn, daß Esmond seinerseits nicht so empfand. Schon bevor man ihm die alte *Serpent* gegeben hatte, war er so gewesen. Jeremy war nie zufrieden, den Luxus konnte er sich nicht leisten.

Er sah einen Gepäckträger mit seinen Taschen. »Zum Stabswagen, draußen!« Er ballte die Fäuste und wartete ab, bis sich seine Gefühle beruhigt hatten.

Sogar Sarah hatte sich seit der Geburt ihres kleinen Sohnes verändert, einem winzigen runzligen Geschöpf, das entweder schlief oder das Haus zusammenbrüllte. Sarah war eine intelligente, charmante Frau, nach der sich jeder Mann umdrehte, aber seit der Geburt hatte sie sich völlig verändert. Sie lauschte auf jedes Geräusch ihres Kindes und achtete auf alles, was es anstellte. Die anderen Offiziersfrauen waren ähnlich, aber Jeremy hatte nie geglaubt, daß sie so werden würde.

»Commander Brooke, Sir?«

Er drehte sich um, die Stimme des Mädchens traf ihn unerwartet.

»Äh, ja.« Er blickte den kleinen Dritten Offizier der Wren an. »Sie haben mich erwartet?«

Sie lächelte. »Ein Telegramm, Sir.« Aber ihre Augen signalisierten: *Natürlich haben wir das.*

Er wartete ab, bis sie in den Wagen gestiegen war. Sie war hübsch, und was er so sah, deutete auf eine gute Figur hin. Sie klopfte auf den Sitz, und der Fahrer legte den Gang ein.

Sie spürte seinen abschätzenden Blick. Leichthin fragte sie: »Wie war Sydney?«

»Wird heißer.« Er blickte über die Reede, die immer noch voller Schiffe war. Aber graue Rümpfe sah man nur wenige.

»Ich wußte nicht, daß in Hongkong auch Wrens sind.« Es klang wie eine Anschuldigung.

»Stimmt. Ich bin nur vorübergehend mit Brigadier Sexton hier.«

»Ach so, natürlich.«

Sie sah in von der Seite an. Er ähnelte Tobys Kommandanten nicht sehr, weder äußerlich noch vom Auftreten her.

Plötzlich fragte er unvermittelt: »Liegt die *Serpent* im Hafen?«

Jetzt war sie an der Reihe, verwirrt zu sein, aber er war zu sehr in Gedanken versunken, um es zu bemerken.

»Äh . . . nein, Sir, sie ist als Geleiter eingesetzt.« Sie erinnerte sich an ihre Enttäuschung, als Toby mit ihr telefoniert hatte. Sie hatte gerufen: »Wenn du wieder zurückkommst, kann ich schon fort sein!« Auf der anderen Seite war Stille gewesen. Ihr Ausbruch hatte ihre Gefühle besser offenbart als jeder Liebesbrief. Dann hatte er ruhig gesagt: »Ich muß dich wiedersehen.« So eine niedergeschlagene Stimme bei einem Mann, der das Victoria Cross hatte und dessen Taten ihr Vater in sein Buch der Kriegsereignisse eingeklebt hatte. Wäre sie doch bei ihm gewesen, als es passiert war, sie hätte ihn trösten können . . .

Am nächsten Tag war sie im Morgengrauen aufgestanden, aber auch ohne das Fernglas hatte sie sehen können, daß der Liegeplatz des alten Zerstörers verlassen dalag.

»Ich möchte den Brigadier sprechen, sobald ich mich umgezogen habe.«

»Ich kann für den Nachmittag ein Treffen arrangieren, Sir.«

Jeremy entspannte sich etwas. Ein Problem ließ ihn sich

immer wohler fühlen. Er erinnerte sich an eine Textstelle in einem Theaterstück, das sie im Dartmouth Royal Naval College aufgeführt hatten. Er hatte einen Edelmann mit Federhut und hohen Reitstiefeln gespielt. Als er von einem Bediensteten zurückgewiesen wurde, hatte er seinen Hut durch die Luft geschwenkt und ausgerufen: »Es kann nicht warten, ich bin in des Königs Geschäften unterwegs!«

»Es wird früher sein müssen, fürchte ich. Übrigens, wie heißen Sie?«

Sie überlegte gerade, wo der Brigadier sein mochte, wenn er noch nicht auf den Golfplatz zurückgekehrt war. Das Benehmen des Commanders begann sie zu ärgern. »Dritter Offizier Yorke, Sir.«

Er lächelte. Noch eine Herausforderung.

»Wohne ich im Pen?«

»Jawohl, Sir, ich kann von dort das H.Q. anrufen, während Sie . . .«

»Nein, nehmen Sie den Wagen.« Er blickte sie direkt an. »Das hier ist streng geheim. *Dritter Offizier Yorke.* Sogar ein Flüstern würde sich in Minutenschnelle in Victoria und den New Territories verbreiten. Ich weiß das, weil ich Neuigkeiten, die sich herumsprechen sollten, genau in der Hotelbar ausgestreut habe.«

Sie sah ihn an und fragte schlicht: »Steht es so schlimm, Sir?«

Er spürte ihre Erregung. Sie machte sich wegen etwas Sorgen. So wie sie aussah, wahrscheinlich um jemanden.

»Keine Angst. Was immer passiert, Sie wird es nicht betreffen.«

Sie blickte aus dem Fenster. Wenn Toby zurückkam, würde sie ihn vielleicht nicht mehr sehen, würde nicht den Fluch brechen können, der ihn verzehrte.

Es wird Sie nicht betreffen. Anmaßend und herrisch. Sie hatte gesehen, wie er ihre Beine taxiert hatte und ihre Bluse, die an ihren Brüsten klebte. Verdammt, soll er doch gucken! Sie erinnerte sich an die neue Selbstsicherheit, die ihr Schwester Shelleys Massage vermittelt hatte. Sie wurde nicht rot oder unsicher. Während der Ausbildung war sie erschrocken darüber gewesen, daß einige ihrer Kameradinnen, völlig ungeniert, nackt durch das Quartier gelaufen waren. War es eine Art Herausforderung gewesen oder einfach Selbstsicherheit?

Ganz nebenbei fragte Jeremy: »Haben Sie schon Charles Yeung kennengelernt?«

»Ja, ich war auf dem Empfang, der für meinen Chef im Repulse Bay Hotel gegeben wurde.« Sie sah ihn an. Toby hatte erwähnt, daß dieser Mann die Verlobte seines Bruders geheiratet hatte. Über das chinesische Mädchen und ihn gab es auch Gerüchte. Sie mußte an Ruth Shelleys Bemerkung denken, die sie schockiert hatte: *Ein kleiner Seitensprung.* War es das, worauf Commander Brooke aus war? Gutaussehend, geheimnisvoll, dünkelhaft. Er war sicher daran gewöhnt, seinen Willen zu bekommen.

»Da sind wir, Sir, das Pen.«

»Ich sehe Sie in einer Stunde, richtig?«

Sie lehnte sich zurück und wartete darauf, daß die Träger das Gepäck ausluden.

Sie lächelte. »Richtig.«

Commodore Cedric Stallybrass sah sich in der Offiziersmesse seines Flaggschiffs um und meinte gewichtig: »Ich denke, wir können anfangen.« Fragend blickte er seinen Sekretär an. »Ja?«

Der Sekretär erwiderte hastig: »Alle Mannschaften sind aus dem Achterschiff abgezogen, Wachen sind aufgestellt.«

Stallybrass grunzte: »Vielleicht ein bißchen übertrieben, aber . . .«

Er wandte sich Commander Jeremy Brooke zu, der mit einer Zigarette auf ein dünnes goldenes Etui klopfte, während er auf die Erlaubnis wartete, rauchen zu dürfen.

Es war heiß und schwül in der Messe, dem einzigen Raum, der groß genug war, um diese Versammlung aufzunehmen. Anwesend waren hohe Mitglieder der Werftleitung, die Kommandanten der im Hafen verbliebenen Schiffe, einschließlich des bärtigen Kapitäns Ralph Tufnell vom Flottillenführer *Islip*, des Befehlshabers der Schnellboote und einiger alter Füchse der Chinastation, die die alten Kanonenboote vom Jangtse und East River kommandierten.

Die Tür öffnete sich, und der Chef des Stabes, Kapitän zur See Albert Granville, kam schuldbewußt leise herein.

Der Commodore verbeugte sich. »Jetzt sind wir alle da, nicht war, Bertie?«

Einige lachten, aber die meisten beobachteten den eleganten Commander vom Geheimdienst der Marine.

Jeremy stand nicht auf. »Ich werde keine lange Rede halten, Gentlemen.« Er lächelte Stallybrass kurz an. »Davon haben wir in letzter Zeit genug gehört oder gelesen. Ich werde noch nicht mal Lösungen anbieten.«

Jemand sagte: »Tolle Sache.«

Jeremys Blick musterte den Mann, als ob er ein Schmutzfleck auf dem Teppich wäre.

»Tatsache ist, was auch immer jetzt unmittelbar vor uns liegen mag, daß Hongkong, und in geringerem Umfang auch Kowloon, zur Festung werden. Uneinnehmbar für alle Angreifer. Deshalb müssen Vorsichtsmaßnahmen ergriffen werden, und zwar unverzüglich. Für den unwahrscheinlichen Fall eines Angriffs auf Hongkong durch einen Feind, der im Rahmen dieses Referats nicht benannt werden darf, wird alles zivile Personal evakuiert. Maßnahmen dazu werden zur Zeit bereits eingeleitet . . .«

Stallybrass rief aus: »Ich frage dich, Bertie, hast du das gewußt?«

Der Chef des Stabs schüttelte seine Schauspielermähne. »Nichts Genaues. Aber wie Commander Brooke so richtig ausführte, ist eine derartige Aktion sehr *unwahrscheinlich*. Wie sollten nichts überstürzen.«

Jeremy unterdrückte ein Lächeln. Berties Antwort war

bedeutungslos. Er räusperte sich. »Wie ich schon sagte, Gentleman: Evakuiert! Ehefrauen, Familienmitglieder und sonstige Angehörige werden nach Australien gebracht.« Er hatte jetzt ihre volle Aufmerksamkeit. »Sonst werden schwere Verluste unvermeidbar sein. Mein Admiral hat betont, daß der Premierminister erwartet, daß die Kolonie standhält und auf Verstärkungen wartet. Großkampf-schiffe der Marine sind auf dem Weg nach Singapur, wo sie für die gemeinsame Verteidigung und zukünftige Offensi-ven besser stationiert sind.« Er bemerkte ihre gespannten Mienen. »Streng geheim, Gentleman!«

Stallybrass schnarrte: »Das müssen Sie ihnen nicht sa-gen!«

Er verstummte, als Jerremys kalte Augen auf ihm ruh-ten. »Es wird ein Blutbad geben, falls es nur einen Hinweis für einen Rückzug geben sollte!«

Es war leicht, die Luft aus Stallybrass herauszulassen. Er erinnerte sich, wie sein Admiral aus dem Fenster in White-hall geschaut hatte. Luftschutzbunker, Polizisten mit Stahlhelmen, Sandsäcke vor der Admiralität. Zumindest wurde etwas getan, oder versucht, etwas zu tun.

Der Admiral hatte gesagt: »Stallybrass geht mit wehen-der Fahne unter, wenn es ihm befohlen wird. Sie müssen ihn vorsichtig behandeln, er ist ein sehr dummer Mann.«

Jeremy fuhr fort: »Die meisten Truppenteile wurden beneidet, als sie nach Hongkong geschickt wurden. Einige Einheiten haben nach der Grundausbildung nur Wach-dienst geschoben. Sollten wir angegriffen werden, wird man sie nicht mehr lange beneiden.« Er blickte Comman-der Tufnell scharf an. »Ja?«

Tufnell zuckte nicht mit der Wimper. »Warum sollte uns dieser ›Feind‹ angreifen? Wir haben alle Anstrengungen unternommen, um uns aus *ihrem* Krieg rauszuhalten.«

»Warum? Wenn wir alle Antworten wüßten . . .« Er wurde wieder geschäftsmäßig. »Tatsache ist, daß wir vor-bereitet sein müssen. Jederzeit!« Er paßte den richtigen

Moment ab. Man hätte eine Stecknadel zu Boden fallen hören. »Es gibt noch eine zweite Möglichkeit: Es könnte sein, daß die Verteidigungslinien nicht halten.« Wie erwartet, ging ein erstauntes und ärgerliches Aufstöhnen durch die Menge. Ohne Hast fuhr er fort: »In diesem Falle müssen alle Fahrzeuge, die dem Feind nützlich sein könnten, zerstört oder unbrauchbar gemacht werden, desgleichen Werfteinrichtungen, Lagerbestände, Munition. Das muß der letzte Akt sein, bevor . . .«

Tufnell stand auf, seine Augen blitzten. »*Kapitulation?* Ist es das, worauf Sie uns vorbereiten? Sollte dem so sein, dann . . .«

Jeremy drehte sich zum Commodore um. »Wie ich schon anfänglich sagte, ist das kein Befehl. Aber Entscheidungen müssen gefällt werden. Es ist, wie ich meine, eine große Herausforderung für Sie, Sir.«

Stallybrass blies die Backen auf. »Ich bin bereit, das zu akzeptieren. Es wird nicht dazu kommen, aber ich stimme zu, daß die Sicherheit unserer Leute von außerordentlicher Wichtigkeit ist!«

Jeremy nickte. »Völlig richtig, Sir.« Der Gedanke, daß er mit einem hohen Tier in London aneinandergeraten könnte, hatte Stallybrass schnell umgestimmt. Jeremy fragte nebenbei: »Wann kommt die *Serpent* zurück?«

»In zwei Tagen.« Der Commodore war mit den Gedanken woanders.

»Ich verstehe.« Es würde interessant sein, wie sein Bruder reagieren würde. Er sah sich die grimmigen, feindseligen Gesichter an. Die meisten Männer waren seit langer Zeit in Hongkong, zumindest seit Kriegsausbruch. Und keiner hatte etwas bemerkt oder es jedenfalls für so wichtig gehalten, als daß er es weiterverfolgt hätte. Dabei war für Whitehall auch das kleinste Puzzlestück von großer Bedeutung, um einen Überblick zu bekommen. Die Flottenbewegungen der Japaner im Pazifik hatten zugenommen, und auf dem Festland außerhalb der New Territories fand eine gewaltige Truppenkonzentration statt. Dazu kamen andere kleine Anzeichen. Japanische Staatsbürger verließen plötzlich die Kolonie; die Friseursalons, Massagepraxen und Bars, die regelmäßig von britischen Offizieren besucht worden waren, standen plötzlich verlassen da. Niemand hatte das ungewöhnlich gefunden. Wenn auch nur jeder zwanzigste Japaner ein Spion war, hatten sie genug Informationen, um die Tore von innen zu öffnen.

Jeremy blickte auf den Kommandanten der *Islip*.

Falls nicht schnell etwas geschah, würden sie noch nicht einmal Zeit finden, sich zu ergeben.

Während die letzten Leinen zur *Islip* übergeben und festgemacht wurden, stand Kapitänleutnant Esmond Brooke so hoch wie möglich auf der Steuerbordseite der Brücke, um den schmalen Streifen unruhigen Wassers zu beobachten. Dann war kein Wasser mehr zu sehen, und die beiden Stahlrümpfe rieben sich an den Taufendern wie alte Freunde.

Brooke wischte sich über die Stirn. Es war sehr heiß, und die Wetterfrösche sagten heftige Regenfälle voraus.

Es schien Monate her zu sein, seit er zurück nach Singapur beordert worden war, um einen schnellen Konvoi nach Australien zu begleiten. Sie hatten auf See Treibstoff übernehmen müssen, was zu anderen Zeiten eine schöne Übung für Zusammenarbeit und Seemannschaft gewesen wäre, doch Brooke war sich der schlechten Stimmung unter seiner Besatzung wohl bewußt. Alles, was sie taten, schien nutzlos zu sein. Sogar die Eskorte hätten die Australier alleine stellen können. Es schien fast so, als wolle jemand die *Serpent* beschäftigen, bis ein echter Notfall eintrat.

Wie lange würden sie wohl diesmal bleiben. Der Chief hatte darüber geklagt, daß die Steuerbordwelle in der Stopfbuchse heißlief. Wenn sie sich erst auf der Werft befanden, konnte die Reparatur ewig dauern. Zwar wartete hier keine Schlange beschädigter und angeschossener Schiffe wie in England, aber in Hongkong schien die Arbeitszeit erst mit der Flaggenparade zu beginnen, und zu enden, wenn die Flagge eingeholt wurde.

»Alles fest vorn und achtern, Sir.«

»Sehr gut. Klingeln Sie die Maschine ab!«

Das Schiff zitterte, während die Wache sich beeilte, das Oberdeck für etwaige wichtige Besucher aufzuklaren. Oberleutnant Calvert befestigte die Persenning am Kartentisch. Sogar er war in letzter Zeit ungeduldig gewesen.

Brooke holte seine Pfeife und den Tabaksbeutel hervor. *Wir sind alle gereizt, weil wir unsicher sind und Empfindungen haben, die wir nicht zeigen wollen.*

Er überschattete die Augen und blickte zum Peak hinauf. Beobachtete sie den Hafen und hatte gesehen, daß sie längsseits gegangen waren?

Was war mit Calvert? Hatte er den Augenblick des Schreckens in Charles Yeungs Wasserflugzeug überstanden?

Brock, der Funker, drückte sich oben am Ende der Brückenleiter herum. Kerr, der von der Back nach oben kam, wo seine Station während des Ein- und Auslaufens war, sah ihn mißtrauisch an. »Nun?«

Brock deutete auf den Kommandanten. »Nur für den Dienstgebrauch, Sir.«

Kerr nahm das Telegramm. *O Gott! Wieder jemand. Wen hatte es diesmal getroffen?*

Er sah, daß Brookes Augen einmal zuckten, als er den Funkspruch überflog, dann sagte er ruhig: »Den Bootsmann und den Seemann Robert Dalton zu mir.«

Kerr beobachtete ihn, doch sein Gesicht war wie aus Stein gemeißelt. »Gehört zur Achterdeckdivision, Sir. Kommt aus Liverpool.«

»Da ist es passiert. Sein Heim wurde bei einem Luftangriff ausradiert. Es war eine große Familie, anscheinend hat nur der Vater überlebt.« Aber beide dachten eigentlich nicht an den jungen Seemann. So etwas passierte täglich, meistens den anderen.

Aber nicht dem Bootsmann, dem Herzen eines jeden kleinen Kriegsschiffs. Freund, Polizist, Ratgeber, er hatte viele Rollen und füllte sie alle aus.

Brooke merkte, daß Signalmeister Onslow ihn beobachtete. Als er aufblickte, sah Onslow weg. Wahrscheinlich hatte er es schon geahnt. Ihm war es auch passiert.

»Ich will die Männer sofort in meiner Kabine sprechen.«

Pike würde es vielleicht auch schon wissen: Männer wie er hatten dafür einen siebten Sinn. Bald würde es das ganze Schiff wissen. Das hier war kein Flugzeugträger oder Schlachtschiff, hier waren sie eine Familie.

Er ging die Leiter hinunter und lief zum Achterdeck. Er spürte das ölige Deck unter seinen Füßen, wo vor einer Stunde die Spring- und Querleinen aufgeschossen worden waren.

Seine Hafenkabine kam ihm seltsam fremd vor. Nach dem Zwischenfall mit dem U-Boot war es ihm unmöglich gewesen, seine Brückenkabine zu verlassen, wenn sie auf See waren. Schon davor war es ihm schwergefallen, mit dieser Gewohnheit zu brechen.

Chefsteward Kingsmill öffnete die Bullaugen, blickte ihn aber nicht an. »Werden Sie Drinks brauchen, Sir?« Als er sich umdrehte, war sein Gesicht todernst. »Hab es gerade erfahren, Sir.«

»Ja.« Brooke setzte sich und fühlte sich plötzlich ausgelaugt. Dann holte er sehr vorsichtig den silbernen Rahmen aus dem wasserdichten Sack und stellte ihn auf den Schreibtisch. Er hatte während der langen Nachtwachen an sie gedacht. Wie er sie in Erinnerung hatte: Ihre Augen funkelten in den Lichtern, den Kopf etwas in Richtung der nackten Schulter geneigt. Was hätte ihr Vater dazu gesagt?

Lian, hilf mir . . .

Es klopfte an der Tür. »Vollmatrose Dalton, Sir.«

»Setzen Sie sich, Dalton.« Er sah zu, wie sich der Junge

in der Kabine umblickte, in der er noch nie gewesen war. Ein einfaches englisches Gesicht, dem man in keinem Hafen und auf keiner Werft Aufmerksamkeit schenken würde.

Daltons Blick blieb plötzlich an dem Bild hängen; seine Augen füllten sich mit Tränen.

»Meine Mutter, nicht wahr, Sir?«

Der gleiche Liverpoolslang, an den sie sich während des Einsatzes auf den westlichen Ansteuerungen so gewöhnt hatten. Die zerbombte Stadt, die die Eskortschiffe und ihre Männer in ihr Herz geschlossen hatte.

»Die Nachricht besagt, daß außer Ihrem Vater . . .«

Er sprach nicht weiter, denn der junge Seemann blickte an ihm vorbei, seine Augen waren voller Verzweiflung.

»Warum gerade sie? Sie haben niemals einem Menschen etwas zuleide getan, Sir.«

»Ich weiß.« Was sollte er sagen? Es gab keine Möglichkeit, Daltons Schmerz zu lindern. »Möchten Sie einen Drink?« Er beobachtete die Gefühle im Gesicht des Seemanns. Da war die Gewißheit, daß seine Familie ausgelöscht war. Niemand mehr, den man liebte oder haßte, niemand, den man wiedersehen würde, der einen erwartete.

»Ja, danke, Sir.« Er wischte sich das Gesicht mit einem überraschend sauberen Taschentuch ab. Es war nicht leicht in den überfüllten Wohndecks, seine Sachen sauberzuhalten, aber sie schafften es.

»Ich kann Sie heimschicken und mir hier einen Ersatzmann besorgen.« *Heim* – wo war das? Eine Kaserne, bis er auf das nächste Schiff kam. Jedenfalls nicht der Trümmerhaufen, der geblieben war.

Dalton schüttelte den Kopf, ähnlich wie damals Onslow. »Nein, Sir, ich habe meinem Vater nie nahegestanden.« Er blickte auf das Glas, das ihm Kingsmill in die Hand gedrückt hatte. »Ich bleibe bei meinen Kumpels.«

Brooke goß sich ein Glas randvoll und spürte, daß der Junge jede Bewegung verfolgte.

»Ich freue mich, daß Sie das gesagt haben, denn ich fürchte, daß ich bald jeden guten Mann dringend brauchen werde.« Er hustete, der Scotch war pur, und er vermutete, daß Dalton so etwas noch nie in seinem jungen Leben getrunken hatte. Er fügte hinzu: »Ich werde Ihrem Vater auf jeden Fall schreiben.«

Dalton blickte ihn an, als hätte er sich verhört. »*Sie,* Sir?«

»Ich bin Ihr Kommandant. Sie unterstehen meiner Verantwortung, Sie und alle Männer auf diesem Schiff, die eigentlich gar nicht wissen, worum es geht . . .«

Worte, nichts als Worte. Jemand wie Dalton konnte nichts von den vielen Briefen wissen, an Menschen, die jemanden verloren hatten, an Mütter, die wissen wollten, *wie es passiert war.* Es war besser, sie wußten es nicht.

Und was bedeute ich diesen Männern? Vertrauen Sie mir? Bin ich nur die Autorität auf der anderen Seite des Richtertisches oder der uneinsichtige Kapitän, der sich gegen eine Beförderung oder Versetzung sperrt?

Er mußte an ihre Worte denken: Sie mögen dich. War das genug?

»Falls Sie Hilfe benötigen, Dalton, wenden Sie sich an den Ersten. Wir sitzen alle im selben Boot.«

Kingsmill füllte das Glas des Seemanns noch einmal, dann nahm er ihn behutsam am Ellenbogen. »Hier entlang, mein Sohn, in die Pantry, dort stört dich keiner.« Über die Schulter gewandt, sagte er: »Der Bootsmann ist da, Sir.«

Der junge Matrose starrte sie an. »Er doch nicht auch?«

Die Pantrytür schloß sich.

Er doch nicht auch. Es klang wie ein Nachruf.

Pike setzte sich auf den Stuhl und blickte auf einen Punkt über Brookes linker Schulter.

»Schlechte Nachrichten, Schmarting.«

»Ich verstehe.« Pike drehte seine Mütze in den Händen, als ob er am Ruder stünde. Nach einem Augenblick sagte er: »Ich weiß, daß ich einen Fehler gemacht habe, als ich sie von London an die Küste geschickt habe. Diesmal traf es Southsea, nicht wahr?«

Brooke fühlte sich ausgelaugt. »Schwerer Angriff mit vielen Opfern. Sie schreiben, daß der Tod auf der Stelle eintrat.« Schrieben sie das immer?

Pike stand auf, seine Stiefel knarrten auf dem Teppich. »Ich möchte jetzt keinen Drink, Sir. Ich muß noch ein paar Wachlisten durchgehen.«

»Ich verstehe.« Ein harter Mann, aber im besten Sinne des Wortes.

»Sollten Sie mich später noch einmal fragen, würde ich gerne annehmen.«

Brooke war noch nie aufgefallen, wie blau die Augen des Bootsmanns waren, so blau wie der Ozean, der hinter ihnen lag.

»Ich werde Sie einladen, Schmarting, dann können Sie mir mehr über meinen Vater erzählen.«

Der Bootsmann verließ die Kabine. Kurz darauf konnte man ihn hören, wie er einen zum Strafdienst eingeteilten Seemann zusammenstauchte, der die Offizierstoiletten reinigte.

Kerr war in der Messe und blickte auf das leere Briefregal, als ihm ein Steward meldete, daß der Kommandant draußen wäre.

»Sir?« Aber er wußte, was los war. Der Streß, die alte Anspannung waren wieder da.

Kerr hatte den Matrosen mit rotgeweinten Augen aus der Pantry kommen sehen, während der Bootsmann wortlos und kerzengerade an ihm vorbeimarschiert war.

»Können Sie übernehmen, Dick? Solange es keinen gegenteiligen Befehl von Land gibt, können Sie die Freiwache an Land schicken . . .« Er sah die Besorgnis in Kerrs Augen. »Mir geht es gut. Ich habe eine Telefonnummer hinterlassen, falls Sie mich brauchen. Ich bleibe nicht lange weg.«

Kerr roch die Scotchfahne, wußte aber, daß es daran nicht lag.

Brooke stöhnte: »Ich bin es leid, immer alles auf mich nehmen zu müssen, ohne zurückschlagen zu können. Ich muß guten Männern beibringen, daß ihre Frauen oder die geliebten Angehörigen nicht mehr sind. Getötet wurden. Und wofür? Das frage ich mich oft genug.«

»Ich glaube, Sie kennen die Antwort, Sir.« Ärgerlich drehte sich Kerr um, als die Beine des Quartermasters im Niedergang erschienen. »Was gibt es?«

Der Mann blickte ihn beleidigt an. »Ein Wagen am Werfttor, Sir.« Er sah Brooke an. »Für Sie, Sir.«

Sie folgten Brooke in das mittägliche Sonnenlicht. Kerr sah, daß der W.O. und der Quartermaster der *Islip* salutierten, als er das Deck des großen Zerstörers überquerte und dann den Landgang zum Kai hinunterschritt.

Brooke wußte, daß sie ihn beobachteten. Wahrscheinlich dachte Kerr, daß er durchgedreht hatte.

Er trug noch immer sein ausgeblichenes Seejackett, und der weiße Mützenbezug wies Farbspritzer auf. Er hatte sein Hemd schon seit vierundzwanzig Stunden an, und der Scotch rumorte unangenehm in seinem Kopf. Aber alles, was er wußte, war, daß sie auf ihn wartete, daß sie erfahren hatte, daß er wieder in Hongkong war.

Er erinnerte sich an die Worte eines berühmten Admirals, als man ihn nach der Ursache seiner Großtaten befragte. *Unmögliches erledigen wir sofort, Wunder dauern etwas länger.*

Als er die schwere Limousine vor dem Posten der Werft warten sah, begann er zu laufen. Er war nicht länger Kommandant, der Alte. Das hatte er alles hinter sich gelassen, wenn auch nur für eine Weile. Es war wirklich ein Wunder.

Der Armeelastwagen spritzte schlammiges Wasser nach allen Seiten, bevor er vor dem kleinen Appartementhaus zum Stehen kam. Zwei weißgekleidete Menschen sprangen in den strömenden Regen und waren völlig durchnäßt, noch ehe sie das Gartentor erreichten. Calvert winkte dem jungen Soldaten zu, der Mitleid mit ihnen gehabt hatte, als sie das Restaurant verlassen und sich die Schleusen des Himmels geöffnet hatten.

»Ohne Sie wären wir ertrunken, vielen Dank!«

Der Soldat war ein Kanadier, einer von den Ersatzleuten, die im Rahmen der Operation Bumerang hergekommen waren. Es war sein erster richtiger Einsatzort. Ihm mußte alles wie ein einziges großes Abenteuer erscheinen.

Calvert hielt die nasse Hand des Mädchens. Zusammen rannten sie den kurzen Weg zur Haustür, vor der sie sich umarmten und trotz oder auch wegen der unmöglichen Umstände lachten.

Der Sicherheitsbeamte öffnete die Tür und setzte sich wieder hinter seinen Tisch. Was die Bewohner oder Durchreisenden trieben, ging ihn nichts an.

Sie drehte sich auf der Treppe um, ihr Bluse und ihr Rock waren dunkel vom Regen.

»Es war ein wundervolles Essen, Toby! Ich kann mich nicht erinnern, wann ich mich jemals so amüsiert habe.«

Er blickte sie an. Sie sah aus wie ein glückliches Kind.

Es war ein nettes Restaurant gewesen, klein und typisch chinesisch, etwas abseits der Nathan Road. Eine Gasse voller Laternen, auffallender Läden, Lokale und dunklen Cafés. Kaum ein Soldat war zu sehen. Es war wie Aladins Höhle und Schatzgrube zugleich. Nur ein paar Nutten und erwartungsvolle Rickschafahrer drückten sich herum.

Calvert hatte ihr in einem der Läden einen seidenen Kimono gekauft. Die Frau, die sein Geld genommen hatte, hatte ihn höflich korrigiert: »Glücksmantel, kein Kimono, Captain.«

In dem Restaurant, das ihm der Artillerieoffizier der *Islip* empfohlen hatte, waren sie ohne großes Aufmerken empfangen worden. Seltsam war nur, daß dort kaum jemand englisch gesprochen hatte.

Es hatte trotzdem geklappt. Eine leckere Ente, Reis und Nudeln sowie ein Dutzend anderer Gerichte, die sie mit

Genuß verzehrt hatten, ohne zu wissen, worum es sich handelte. Der Eigentümer hatte sogar Bier besorgt, dessen Wirkung Calvert mit Brandy aus seiner Taschenflasche verstärkte. Die Zeit war wie im Fluge vergangen. Sie hatten sich über den Tisch hinweg wissend und verstehend angesehen.

Er hatte ihr ein mit Jade ausgekleidetes Kästchen geschenkt, das er an dem Tag in dem Laden gekauft hatte. Damals, als sie sich auf der Straße getroffen hatten. *Wie lange war das schon her?*

Außerdem ein paar Ohrringe aus Jade. Er hatte sich entschuldigt, als sie ihm erzählte, daß sie sich erst Ohrlöcher stechen lassen mußte. Sie hatte sein Angebot, sie umzutauschen, abgelehnt.

Sie hatte auf das Kästchen geblickt, ihre Augen waren hinter den Wimpern verborgen.

»Ich werde sie in Ehren halten. Immer.«

Er hatte ein paar leere Schüsseln zur Seite geschoben und quer über den Tisch ihre Hand genommen. Nichts konnte sie stören, nicht einmal die vielen anderen Gäste.

Sie hatte wieder das Kästchen bewundert, als er sagte: »Ich muß mich nach den Star Ferries erkundigen, vielleicht fahren die Fähren nachts nicht.«

Sie hatte ihn sehr direkt angesehen, ihr Gesichtsausdruck war seltsam entschlossen, wenn auch etwas ängstlich.

»Wenn du nicht zu deinem Schiff zurück mußt, Toby . . .« Er hatte gefühlt, wie ihre Hand die seine drückte. »Du kannst bei mir bleiben, falls du möchtest.«

Sie waren schweigend aus dem Restaurant gegangen, obwohl sie einander so viel zu sagen hatten.

Jetzt vor ihrem Appartement zögerte Calvert. »Ich möchte nicht, daß du denkst . . .«

Sie drehte sich um und hauchte ihm einen Kuß auf die Wange. »Mach' ich nicht.« Sie knipste das Licht an und fragte sich, ob Ruth Shelley nebenan lauschte.

Das Zimmer war karg möbliert, ein Raum ohne eigene Atmosphäre. An einer Wand hing das gerahmte Bild einer großen Pagode und ein zweites, das englische Shirepferde zeigte, die ein Feld pflügten. Ein Zimmer, durch das ein endloser Strom von Bewohnern hindurchgeschleust wurde. Aber wie im Restaurant sah sie nur den Mann, der mit ihr gekommen war, den sie vor langer Zeit in einem Zug getroffen hatte.

»Ich . . . ich habe Whisky, Toby.«

»Wirklich?«

»Ich denke, er ist dem Brigadier abhanden gekommen.« Sie hielt sich den Mund zu und kicherte. »Ich bin durchgeweicht. Ich werde mich abtrocknen und dann in meinen Glücksmantel schlüpfen.« Sie lächelte zärtlich. »Diese Frau gab mir das Gefühl, eine Touristin zu sein.«

Er wollte sie festhalten, doch sie trat zurück. »Du weißt, daß ich dich liebe, Sue.«

Sie griff zur Klinke. »Es ist schön, daß du es sagst; das hast du noch nie gemacht.«

Er versuchte, mit einem Lachen darüber hinwegzugehen. »Doch, habe ich. Du kannst es zu Hause in meinem Brief nachlesen.«

Sie blickte ihn immer noch an, als sie rückwärts in den anderen Raum ging. Ihre Augen schienen das Gesicht auszufüllen.

Er hörte sie im Badezimmer leise singen. In einem Sideboard fand er in einsamer Schönheit eine Flasche Johnny Walker. So was war in England nicht zu bekommen, jedenfalls nicht für einen simplen Leutnant.

Er rief: »Es gibt hier nur ein Glas, Sue.«

»Ich habe ein zweites hier drinnen.«

Die Tür öffnete sich, und sie stand in dem seidenen Umhang vor ihm, den er ihr in der Nathan Road gekauft hatte. Kurz, schwarz, mit roten Blumen auf den Taschen.

Sie salutierte schneidig. »Entschuldigen Sie meine Uniform, Sir!« Dann drehte sie sich um und zeigte ihm den goldenen Drachen, der sich über ihren Rücken schlängelte. »Drachen bringen Glück, sagen die Chinesen.«

Sie hielt ein frisches Handtuch in der Hand. »Zieh dein Hemd aus, Toby.«

Er hielt sich am Stuhl fest, während sie seinen Rücken abtrocknete. Sie sträubte sich nicht, als er sie in die Arme nahm. Ihr feuchtes Haar preßte sich gegen seine Brust. Calvert stellte fest, daß sie die Kette mit dem Ehering abgenommen hatte, die er durch ihre nasse Bluse gesehen hatte.

»Wir hätten in ein Hotel gehen sollen.«

Sie schüttelte den Kopf. »Du weißt, was die Leute dann sagen.«

»Interessiert es dich?« Er spürte, daß sein Verlangen nach ihr unermeßlich war. Ein Verlangen nach einer jungen Frau, die er kaum kannte. Die Berührung ihres Gesichts, der Druck der Körper hatte etwas ausgelöst, dem sie beide keinen Widerstand mehr entgegensetzen konnten.

Sie zuckte in seinen Armen zusammen, als Feuerwerksraketen und Böller über dem schwarzen Wasser des Hafens explodierten. Es war wie die Auffrischung eines alten Bildes. Umrisse erschienen in den hellen, farbigen Blitzen, große Dschunken, ob sie stillagen oder sich bewegten, konnte man nicht sagen, Ansammlungen kleiner Fahrzeuge und die dunklen Leichter, die auf den neuen Tag warteten.

»Was ist los?« fragte sie. Sie drehte sich um und griff nach dem Geländer der Veranda, ihre Augen leuchteten im Widerschein des Feuerwerks.

Er war sich ihrer Nähe sehr bewußt, dem Druck ihres Körpers.

»Das Ende einer Hochzeit oder einer Beerdigung. Ich weiß nie den Unterschied.«

Ihre Stimme war dunkel und sinnlich: »Halt mich fest.«

Er zog am Gürtel des Glücksmantels und fühlte, wie sich ihr Körper versteifte, als er ihn öffnete. Sie sagte nichts. Calvert schob die Hände in den Mantel und stellte fest, daß sie völlig nackt war. Er nahm ihre Brüste in die Hände und streichelte sie, bis die Brustwarzen hart waren. Sie klammerte sich am Geländer fest, als er den Mantel von ihren Schultern zog und ihren Nacken küßte. Dann drehte sie sich in seinen Armen um. Der Mantel fiel zu Boden, so daß sich ihr Körper wie eine perfekte Statue gegen das dunkle Wasser und das Feuerwerk abzeichnete.

Er legte sie vorsichtig auf das Bett. Er fühlte, wie sie ihn beobachtete, als er ihren Körper streichelte, den Hals, die Brüste und weiter, immer weiter. Sie stöhnte auf, als könne auch sie ihre Leidenschaft kaum noch bändigen.

»Falls du mir weh tun solltest . . .«

»Das werde ich nicht.« Er kniete über ihr, die warme Nachtluft strich über seine Nacktheit. Sie umschlang ihn mit beiden Armen. Er wußte, daß sie Angst hatte, auf den Schmerz wartete.

Er blieb aus. Sehr langsam drang er tiefer und tiefer ein, bis sie in ihrer Umarmung zu einem Körper verschmolzen waren.

Danach durchflutete das Licht des Mondes den Raum, in dem sie eng umschlungen schliefen.

15   Kein Zurück

Ian Cusack, der Chief der *Serpent*, betrachtete seinen Kommandanten, der am Schreibtisch den Betriebsbericht des Maschinenraums las.

Dann meinte er: »Ich bin mit der Welle noch nicht zufrieden, Sir. Diese Werftgrandies sind nicht nach meinem Geschmack.« Er wirkte ungewöhnlich starrköpfig und ärgerlich.

Brooke las noch einmal die technischen Einzelheiten, die der Chief bemängelte. Cusack war kein Mann, der sich grundlos beschwerte. »Wenn wir in der Chathamwerft lägen, würden Sie wahrscheinlich dasselbe sagen.«

In der Kabine war es ziemlich hell, weil die *Islip* nicht längsseits lag. Sie war zu einer Patrouille auf See. Japanische Agenten würden ihr Auslaufen bestimmt beobachtet haben, wenn sie denn daran noch Interesse hatten.

Er blickte auf Lians Fotografie. Sonst hatte er sie immer in die Schublade gelegt, wenn er eine Besprechung mit einem seiner Offiziere hatte. Jetzt machte er das nicht mehr. War es Trotz? Oder war es deshalb, weil er sie kaum gesehen hatte, seit er in Seeklamotten an Land geeilt war? Auch da waren sie nur in dem großen Wagen herumgefahren, hatten wenig gesprochen, sich aber an den Händen gehalten. Brooke war es wie eine Ewigkeit vorgekommen. Dann wieder raus auf See, um die Wellen und die Steuerung auszutesten. Es war nicht die Art der *Serpent*, sich aufzuspielen, aber er konnte sich vorstellen, wie viele tausend Meilen sie gefahren war, seit sein Vater sie in Dienst gestellt hatte.

Commodore Stallybrass hatte sich über die lange Hafenliegezeit beschwert, obwohl sich über den strategischen Nutzen von *Serpents* Patrouillen jeder seine eigenen Gedanken machen konnte.

Brooke hatte seinen Bruder nur einmal am Telefon gesprochen. Ihre Unterhaltung war kurz gewesen, aber er hatte gespürt, daß ihn irgend etwas bedrückte.

»Sobald wir die Erlaubnis erhalten, will ich beim Bunkerschiff längsseits gehen. Meine Anforderung ist bereits genehmigt. Volle Treibstoffbunker, Chief – dreihundert Tonnen und mehr, wenn Sie es unterbringen können.«

»Darf ich fragen, warum, Sir?«

Er lächelte. »Um ehrlich zu sein, Chief, ich weiß es nicht. Nur so ein Gefühl. Es ist besser, vorbereitet zu sein.«

Er mußte an Calvert denken und wie er sich seit ihrer Ankunft in Hongkong verändert hatte. Er war lebhafter und entspannter als jemals zuvor. Der Navigator hatte im Hafen am wenigsten zu tun, außer daß er sich die Pflichten eines W.O. mit seinen Kameraden teilen mußte. Den Rest der Zeit verbrachte er gewöhnlich auf Charles Yeungs kleiner Werft und arbeitete an dem Wasserflugzeug. Er hatte in Oberleutnant Paul Kipling einen Freiwilligen gefunden, der sich als wahrer Zauberer erwies. Mit seinen Kenntnissen, die er in der »Jarasche« erworben hatte, löste er jedes Problem.

Jeremy war inzwischen auf dem Heimweg. Brooke hatte ihn nach seinem Sohn gefragt, um die Spannung zwischen ihnen abzubauen, aber sogar das war verkehrt gewesen. Jeremy hatte kurz angebunden erwidert: »Er ist auf den Namen Marcus getauft worden, nach Sarahs Vater. Um Himmels willen, was ist das für ein blöder Name!«

Was auch immer er in Hongkong mit den verschiedenen Stabschefs besprochen hatte, es schien wenig Erfolg zu haben. In wenigen Tagen begann der November, und das Interesse der örtlichen Bevölkerung konzentrierte sich auf gesellschaftliche Ereignisse, wie sie vor Weihnachten immer anstanden. Ein Kostümball für den Kriegserfolg zu Hause, am Sonnabend Pferderennen im Happy Valley. Die Leute versuchten ihre Terminkalender so abzustimmen, daß man alle Einladungen und Feierlichkeiten unterbringen konnte.

Es klopfte an der Tür, und Kerr zog den Vorhang zur Seite. »Entschuldigen Sie die Störung, Sir.«

Cusack griff nach seiner schmutzigen Mütze. »Ich war im Begriff zu gehen.« Er blickte Brooke an. »Ich möchte nur, daß sie voll einsatzbereit ist, wie immer!«

Der Vorhang schloß sich, Kerr hob die Augenbrauen. »Was hat er?«

»Er denkt, daß sich die Werft mit der Reparatur zuviel Zeit läßt. Ich stimme ihm zu. Was wollen Sie?«

Kerr lächelte. »Da ist ein Dritter Offizier Yorke an Bord gekommen, Sir.«

Brooke blickte auf seine Uhr. »Verdammt, ich habe den Piloten an Land gehen lassen. Sie wird hier sein, um sich zu verabschieden. Aus den Funksprüchen weiß ich, daß der

Brigadier heute abreist.« Er lächelte traurig. »Das wird den anderen Golfern einen Durchbruch verschaffen.« Er fragte sich, wie weit die beiden gegangen waren. Würde es halten, wenn unendlich viele Seemeilen und Monate oder Jahre zwischen ihnen lagen? Er blickte auf die Fotografie. *Ich weiß, ich könnte es aushalten.*

Dem Ersten blieb sein Gesichtsausdruck nicht verborgen. »Ich bringe sie nach achtern, Sir.«

Brooke trat an eines der offenen Bullaugen und dachte an das Mädchen oben auf dem Peak. Er mußte sie sehen. Wahrscheinlich würden sie bald ihren Auslaufbefehl bekommen. Der Gedanke wühlte wie ein Skalpell in seinem Hirn. Es war unvorstellbar, sie zu verlassen, ohne Gewißheit zu haben.

Die kleine Wren stieg über das Süll und lächelte ihn an.

»Ich dachte, ich sollte selber kommen, Sir.« Sie hielt ihm einige Umschläge entgegen. »Vom Commodore der *Tamar*.«

Brooke schob ihr einen Stuhl zurecht. Wie Calvert hatte sie sich auf unerklärliche Weise verändert. Sie war nicht mehr das scheu blickende Mädchen, das er auf dem Empfang gesehen hatte.

Sie erwiderte seinen Blick, ohne zu blinzeln. Sie lächelte ihn sogar an.

»Ich habe Ihren Bruder abgeholt, als er ankam, Sir.«

Brooke grinste. »Hat er sie auch angestarrt?«

»Auf andere Art, Sir.«

»Das war sehr diplomatisch ausgedrückt.« Er ging wieder zum Bullauge hinüber, als eines der Schnellboote vorbeidonnerte. Für ein so kleines Boot erzeugte es eine erstaunliche Welle.

»Ich fürchte, daß Leutnant Calvert an Land ist.« Er sah sie an und war erstaunt, daß sie offensichtlich ungerührt blieb. Es stand etwas anderes in ihrem Gesicht, vielleicht Stolz.

»Ich weiß.« Sie blickte über die Briefe des Commodore

auf die Fotografie. »Ich bleibe. Brigadier Sexton hat es arrangiert. Ich bin vorerst zur *Tamar* versetzt.«

Er musterte sie ernst. Als Sekretärin des Brigadiers würde sie die Risiken kennen, die bestanden, falls hier etwas schieflief. Sollte sie Jeremy gefragt haben, würde er seine düsteren Prognosen beigesteuert haben.

Ein sehr hübsches Mädchen, wahrscheinlich erst zwanzig Jahre alt, vielleicht jünger. Warum sollte er es ihr vermiesen, *ihnen?* Junge Männer in ihrem Alter kämpften und starben jeden Tag, jede Stunde am Himmel, oder im Wasser. So wie sie es zu Zeiten seines Vaters in Flandern getan hatten.

Sie mußte den Stützpunkt ziemlich durcheinandergebracht haben, denn es war unwahrscheinlich, daß man dort schon ein Mädchen in Uniform gesehen hatte.

»Sie haben viel für Toby Calvert getan. Ich weiß, was er durchgemacht hat.«

»Ich auch, Sir. Jetzt.« Sie legte ihren Kopf auf eine Seite, und die braunen Locken fielen über ihren Kragen. »Aber eigentlich wollten Sie fragen, ob ich es ernst mit ihm meine, nicht wahr?«

»Wollte ich das?« Er zuckte die Schultern. »Wahrscheinlich haben Sie recht.«

Sie schaute ihn gerade an. »Ich liebe ihn. Und ich weiß, daß er mich liebt. Ich werde ihn nie verlassen.«

»Er hat viel Glück. Ich hoffe, daß für Sie beide alles gut ausgeht. Darf ich Sie Sue nennen?«

»Danke, Sir, ich würde mich freuen.«

Beide zuckten zusammen als das Telefon in seinem Kasten klingelte.

Brooke entschuldigte sich: »Verzeihung.« Er nahm den Hörer ab. »Hier ist der Kommandant.« Es folgten Knackgeräusche und mehrfaches Klicken. Er dachte schon, daß die Verbindung unterbrochen worden war.

»Kannst du heute in das Haus auf dem Peak kommen?«

»Ich dachte, du hättest die Insel bereits verlassen, Jeremy.« Er bedeckte die Sprechmuschel mit einer Hand und sah zu dem Mädchen herüber. »Es scheint, daß der heutige Tag voller Überraschungen ist.«

Jeremy schien ungewöhnlich erregt zu sein, so stark, daß er es nicht verheimlichen konnte.

»Ist jemand bei dir?« Als Brooke schwieg, fuhr er fort: »Charles Yeung geht es nicht gut. Ich glaube, du solltest hier sein. Du weißt, warum.«

»Ich werde ein Taxi nehmen . . .« Aber die Verbindung war zusammengebrochen.

Die Wren war aufgestanden. »Ich kann Ihnen einen Wagen besorgen. Ich werde Sie fahren, falls Sie das ertragen können.«

Er blickte auf die Fotografie. Lian mußte verlangt haben, daß er geholt wurde.

»Sie werden es müssen, Sue, ich habe es nie gelernt.«

Auf dem Achterdeck trafen sie Kerr, der mit dem Buffer und Podger Barlow, dem Torpedooffizier, die Aufgaben der Tageswache besprach.

»Ich muß zu Charles Yeung. Übernehmen Sie, Dick.«

Kerr starrte das Mädchen an: »Ich dachte, Sie fahren nach Hause.«

Sie lächelte, war sich aber Brookes plötzlicher Aufmerksamkeit sehr bewußt.

»Das sagen alle, Nummer Eins.«

Brooke unterbrach sie harsch: »Also, wo ist der Wagen?«

Die Wache nahm am Landgang Aufstellung, und Kerr wartete ab, um sie von Bord zu entlassen. Das Mädchen zögerte, bis ihr Eggy Bacon, der Quartermaster, zuflüsterte: »Sie müssen zuerst gehen, der Kapitän geht immer als letzter.« Die Pfeifen schrillten, und Brooke salutierte, als er der Wren auf den Landgang folgte.

Kerr atmete langsam aus. »Ein verdammt niedliches Kindchen, und das ist kein Versprecher.«

Der Torpedooffizier verzog keine Miene. »Das sagen alle, Nummer Eins.«

Unteroffizier Alec Fox, der Buffer, zog seine Mütze in die Stirn und grunzte: »Hier kommt der Ingenieur der Basis, Sir.«

»Sagen Sie dem Chief Bescheid. Vielleicht kriegen die das diesmal auf die Reihe.«

Aber seine Gedanken waren noch immer bei der kleinen Wren und Toby Calvert. An diesem Abend würde er wieder einen Brief nach England an sein Mädchen schreiben.

Es war eine schnelle, aber haarsträubende Fahrt zum Peak und zu dem Haus, wo er Lian das erste Mal getroffen hatte.

Brooke hatte sich zwingen müssen, dem Mädchen nicht in den Arm zu fallen, wenn auf den steilen Serpentinen nur noch Himmel vor dem Kühler zu sehen war. Einmal hatte sie gequiekt, als es fast so aussah, als würden sie über die Kante auf die Häuser darunter abstürzen.

»Hier bin ich noch nie gefahren!« hatte sie atemlos gestanden. »Ich wette, daß Sie das gemerkt haben.«

Sie bogen in die bekannte Auffahrt ein, und Brooke sah mehrere andere Autos, darunter den hellgrünen Phantom.

Robert Tan, der Butler, kam gemessenen Schrittes heran, um ihn zu begrüßen.

»Sie sind sehr schnell gekommen, Captain.« Er blickte heimlich auf die Wren. Wahrscheinlich wunderte er sich, daß der Kommandant eines Schiffs des Königs von einer Frau gefahren wurde.

»Wie geht es ihm?«

Robert Tan hob die Schultern. »Besser, denke ich. Doktor Camille ist hier.«

Brooke spürte bei der Erwähnung des Namens von Yeungs anderer Tochter förmlich die Schmerzen in seinem verletzten Bein. Sie würde sich nichts vormachen lassen, auch nicht von ihrem Vater.

Sue Yorke fragte ruhig: »Soll ich mitkommen, Sir?«

Robert Tan sah sie gleichmütig an. »Ich werde Missy einen Drink bringen.« Er fügte hinzu. »Kühl, mit Früchten.«

Sie murmelte: »Nach dieser Fahrt hätte ich was Stärkeres vertragen können.«

Brooke öffnete eine Tür und sah Lian, die auf ihn gewartet hatte.

Die Wren meinte: »Ich komme alleine zurecht, Sir.« Sie lächelte Lian zu, dann war sie verschwunden.

Lian kam auf ihn zu und studierte sein Gesicht sehr sorgfältig. »Du siehst besser aus, ausgeruhter.« Sie schien zufrieden. »Ich habe darum gebeten, daß man dich benachrichtigt.«

Ihr Parfüm war wie eine Droge, und er wollte sie umarmen und festhalten.

»Mein Vater hat zu viel und zu schwer gearbeitet. Er denkt, daß er immer noch ein junger Mann ist. Meine Schwester und ihr Mann Harry sind hier.« Ihre Augen blitzten kurz auf, als sie sich erinnerte, wie sie Camilles amerikanischen Akzent nachgeäfft hatte. Aber der Spaß wollte sich nicht wieder einstellen. Sie machte eine Pause. »Dein Bruder ist auch da.«

»Ja, er hat mich angerufen.« Er zögerte. »Aber dein Vater ist außer Gefahr, Lian?«

»Ja, für dieses Mal, denke ich. Du wirst schon sehen.«

Im angrenzenden Raum erklangen Stimmen, das Klappern von Teegeschirr.

Sie flüsterte: »Dein Schiff läuft noch nicht aus, Esmond?«

»Nein.« Er drückte ihre Hand und stellte sich vor, wie es sein würde, wenn sie sich liebten.

»Wenn du mich so ansiehst, Es-mond, dann fühle ich mich so anders. Wie eine Frau aus Wind und Staub und nicht wie die behütete Tochter eines großen Mannes.«

Brooke lächelte über ihre Ernsthaftigkeit. Er kannte die

Bedeutung der Umschreibung, die sie benutzt hatte. Eine Prostituierte. »Das glaube ich nicht.«

Sie war nicht überzeugt. »Wenn du bei mir bist, sogar wenn ich nur an dich denke, möchte ich, daß du mich festhältst und mich berührst, mich die Böen des Windes fühlen läßt wie andere Mädchen.«

Ein kleiner Diener öffnete die Tür und winkte sie herein. Charles Yeung saß in einem Sessel und rollte den Ärmel seines Hemdes herunter. Er sah angestrengt aus, aber was Brooke am meisten auffiel, war sein für gewöhnlich untadelig gekämmtes Haar. Jetzt war es verstrubbelt. Wahrscheinlich, weil er sich hatte hinlegen müssen, als sein Herz geprüft wurde.

»Sie sind willkommen, Esmond.« Er runzelte die Stirn. »Der ganze Aufwand für nichts.« Er griff nach einem Zigarettenetui auf dem Tisch.

»Zu viele davon!« Das war Camille. Mit ärgerlichen schnellen Bewegungen schloß sie ihre Instrumententasche. »Du mußt dich schonen! Du kannst es dir leisten.«

Ein sehr großer Mann in einem leichten zerknitterten Anzug und einer Krawatte mit auffälligem Blumenmuster stellte sich vor: »Hallo, Commander Brooke, ich bin Harry, Camilles Alter.«

Er machte einen sympathischen Eindruck, aber man spürte, daß er nicht wußte, wie er sich verhalten sollte.

Jeremy kam von der Terrasse herein und produzierte ein Lächeln. »Ich muß bald los, Esmond.« Er zog sein Zigarettenetui hervor. »Ich habe dich mit Miss ›Allwissend‹ kommen sehen.«

Lian beobachtete die beiden und fragte dann sehr sanft: »Hat sie dich abblitzen lassen, Jeremy?«

Doktor Harry Quayle aus Nashville, Tennessee, hielt protestierend seine großen Hände in die Höhe.

»Es geht um folgendes.« Er sah Brooke müde an. »Wir sind unterrichtet worden, daß wir im Notfall Hongkong verlassen müssen. Ich möchte nicht darin verwickelt werden. Als amerikanischer Staatsbürger kümmere ich mich natürlich zuerst um meine Frau. Aber Tatsache bleibt . . .«

Camilles Augen blitzten. »Ich gehe nicht fort! Das sage ich dir hier und jetzt! Ich werde hier gebraucht, und im Ernstfall um so mehr!«

Nach dem weichen Tonfall der anderen Stimmen war ihr leichter amerikanischer Akzent jetzt besonders auffällig.

Jeremy sagte scharf: »Es war meine Pflicht, es Ihnen zu sagen. Es ist keine Schwierigkeit, nach Australien zu kommen. Jedenfalls wäre es ein erster Schritt.« Er wandte sich Lian zu, deren Bemerkung über die Wren ihn immer noch wurmte. »Auch Sie werden nicht gehen, vermute ich?«

Sie legte ihre Hand auf die Schulter des Vaters: »Sie haben recht. Dieses eine Mal.«

Charles Yeung streichelte die Hand seiner Tochter und erkundigte sich: »Was denken Sie, Esmond? Sie sind jetzt ein Freund. Ich habe schon gesagt, was ich glaube. Sollte es eine Passage zu einem sicheren Ort geben, bin ich der Meinung, daß meine Töchter sie nutzen sollten. Sie werden sich natürlich aus verschiedenen Gründen weigern.«

Brooke sah sie mehrere Sekunden lang an. Es war fast ein physischer Kontakt. Er sah, daß sie ihre andere Hand an die Brust legte und sehr langsam nickte.

»Ich würde alles tun, sollte der Fall eintreten. Das müssen Sie wissen.«

Charles Yeung klappte sein Feuerzeug auf. Es klang in diesem stillen Zimmer wie ein Kanonenschuß über der See.

»Ich weiß. Ich habe Sie beobachtet. Aber Kriege nehmen keine Rücksicht auf die Menschen, die sie auszufechten haben. Sie können von hier abkommandiert werden. Dann haben Sie keine Wahl.«

Brooke drehte sich zu seinem Bruder um. Der war jetzt wieder entspannter Zuschauer.

»Was hast du ihnen erzählt?«

Jeremy zuckte elegant die Achseln. »Ich glaubte, daß sie es wissen sollten. Wir schulden es ihnen. Es kann ja auch sein, daß der Ernstfall nicht eintritt.«

Du Bastard, dachte Brooke, du weißt mehr, als du uns sagst. »Und damit hast du den Rücken frei, ist es das?«

Jeremy blickte auf seine Uhr. »Irgendwie schon.«

Lian sagte leise: »Ich werde in Hongkong bleiben, solange ich hier benötigt werde.« Sie blickte ihren Vater an. »Bei dir.« Dann wandte sie sich Brooke und den anderen zu. »Und bei dem Mann, den ich liebe.«

Charles Yeung lehnte sich in seinem Sessel zurück. War er verärgert? Jedenfalls zeigte er keine Überraschung.

»Laßt Jeremy zur Fähre bringen.« Er streckte seine Hand aus. »Jetzt schulden Sie uns nichts mehr, Commander.«

Jeremy hielt inne und sagte leichthin zu Brooke: »Irgendwann sehen wir uns in England wieder, alter Bursche.« Aber es war kein Gefühl in seiner Stimme. Vielleicht war nie eins vorhanden gewesen.

»Ich möchte, daß Sie mich zur Werft begleiten. Aber erst werden wir essen.« Yeung lächelte leicht, als Camille zu protestieren begann. »Ruhig! Ich bin wieder ein Mann. Man schreibt mir nichts vor.« Dann stand er auf und blickte sich um, als ob er nicht damit gerechnet hätte, seine Kräfte wiederzuerlangen.

Brooke fragte leise: »Warum sprach mein Bruder davon, daß er Ihnen etwas schuldet?«

Yeung hob die Schultern. »Meine Leute bringen Dinge in Erfahrung, von denen ein Geheimdienstoffizier sonst keine Silbe zu hören bekäme. Als Dank dafür konnte Ihr Bruder mir nützlich sein.« Er schüttelte den Kopf und lächelte. »Kein Anklagepunkt für ein Kriegsgericht.« Der Gedanke schien ihn zu amüsieren.

Lian meinte: »Du hättest Pirat werden sollen!«

Er streichelte ihr Haar, seine Augen suchten etwas. »Ein paar meiner Vorfahren waren es bestimmt, glaube ich. Für mich wäre so ein Leben zu hart.«

Die Ärzte waren auf die Terrasse hinausgegangen. Unvermittelt fragte Yeung: »Lieben Sie meine Tochter, Esmond? Über alles? Stimmt es, was sie mir erzählt?«

Brooke fand es leicht, darauf zu antworten. »Ich liebe sie. Seit ich sie getroffen habe, weiß ich, was wahre Liebe ist. Sie werden meine Berufsaussichten gering einschätzen, aber vor dem Krieg mußte ich die Navy wegen meines Beines verlassen.«

Charles Yeung hob eine Hand. »Stellen Sie sich vor, Sie nehmen sie mit nach England zurück . . .«

Sie unterbrach ihn: »Ich bin in England gewesen, Vater!«

»Das habe ich nicht gemeint, und bitte mische dich nicht ein.«

Brooke lächelte. »Eine andere Rasse und aus einem fremden Kulturkreis, das meinen Sie?«

Charles blickte in die Ferne. »Nicht ganz. Lians Großmutter war Französin, wissen Sie . . . und ihre Mutter war so schön.«

Lian schüttelte den Kopf. »Quäle dich nicht, Vater.«

Er blickte sie lächelnd an: »Ich bin glücklich mit meinen Erinnerungen an sie, mein Kind.«

»Ich würde gut für sie sorgen, Charles. Und wenn . . .« Er blickte sie an, zögerte, bis er die Bestätigung in ihren Augen erkannte. Es war, als würde sie seine Gedanken lesen. »Sollten wir Kinder haben, wären Sie der einzige Großvater.«

»Ja. Aber im Krieg, wer kann da planen?« Er schien die Gedanken fortzuschieben. »Jetzt wollen wir essen. Rufen Sie Ihren Offizier Miss *Allwissend* herein, so war doch wohl der Name?«

Lian rief aus: »Oh, Vater, das war nur ein beleidigender Spitzname.« Sie strich sich die Haare aus den Augen. »Ich werde sie suchen.«

Als sie allein in dem großen Zimmer waren, sagte Charles Yeung. »Ich hätte dagegen sein können, Esmond, hätte dich bekämpfen können. Mein Einfluß hätte ausgereicht, deine Versetzung zu erreichen. Aber du bist ein Ehrenmann, das habe ich nie bezweifelt. Und bei Gelegenheiten, wo ich es für nötig erachte, bin ich es auch.« Er griff Brookes Arm. »Du hast ihr Herz – brich es nicht!«

Sie drehten sich um, als Lian mit der kleinen Wren hereinkam. Beide sahen sehr glücklich aus und etwas verlegen.

Brooke musterte sie. Sie waren so unterschiedlich, Welten voneinander entfernt, außer in einem Punkt. Sie hatten ihre Entscheidungen gefällt, jetzt gab es keinen Weg zurück.

Oberleutnant Toby Calvert stand auf der Slipbahn und wischte sich das Gesicht mit einem schmutzigen Handtuch ab. Beide Tore waren weit geöffnet, und trotzdem verwandelte die sengende Sonne auf dem Wellblechdach den Hangar in einen Brutofen.

»Nun, was denkst du Paul, wird das verdammte Ungeheuer jemals fliegen, oder ist das alles nur unsinnige Zeitverschwendung?«

Kipling war nackt bis auf die Shorts, und seine braunen Schultern waren mit Öl und Fett verschmiert. Er grinste. »Wie ein Vogel, Toby. Ich beneide dich – ich könnte mich beinahe zu den Marinefliegern melden, aber leider habe ich Höhenangst.«

Calvert nahm von einem der chinesischen Mechaniker, die mit ihnen gearbeitet hatten, ein Glas Fruchtsaft. Er konnte noch immer kaum glauben, was er getan hatte.

Nach jener ersten Nacht war er im ersten Morgenlicht aufgeschreckt und konnte nur mühsam einen Schrei unterdrücken, denn der Alptraum war so bedrohlich wie immer zurückgekehrt.

Aber es war nicht dasselbe gewesen. Sie hatte ihn festgehalten, hatte ihn an sich gedrückt, hatte ihn murmelnd beruhigt, bis der Horror im Schatten verschwunden war. Danach war es noch einmal passiert, als sie zusammen waren, aber gemeinsam hatten sie dagegen angekämpft.

Er hatte festgestellt, daß er über die Vorgänge sprechen

konnte, wenn sie ihn festhielt. Er hatte immer das Bedürfnis gehabt, mit jemandem darüber zu reden, der ihn verstand. Er hatte ihr seine Crew geschildert: Bob Piper, den Beobachter, sowie den Funker und MG-Schützen »Muffin« McDowall, ein Junge, der gerade aus der Ausbildung gekommen war, als er Calverts Swordfish zugeteilt wurde. Sie waren immer zusammen, außer wenn sie durch die Messeordnung und die Unterbringung daran gehindert wurden. Gemeinsame Landgänge und immer voller Übermut – auch wenn es gefährlich wurde.

Sue hatte ihm gesagt, daß sie sich in das Cockpit versetzen und seine Freunde vor sich sehen könne, so klar hätte er alles geschildert. Sogar die alte Swordfish, den »Geigenkasten«. Er hatte sie mit echter Begeisterung beschrieben.

Sie hatte ihn gestreichelt, als er den schlimmsten Teil erzählt hatte. Die Erkenntnis, daß der Träger, sein Träger kenterte, die schweren Granaten der Schlachtkreuzer immer noch einschlugen und jede Hoffnung auf Rettung für die Überlebenden vergebens war.

»Dann war er weg. Wir konnten nirgendwohin, hatten kein Ziel, wohin wir fliegen oder wo wir landen konnten.« Dann war es lange still gewesen. Er hatte ihr Herz an seinem Ohr pochen hören. »Also ging ich auf den Feind los. Es war hoffnungslos, ich wußte es. Sie hatten einen Zerstörer zwischen uns und die Dickschiffe geschoben. Überall waren die Sprengwolken der Flak. Den armen Bob erwischte es zuerst. Er hing in den Gurten und versuchte etwas zu sagen, Blut strömte aus ihm heraus. Ich behielt den Zerstörer im Visier und flog weiter. Dann wurde Muffin getroffen, sogar durch den Lärm der Explosionen hörte ich ihn schreien. Sie wollten nicht sterben, verstehst du. Ich habe sie umgebracht.«

Sie streichelte ihn ohne Unterlaß. »Erzähle weiter.«

Scheinbar ungerührt, fuhr er fort. Es war, als ob er schliefe, einen Traum weiterträumte. »Dann wurde der Motor getroffen. Ich hörte, wie der alte Pegasus keuchte und spuckte. Die Zeit wurde knapp. Ich flog einfach geradeaus, bis der verdammte Zerstörer den ganzen Horizont auszufüllen schien, dann warf ich den Torpedo. Danach erinnere ich mich an nicht sehr viel, außer, daß ich es gerade noch schaffte, die Maschine über die Schornsteine zu ziehen. Ich hatte schon befürchtet, wir würden hineinrasen. Dann trieb ich in der See, und die alte Swordfish ging unter. Kurz darauf gab es eine Explosion, die ich wie einen Tritt in den Bauch spürte. Ich trieb in meiner Mae West*. Den Zerstörer sah ich nur ein paar Sekunden. Er muß so schnell gelaufen und durch eine Drehung versucht haben, dem Torpedo auszuweichen, daß ihm der Treffer das halbe Vorschiff abriß.« Er seufzte tief. »Danach hatte ich die See für mich.«

»Oh, Toby, ich liebe dich so!« Er hatte ihre Tränen auf seinen Armen gefühlt und versucht, sie zu beruhigen.

»Ein Trawler** fischte mich auf. Nur Gott weiß, was er dort zu suchen hatte.«

»Gott sei Dank war er dort.«

Calvert hatte festgestellt, daß er nicht länger zitterte, daß er keine Angst mehr hatte.

»So habe ich den König kennengelernt. Netter Bursche. Er sagte, daß ich ein Held sei oder so was, ich kann mich nicht genau erinnern. Mich kotzte wegen Muffin und Bob alles an.«

»Man muß dir nicht sagen, daß du ein Held bist, Toby. Du bist einer.«

Leutnant Kipling beobachtete ihn. »Machst du dir Gedanken, Toby?«

»Ich denke an mein Mädchen. Ich werde sie heiraten, sobald ich kann.«

Kiplings Zähne blitzten weiß aus der Sonnenbräune und den Schmierflecken.

*   Amerikanischer Busenstar; aufblasbare Schwimmweste
**   Schleppnetzfischer

»Du altes Ferkel! Und ich denke, du machst dir Sorgen um das Flugzeug.«

Calvert streichelte das warme Metall. »Nicht wirklich. Mr. Yeung holt sich einen holländischen Piloten aus Java, der es fliegen wird.« Überrascht von sich selbst, klopfte er auf den Rumpf. »Aber ich werde das Ding vermissen, wenn wir abfahren.«

»Hast du was läuten hören?«

Calvert schüttelte den Kopf. »Es geht das Gerücht, daß die *Serpent* zum Ferngeleiter umgebaut werden soll, aber ich nehme an, daß der Skipper darüber nicht sprechen möchte. Noch nicht mal mit dem Ersten. Er liebt die alte Lady, weißt du.«

Kipling seufzte. »Ich bin verdammt froh, daß wir ihn als Kommandanten haben.«

Calvert blickte ihn an, erstaunt über die plötzliche Besorgnis in seiner Stimme.

Die Stimmung wechselte, als Kipling seinen Lappen ins Wasser warf und ausrief: »Scheiße!«

»Was?«

Als er sich umdrehte, sah Calvert den Grund. Eine kleine Prozession betrat den Hangar von der anderen Seite her. Charles Yeung mit seiner Tochter am Arm, dahinter folgten der Kommandant mit dem weltgewandten Chef des Stabes und Sue.

Kipling wischte sich die schwitzende Brust. »Sieh uns nur an, um Himmels willen.«

Calvert lächelte. Wie nahe waren sie sich auf dem kleinen Zerstörer gekommen. Und wie sehr konnte man sich aufeinander verlassen. Lag es am Schiff oder am Kommandanten? Sie gehörten zusammen, sie waren eins.

Der Chef des Stabes, Bertie, schnüffelte mißtrauisch in die Luft.

»Nun, ich habe es auf der *Tamar* erklärt und natürlich dem Hafenkapitän, aber die Verantwortung muß jemand anders tragen.«

Charles Yeung holte betont langsam eine Zigarette hervor und lächelte.

»Wie ich weiß, übernimmt das der stellvertretende Gouverneur.«

Das hatte gesessen.

Kipling rief den Mechanikern zu: »In die Hufe! Hopp! Hopp! Wir wollen das Gerät zum Ende der Slipbahn verholen.«

Sue Yorke schob sich näher an Calvert heran und flüsterte: »Ist er wirklich ein Offizier?«

Calvert grinste, als der Sonnenschein auf das Cockpit des Wasserflugzeugs fiel, in dem er sich so geängstigt hatte und noch mehr davor, daß man es bemerken könnte.

Charles Yeung verschränkte die Arme vor der Brust. »Nur die Motoren, Oberleutnant Calvert.« Er dachte nach. »Dann sollten Sie sich waschen, Gentlemen, und zu meinem Haus kommen.«

Calvert nickte, sein Blick klebte am Cockpit. »Sehr nett von Ihnen, Sir.«

Sue sagte: »Ich würde gerne mit dir fliegen.«

Er war verwundert, daß er es so leicht nehmen konnte. »Nicht mit diesem Flugzeug, Sue. Es hat keine Fallschirme.«

Bei der Aussicht auf eine Party blühte Bertie Granville sichtlich auf.

»Wir werden ein Ereignis daraus machen, nicht wahr?«

Calvert kletterte in das Cockpit. Die Mechaniker saßen auf den Schwimmern und warteten auf den Start.

Charles Yeung sagte: »Es *ist* ein Ereignis, Kapitän Granville. Ich werde meine Tochter mit Kapitänleutnant Brooke verloben.«

Der Hangar schien unter dem Röhren der Motoren zu explodieren, sogar die Slipbahn bebte.

Es war, als ob alle freundlichen Drachen des Hafens lautstark ihre Zustimmung gaben.

16 Auftakt

»Kompaßkurs ist null-vier-drei, Sir.« Calverts Stimme war ziemlich ruhig, obwohl er sich der Spannung auf der dunklen offenen Brücke bewußt war.

Brooke beugte sich über die Kreiseltochter, seine Augen glühten im Licht des Kompasses.

Calvert konnte kaum die Bestätigung des Bootsmanns aus dem Ruderhaus verstehen.

Die *Serpent* kehrte nach Hongkong zurück, nachdem sie zwei Konvoibegleitungen nach Singapur durchgeführt hatte. Tage und Wochen voller Wachdienst, nur damit ein paar große Truppentransporter und Versorger ungestört ihr Ziel erreichten. Eine wirkliche Gefahr hatte nicht bestanden.

Calvert blickte vom Kartentisch auf und beobachtete die Hafenansteuerung. Er spürte einen Kloß im Hals und war über seine Gefühle überrascht. Das Funkeln der Lichter, der Widerschein der Farben auf dem dunklen Wasser: Es war wie eine Heimkehr.

»Beide Maschinen, voraus ganz langsam!«

Calvert glaubte dasselbe Gefühl beim Kommandanten zu spüren, trotz dessen gelassenen Tonfalls. Es sah ihm nicht ähnlich, einen Hafen bei Nacht anzulaufen, und Calvert vermutete, daß er nicht bis zur Morgendämmerung warten konnte.

Er dachte an Singapur, die Welle der Begeisterung, als die versprochenen Verstärkungen eingetroffen waren. Das neue Schlachtschiff *Prince of Wales* und der alte Schlachtkreuzer *Repulse* hatten alle anderen Schiffe auf der Reede überragt. Sie waren Symbole wahrer Seemacht, eine Aufmunterung für die Soldaten und Zivilisten.

Für Singapur und indirekt auch für die Kronkolonie Hongkong hätten die beiden Großkampfschiffe zu keinem besseren Zeitpunkt eintreffen können. Zu Hause in England, wo die meisten von *Serpents* Besatzungsmitglieder mit ihren Gedanken waren, hätte diese Neuigkeit kaum jemand interessiert. Denn dort war man schockiert über den Verlust des Flugzeugträgers *Ark Royal*, eines Lieblings der Öffentlichkeit nicht nur wegen seiner Erfolge beim Einsatz gegen den Feind, sondern auch wegen seiner Fähigkeit zu überleben, nachdem er schon mehrfach von der deutschen Propaganda als versenkt gemeldet worden war. Aber diesmal hatte ihn das Glück verlassen. In der Nähe von Gibraltar war er torpediert worden und mußte nach zwei Tagen vergeblicher Rettungsversuche aufgegeben werden.

Im deutschen Radio hatte man haßerfüllt gefragt: »Wo ist eure *Ark Royal* jetzt?« Wieder eine bittere Erinnerung.

Und es war nicht vorbei. Jetzt, es war Ende November, die Menschen froren in ungeheizten Bunkern oder sortierten ihre Habseligkeiten nach einem weiteren Bombenangriff, erfolgte ein weiterer schwerer Schlag auf See. Das Schlachtschiff *Barham* war unter schweren Verlusten an Menschenleben im östlichen Mittelmeer torpediert worden. Den Großkampfschiffen *Royal Oak*, *Courageous*, *Hood* und *Glorious*, die jedem Kind in England von den Flottenparaden im Frieden her bekannt gewesen waren, schlossen sich nun noch zwei weitere Legenden an. Es war ein Wunder, daß man zu diesem Zeitpunkt, zu dem die Situation in den hart umkämpften Gewässern so schlecht stand, zwei weitere Kriegsschiffe nach Singapur abstellte.

»Lotsenboot, Sir.«

Brookes Stimme war scharf. »Wo, Mann? Ich bin kein Gedankenleser.«

»Verzeihung, Sir.« Das war Signalmaat Railton, Onslows verläßlicher Assistent. »In Grün vier-fünf, Sir.«

»Nein, ich muß mich entschuldigen. Der Dienstrang bringt Vorrechte mit sich, aber das eben gehörte nicht dazu.«

»Befehl von der *Tamar*, Sir: *Gehen Sie an die Festmacherboje!*«

»Bestätigen.« Brooke rieb sich die Augen. Die langsame

Ansteuerung durch die ankernden und querenden Schiffe war Streß genug. Jetzt auch noch das, im Dunkeln an eine Festmacherboje. Aber Kerr würde bereit sein, wenn er es erfuhr. Das Motorboot würde gefiert werden, um vor dem Schiff herzufahren und einen Unglücklichen auf der Boje abzusetzen, den Bojenspringer. Der würde auf der Boje hocken und den messerscharfen Bug gegen die Sterne auf sich zukommen sehen und hoffen, daß er den Draht zu fassen bekäme, bevor ihn das Schiff übermangelte. Das war schon oft genug passiert.

Während ihm das alles durch den Kopf ging, hörte er die Bootsmannspfeife. »Die Besatzung des Motorboots und die Bojenspringer antreten!«

Kerr würde jetzt mit der Mannschaft der Back unter ihrem Anführer Bill Doggert bereitstehen. Er sah die Gesichter vor sich. In den letzten Monaten hatte er eine Menge über die meisten erfahren und ein wenig über alle.

Das Manöver würde Kerr beschäftigen und seine Gedanken von seinem jungen Cousin ablenken, der mit der *Barham* untergegangen war.

»Blinkspruch an den Lotsen, Yeo. Wir folgen ihm.«

Er dachte an die Geleitzugarbeit, die sie gerade hinter sich hatten. Verglichen mit dem Atlantik und dem Mittelmeer war es eine Ausflugsfahrt gewesen. Er klopfte auf seine alte Jacke und spürte den silbernen Bilderrahmen in der Tasche.

»Nachricht von der *Tamar*, Sir: *Sie können längsseits gehen, nachdem die Islip um null-sieben-hundert abgelegt hat. Geben Sie Ihre Bestellungen an Treibstoff und Ausrüstung auf, wenn es Ihnen paßt.*«

Calvert murmelte: »Ist ja verdammt anständig von Ihnen.«

Brooke strich mit den Fingern über den oberen Rand der Glasscheibe. Das verkrustete Salz fühlte sich an wie nasser Sand.

Leise sagte er: »Sie hat sich gut gehalten.«

Calvert beobachtete ihn. Würden sie sich je wiedersehen, wenn das alles vorüber war? Er würde den Skipper und Männer wie Onslow, den Chief und den außergewöhnlichen Bootsmann, der seine Trauer in seinem Inneren wie eine gehortete Flasche Rum verschloß, nie vergessen.

»Achtung jetzt!« Brooke starrte über den Backbordbug, als auf dem treibenden Motorboot eine Taschenlampe aufblitzte. Der Bojenspringer und sein Kumpel wurden aus der Dunkelheit gerissen, ihre Augen glühten, als sie auf das sich langsam nähernde Schiff blickten. Der zweite Mann sollte seinen Kameraden festhalten, falls das Schiff doch versehentlich die Boje rammen sollte.

»Maschinen stopp!«

Ein Arm winkte im schwankenden Lichtstrahl, und eine Wurfleine klatschte ins Wasser. Eine Stimme schnarrte: »Du solltest es weniger mit den Weibern treiben, Tom, du wirst ja langsam blind!«

»Steuerbordmaschine voraus ganz langsam!« Brooke sah, daß der Backbordbug näher an die Tonne herandrehte. »Maschine stopp!«

Die nächste Leine flog und landete auf der Boje. Der Draht folgte. Er schlängelte sich über das Wasser wie eine verzauberte Schlange. Es folgte metallisches Klappern, dann rief Kerr durch seine gefalteten Hände: »Fest vorne, Sir!« Brooke winkte ihm zu. Die schwere Kette wurde zur Boje ausgebracht. Er blickte nach Kowloon hinüber und rief aus: »Die *Dumbarton* macht Dampf auf!«

Er dachte an die Witze, die sie über den alten Kreuzer gemacht hatten. Seine Ankerketten waren angestrichen, um den Rost zu verdecken, die Bilder in den Unterkünften würden sie abnehmen müssen. Stallybrass würde außer sich sein.

Calvert meinte: »Die werden die große Party im Peninsula versäumen, Sir.«

Brooke klopfte ihm auf die Schulter. »Wirklich zu schade.« Aber er fühlte eine gewisse Unsicherheit. Wohin fuhren sie? Eine Übung, um die Bevölkerung zu beeindrucken? Oder stieß die *Dumbarton* zur Flotte in Singapur?

»Kette ist fest, Sir.«

»Sehr gut. Klingeln Sie die Maschine ab. Ich versuche herauszufinden, was hier los ist.«

Calvert schaute auf ein großes Feuerwerk, das über Kowloon explodierte. Sue mochte es auf ihrem Balkon beobachten, wie damals, als sie sich das erste Mal geliebt hatten. Sie konnten eine Sondergenehmigung erwirken und hier heiraten, vielleicht sogar in der Kathedrale. Der Skipper würde ein gutes Wort einlegen, denn eine Heirat würde nach all den schlechten Nachrichten doch eine gute Abwechslung sein. Aber wahrscheinlich würde sie warten und in England heiraten wollen. Ihren Eltern zuliebe. Er lächelte. *Nun sind wir Mann und Frau.*

Das Lotsenboot fuhr vorbei, und eine Stimme rief: »Willkommen, *Serpent*! Versucht über Weihnachten zu bleiben.«

Onslow kicherte: »Das werden wir sehen, Kumpel.«

Calvert hörte, wie Kipling den Kartentisch aufklarte, und erinnerte sich, wie sie beide wie zwei dreckige Bengel herumgetanzt waren, als die großen Motoren des Wasserflugzeugs wieder verstummt waren. Es gab Persönlichkeiten, die man nie vergessen würde. Auch die beiden Frauen nicht, die bereit waren, ihr Glück zu probieren, auch wenn der Krieg es in Sekundenschnelle zerstören konnte. Er reckte seinen Hals, als neue bunte Federn am Himmel entstanden und Böller wie Maschinengewehrfeuer explodierten.

Kerr kletterte auf die Brücke. »Ich habe eine Ankerwache eingeteilt, Sir. Ich möchte nicht, daß die Händler mit den Bumbooten längsseits kommen und unsere Rettungsringe klauen.«

»Gut. Rufen Sie die *Islip* an, während ich mich umziehe. Ich habe da einen guten Freund, Dick. Wenn es Ihnen nichts ausmacht, fahre ich rüber und spreche mit dem Skipper, bevor er abdampft.«

Kerr verzog keine Miene. *Er nennt mich immer Dick, wenn er sich über etwas Sorgen macht. Natürlich will er drüben das Telefon benutzen. Das würde ich auch machen, wenn ich so ein Mädchen hätte.*

Brooke zögerte oben an der Brückenleiter.

»Wir sollten mal eine Party geben, Nummer Eins.«

Kerrs verschmitztes Lächeln sah er nicht. »Ich glaube, wir haben es uns verdient. Ich überlasse es Ihnen.«

Calvert grinste. »Ich kenne ein Mädchen, das gerne kommen würde, Nummer Eins.«

Kerr lächelte und versuchte seine Depressionen zu unterdrücken. Zumindest würde den Eltern und der Schwester seines Cousins ein pompöses Marinebegräbnis mit Ehrensalven und dem ganzen Drum und Dran erspart bleiben. Sein Cousin Tim war mit seinen Freunden auf dem alten Schiff zusammengeblieben.

Er blickte in die Sterne. Was konnte es Besseres geben?

Kapitän zur See Albert Granville, der Chef des Stabes, zündete sich eine Zigarette an und betrachtete Brooke nachdenklich.

»Niemand weiß Genaues – natürlich – aber die Aktivitäten der japanischen Marine nehmen zu. Doch da sich Admiral Tom Phillips und seine Force Z in Singapur befinden, werden sie sich wohl zu keiner überstürzten Aktion hinreißen lassen.«

»Und die *Dumbarton*, Sir?«

Granville blickte ihn an, als ob er Stallybrass und seinen alten Kreuzer schon vergessen hätte.

»Zuerst Singapur, dann wahrscheinlich nach England zu einem grundlegenden Umbau.«

Sie sahen sich schweigend an. Beide wußten, daß Stallybrass seinen Rang als Commodore verlieren und in einem Ausbildungslager enden würde. In einem dieser windgepeitschten Feriencamps aus Friedenszeiten an der Ostküste. Eine weiße Kriegsflagge und ein neuer Anstrich konnten dort Wunder bewirken.

Brooke wartete ab. Er wußte, daß das nicht der Grund war, warum er auf die *Tamar*, die Arche, gerufen worden war.

Granville sagte: »Die *Islip* wird bleiben, bis . . .« Er schien unsicher zu werden. »Sehen Sie, wir sind keine Kinder mehr. Ich werde es klar sagen. Wie Ihr Bruder uns erklärt hat, müssen wir vorbereitet sein. Wir müssen ein Schiff in Bereitschaft halten, um alle nicht kriegswichtigen Personen evakuieren zu können. Natürlich ist niemand scharf darauf, vor Weihnachten abzureisen. Ihr Freund Charles Yeung will überhaupt nicht gehen!« Er sah Brookes Überraschung und fügte hinzu: »Dabei sind die Japaner richtig scharf darauf, ihn in die Hände zu bekommen.«

»Darf ich fragen, warum?«

Granville lächelte, es freute ihn, daß andere nicht soviel wußten wie er.

»Er ist der Hauptlieferant für Waffen und militärischen Nachschub für die chinesischen Nationalisten. Wir konnten uns nicht einmischen, jedenfalls nicht offiziell, aber meiner Meinung nach hätten die Japse schon lange allen Widerstand gebrochen, wenn diese Versorgung nicht gewesen wäre, und wir wären ganz auf uns gestellt gewesen.« Er zündete sich eine weitere Zigarette an. »Es würde mich freuen, wenn Mr. Yeung den holländischen Piloten für sein verdammtes Wasserflugzeug bekommen würde, vielleicht brummt er damit aus unserem Leben davon.«

Brooke tastete nach seiner Pfeife, stellte aber fest, daß er sie an Bord der *Serpent* gelassen hatte. Vielleicht hatte er es schon die ganze Zeit geahnt. Der schreckliche Überfall auf das eine Schiff und die Versenkung des anderen waren unter den Teppich gekehrt worden. Nichteinmischung hatte es Granville gerade genannt.

»Er hat eine Menge Einfluß in der Kolonie, Sir.«

Granville drückte ärgerlich seine Zigarette aus. »Ich weiß, ich weiß. Das sagt mir jeder.« Er entspannte sich leicht. »Werden Sie wirklich seine Tochter heiraten? Ich wünsche Ihnen viel Glück. Wenn Sie nach England kommen, meine ich.«

Ein Telefon bimmelte lautstark. Granville drehte sich in seinem Sessel um, als ob er seinen Besucher von dem Gespräch ausschließen wolle.

»Natürlich, alter Knabe, selbstverständlich sind wir da. Es ist das größte Ereignis der Saison – da kann uns nichts zurückhalten!« Er legte den Hörer auf. »Während die *Islip* auf See ist, ist Ihr Schiff hier wohl das wichtigste. Eigentlich ein Witz. Ich werde froh sein, wenn sie wieder da ist.

Brooke bemerkte, daß er auf die Uhr sah. *Jetzt kommt es.*

»Ich muß Sie anweisen, den Ausgang Ihrer Leute zu begrenzen, bis die *Islip* wieder zurück ist.« Er wartete und beobachtete ihn. »Ansonsten machen Sie weiter wie immer.«

Brooke stand auf. *Während du am wichtigsten Ereignis der Saison teilnimmst.* Ruhig meinte er: »Das fällt mir leicht, Sir, weil ich sowieso keine Ahnung habe, was vorgeht.«

Überraschenderweise grinste Granville. »Ihr Zerstörermänner gebt wohl niemals auf?«

Eine Stunde später waren alle Offiziere und Unteroffiziere in der Messe der *Serpent* versammelt.

Brooke legte seine Mütze auf die Ablage neben die Pantryklappe und blickte sie an.

»Das Schiff wird ausgerüstet und beölt, als müßten wir mit zwei Stunden Vorwarnung auslaufen.« Er sah, daß sich der Chief Notizen machte und Kerr die Stirn runzelte, als sähe er eine Liste vor sich, auf der nichts fehlen durfte.

»Wir bleiben an der Boje, für Landgänge werden die örtlichen Verkehrsboote benutzt.« Er blickte den Torpedooffizier an. »Sie, Mr. Barlow, werden an alle Anwesenden Seitenwaffen ausgeben. Die Posten werden verdoppelt und auf jede Wache ein erfahrener Unteroffizier eingeteilt. Das ist alles vertraulich, aber es wird nicht lange ein Geheimnis bleiben.« Er sah zu Calvert hinüber, der sich die verblassenden Narben rieb.

»Halten Sie Ihre Abteilung in Schuß, Pilot. Bleiben Sie immer mit der *Tamar* in Kontakt, damit wir alles sofort erfahren.« Er blickte langsam über ihre gespannten, vertrauten Gesichter.

Kingsmill, der schlechtgelaunte Chefsteward. Er meckerte ständig, hatte aber seine Messe in Schuß wie das Claridge. Pike, der Bootsmann, war tief in Gedanken, doch seine Augen waren wachsam und hell. Es würde beruhigend sein, ihn im Ruderhaus zu wissen, wenn es hart auf hart kam. Oberheizer Andy Laird, Pikes Trinkkumpan, Onslow, der Signalmeister, Vicary, der Torpedomixer, Assistent des Torpedooffiziers, und natürliche Fox, der Buffer. Von den Offizieren schien Kipling am wenigstens beeindruckt. Wenn man ihn nicht kannte, konnte man ihn sogar für gleichgültig halten. Barrington-Purvis, kerzengerade und stolz wie sein Vater und andere hohe Offiziere seiner Familie. Cusack war bereit, wieder in seine Maschinen- und Kesselräume abzutauchen. Auf seinen Knien lag ungeöffnet ein neuer Gartenkatalog. Calvert dachte an sein Mädchen. *So wie ich.* Schließlich Kerr, der vielleicht über seine Angst nachgrübelte, die er auf dem sinkenden Fischerboot mit der tödlichen Fracht gehabt hatte. Nur Kiplings innere Unruhe und seine Erfahrung im Überleben hatten ihn gerettet. Vielleicht sinnierte er auch darüber, daß er, wenn auf der ungeschützten Brücke etwas schiefging, das Kommando übernehmen müßte. Er würde wissen, daß sich seine Hoffnungen, seine Ambitionen dann schnell verflüchtigen konnten.

Brooke fuhr fort: »Sie sind alle erfahrene Männer, ein Team, das in jenem anderen Krieg, den wir hier draußen hinter uns gelassen haben, zusammengehalten hat. Machen Sie sich keine falsche Vorstellung: Dieser Krieg hier kann viel vernichtender werden.« Er klopfte auf seine Ta-

277

sche, dann sah er, daß Kingsmill einen Tabaksbeutel hervorzog. »Danke.« Die Männer sahen ihm zu, wie er mit ruhigen Fingern den Tabak in die Pfeife stopfte. Sie mußten ihn als den Mann akzeptieren, dem sie vertrauten. Wenn die Bombe platzte, würde es genug Panik geben. »Noch Fragen?«

Barlow, der Torpedooffizier, schlug die Beine übereinander und verschränkte die Arme vor der Brust. Es war wie eine trotzige Geste. »Werden die es denn wagen, uns anzugreifen, Sir?«

»Ich fürchte, Sie könnten, Mr. Barlow.« Er nahm die Pfeife aus dem Mund und sah dem aufsteigenden Rauch nach. Wie in dem alten Man Mo Tempel, dachte er. »Eins sollten Sie noch wissen. Unter keinen Umständen und egal, was für dumme Anweisungen von oben kommen, wird sich dieses Schiff, *unser* Schiff, ergeben . . .«

Kerr fragte: »Soll ich die Party absagen, Sir?«

Einige lachten, und man hörte Fox feixen: »Guter alter Jimmy, eine verdammte Party!«

Brooke spürte, wie die Spannung von ihm abfiel. »Nennen wir es *verlegen*.«

Er nahm seine Mütze. »Weitermachen, Gentleman.« Er sah Calvert an. »Einen Augenblick, Pilot.« Er führte ihn zu seiner Kabine und zog den Vorhang zu. »Sie wollen den Dritten Offizier Yorke heiraten.« Er lächelte kurz. »Sue.«

»Wir dachten, wir könnten es hier machen, Sir, aber . . .«

Brooke betrachtete durch das Bullauge den klaren Himmel. Er hatte mit Lian telefoniert, als er auf der *Islip* gewesen war. Wie verlassen es hier jetzt aussah ohne die *Dumbarton* an der Mooringboje oder den Flottillenführer an der Pier. Auch der holländische Kreuzer war ausgelaufen, als sie auf See gewesen waren.

Sie hatte seinen Schmerz über ihre Trennung gespürt. Als er sich über ihren Vater erkundigt hatte, meinte sie nur: »Er sagt mir nichts.«

Es war jetzt klar, warum er seine Töchter aus der Kolonie

heraus haben wollte. Vielleicht war das sogar der einzige Grund, warum er seine Zustimmung zur Heirat gegeben hatte.

Brooke erläuterte: »Kapitän Granville schickt Sue mit dem nächsten Schiff fort.« Er sah die plötzliche Besorgnis in Calverts Augen, deshalb fuhr er beinahe barsch fort: »Dieses eine Mal stimme ich sogar mit ihm überein. Soll ich es ihr sagen? Vielleicht nimmt sie es dann besser auf?«

Calvert lächelte ihn an. Brooke konnte sich nicht erinnern, jemals vorher so viel Wärme in seinen Augen gesehen zu haben. »Nein, Sir, das mache ich. Aber Sie haben recht. Ich möchte sie in Sicherheit wissen. Die Zeit wird schnell vergehen.«

»Danke.«

»Ich hätte nie gedacht, daß ich ein Mädchen wie Sue finden würde.« Er blickte auf das Holster mit dem Revolver in seiner Hand, den er gerade bekommen hatte. »Oder daß ich mich jemals wieder in ein verdammtes Flugzeug setzen würde.«

»Fahren Sie jetzt mit dem Boot zur *Tamar* hinüber. Sie wird wahrscheinlich dort sein. Ich kann Sie heute nacht entbehren . . .« Ihre Augen trafen sich wieder.

Ruhig erkundigte sich Calvert: »Wird sie schon morgen fahren?«

»Das nehme ich an. Bis mittag werden wir es wissen.« Er blickte zur Seite. »Viel Glück.«

Später kam Kerr und berichtete, daß alle Arbeiten reibungslos liefen. »Ich glaube, alle sind froh, daß es etwas zu tun gibt.«

Brooke schob ihm einen versiegelten Brief zu. »Ich möchte, daß Sie ihn zu Charles Yeungs Haus bringen. Ich werde einen Wagen für Sie besorgen.« Brooke tippte auf den Brief. »Ich möchte, daß Sie Miss Lian, meiner Verlobten, erklären, daß sie morgen zur Basis kommen soll. Ich muß sie sehen und ihr erklären, was sie tun muß.«

Kerr sah zu, wie er schnell aufstand und zu einem offenen Bullauge ging. Brooke drehte sich nicht um, als er ruhig fortfuhr: »Verunsichern Sie sie nicht. Ich kann das Schiff nicht verlassen, wie Ihnen bekannt ist.«

Kerr fragte ruhig: »Sie *wissen*, was kommt, Sir, nicht wahr?«

Die braunen Augen blickten ihn fest an. »Ich hoffe zu Gott, daß ich mich irre.«

Calvert stützte sich auf einen Ellenbogen und blickte durch das offene Fenster in den Himmel. Es wurde schon wieder hell. Dann sah er liebevoll auf das Mädchen, das ihn beobachtete.

»Ich will nicht weg, Toby. Gerade jetzt, wo ich dich gefunden habe.«

Er streichelte ihre Wange, die naß war von Tränen. »Es ist aber viel sicherer für dich, und mir geht es besser, wenn ich weiß, daß wir uns in England wiedersehen. Dort werden wir groß heiraten.«

Sie preßte ihn gegen ihren Körper, der heiß und glühend war.

»Ich liebe dich, Toby. Die Zeit war so wundervoll, so schön.«

Calvert dachte an den Lärm, den sie fast die ganze Nacht über gehört hatten. Er kam aus der Richtung des Peninsula Hotels, wo der große Ball stattfand, an dem jeder teilnahm.

»Vielleicht ändern sie schon morgen die Befehle wieder.« Oh Gott, das war heute.

Sie hatten sich geliebt, aber mehr mit Wehmut denn mit Leidenschaft. Das Verlangen, die Trauer über die Trennung, alles war Teil des Ganzen. Es war, als ob eine Tür zufiel.

Wie ruhig das kleine Haus war. Als er sie nach ihrer Nachbarin, der Krankenschwester, gefragt hatte, hatte sie eine Grimasse gezogen. »Ruth Shelley ist für eine Weile im Norden, in irgendeinem neuen Armeelazarett. Sie kommt zurück.« Dann hatte sie geweint, unfähig aufzuhören: »Und ich muß fort.«

»Wir werden zusammen zur *Tamar* hinuntergehen und versuchen, das neueste zu erfahren, Sue.«

Eng umschlungen fielen sie in Schlaf. Wie lange? Eine Stunde oder nur Minuten?

Calvert fühlte, wie ihr nackter Körper in seinen Armen stocksteif wurde. Angst war in ihrer Stimme, als sie rief: »Was ist das für ein Lärm?«

Calvert versuchte einen klaren Kopf zu bekommen. Wahrscheinlich taumelte wieder eine Horde Nachtschwärmer nach Hause. Doch seine Glieder schienen zu gefrieren, als er die ferne Gefechtssirene des Zerstörers erkannte. »Mein Gott, das ist die *Serpent*.«

Sie blickten sich an, bis sie sehr gelassen feststellte: »Dann ist es entschieden, Toby. Wir bleiben zusammen.«

Die Sirene verstummte, aber ihr Klang hing in der Luft wie ein Todesschrei. Calvert zog sich an und schnallte sich das ungewohnte Holster um die Hüften.

»Was werden wir tun?«

Calvert suchte nach seiner Mütze. »Wir gehen zur Fähre hinunter und fahren so schnell wie möglich nach Victoria.« Er klopfte ihr auf die Schulter. »Dort sind wir sicher. Überlaß das den Experten.« Er überprüfte seine Gefühle. Es war seltsam, aber er spürte keine Angst. Er nahm ihre Hand. »Fertig, Sue?«

Sie nickte. »Aye, fertig.«

»Alle anwesend?« Brooke stieg über das Süll in die Offiziersmesse und sah sich derselben Versammlung von Offizieren und Unteroffizieren gegenüber, die sich hier schon kürzlich getroffen hatte. Die Gesichter waren verschlafen, die Augen fragend, besorgt.

Kerr meldete: »Mit Ausnahme des Piloten, Sir.«

»Ich habe ihn an Land geschickt.« Brooke nahm sich ein paar Sekunden, um seine Gedanken zu ordnen. Er mußte geduldig und vorbereitet erscheinen. Aus irgendeinem Grund dachte er an seinen Bruder.

Er hatte auf das große Leuchtzifferblatt seiner Uhr geblickt, ohne zu wissen, was ihn geweckt hatte, als Barrington-Purvis, der W.O. war, aufgelöst in seine Kabine gestürmt kam. Brooke war erleichtert, als er sah, daß er inzwischen seine herablassende Attitüde wiedergefunden hatte.

»Kurz vor 5.30 Uhr wurde ich informiert, daß die Japaner die Grenze auf der Kowloonseite überschritten und die erste Verteidigungsstellung überrannt haben. Man sagt, daß die Infanterie von Panzern und Kavallerie unterstützt wird. Mir wurde versichert, daß unsere Truppen bereit sind und die Front auf dem Festland halten können. Falls nicht, könnte der Hafen in wenigen Tagen unter Artilleriebeschuß liegen.«

Einige nickten ernst, andere blickten ihre Freunde an, Männer, mit denen sie schon so viel gesehen und erlebt hatten.

Brooke fuhr in seinem gelassenen Tonfall fort: »Das Schiff bleibt in erhöhter Alarmbereitschaft.« Er wandte sich an Kerr: »Wie sieht es aus?«

»Die Drähte an der Boje sind auf Slip gelegt. Alle Nahbereichswaffen sind besetzt, die Wache tritt auf der Back zur Musterung an.«

Das Deck erzitterte leicht, und der Chief brummte: »Das ist mein Beitrag zur Alarmbereitschaft.«

Kerr fragte: »Was machen wir als nächstes, Sir?«

»Gehen Sie zu Ihren Abteilungen und reden Sie mit den Männern.« Er sah den rundgesichtigen Koch an. »Und Sie, Chef, sollten ein Frühstück für alle basteln.«

Sie brachen eilig auf. Brooke sah ihnen nach, sie waren wie die Speichen eines Rades. Er selbst war die Nabe. Ihr Kommandant.

Der Funker lauerte vor der Messe, bis er auf sich aufmerksam machen konnte.

»Für Sie, Sir. Dringlichkeitsstufe!«

Brooke las die sauber geschriebene Notiz des Funkers Alan Brock. Die Meldung mußte brandneu sein. Er spürte, daß Kerr ihn beobachtete, fühlte die plötzliche Unruhe des Mannes.

»Die Force Z hat mit Geleitschutz Singapur verlassen, Nummer Eins. Die Japaner landen in Malaya. Sie greifen mit starken Kräften an.«

Kerr klang verdutzt. »Malaya? Ich dachte . . .«

»Das haben offensichtlich alle gedacht. Man meinte, die Insel Singapur würde angegriffen werden. Ganz ähnlich wie hier, scheint es. Alle Geschütze zeigen in die falsche Richtung!«

Wie konnte er hier stehen und über dieses Desaster so lässig sprechen, während er lieber gebrüllt hätte. Warum mußte er recht haben und die *Experten* so vernagelt sein.

An der Küste auf der anderen Seite der Basis drängten sich noch immer große Menschengruppen in der Nähe des Peninsula Hotels. Einige waren durch die Gerüchte verstört, andere, noch in den Ballkleidern und Dinnerjacketts, waren zu betrunken, um etwas zu begreifen. Als etwa dreißig Flugzeuge aus dem heiteren Himmel herabstießen, riefen ein paar der Nachtschwärmer: »Hurra!« Sie winkten. Die lang versprochene Verstärkung schien eingetroffen!

Aber die Flugzeuge trugen den roten Sonnenball als Hoheitsabzeichen, und ihre Bomben fielen auf die fünf einsamen Flugzeuge am Boden, Hongkongs einzige Luftstreitkräfte. Sie waren innerhalb weniger Minuten ausradiert.

Die Zeit der Spekulationen war vorbei.

17 Opfer

»Ist das das Haus?« Oberleutnant Paul Kipling trat kräftig auf die Bremse und brachte den kleinen Armeelastwagen zum Stehen.

Die Wren neben ihm auf dem Beifahrersitz sah zu dem Appartementhaus hinüber, das ihr in so kurzer Zeit so viel bedeutet hatte. Genau wie sie es in Erinnerung hatte und doch ganz verändert.

Sie nickte, unfähig, es zu erklären. »Es war nett von Ihnen, mich zu begleiten.«

Kipling meinte lässig: »Sonst hätte mich Toby Calvert umgebracht.« Er stellte den Motor ab, und in der plötzlichen Stille merkte er, wie sie vor Schreck erzitterte. Sie flüsterte: »Geschützfeuer.«

»Irgendwo oben im Norden.« Er musterte die anderen Häuser. Sie sahen verlassen aus, aber man konnte nie wissen. Er wünschte, er hätte seine abgetragene Khakiuniform an, in der er keine so gute Zielscheibe abgab. Ungeduldig sagte er: »Besser, wir gehen rein. Ich möchte hier nicht allzu lange bleiben.«

»Ist es gefährlich?«

Kipling zuckte die Achseln. »Es werden sich wie immer Angehörige der Fünften Kolonne herumdrücken, um den japanischen Vormarsch vorzubereiten.« Er sah ihre Besorgnis. Sie war noch ein Kind gewesen, als er begonnen hatte, sich mit solchen Sachen herumzuschlagen. »Die Japaner sind höchstens zwanzig Meilen weg. Ich werde mich viel sicherer fühlen, wenn ich den Lastwagen wieder in Hongkong habe.«

»Sie haben nicht viel Zuversicht, nicht wahr?«

»Nein.«

Sie blickte auf den Weg zur Eingangstür und erinnerte sich daran, wie sie gelacht hatten, nachdem der plötzliche Regenguß sie durchnäßt hatte. Dann waren sie in das kleine Appartement gegangen und hatten sich wieder und wieder geliebt.

Es war erst gestern gewesen, als sie *Serpents* Sirene geweckt hatte und sie zur Fähre geeilt waren. Überall hatten sie Leute in Abendgarderobe gesehen, die umherliefen und in den Himmel starrten. Die Flugzeuge waren tief über den Hafen gejagt, und Bomben waren auf den Flugplatz Kai Tak gefallen. Der Umfang des Ereignisses hatte alle in Erstaunen versetzt. Die Japaner hatten nicht nur Hongkong, sondern auch Singapur bombardiert, außerdem waren Truppen an der Küste Malayas gelandet.

Dann, als sich die Menschen auf die Belagerung einstellten, war die große »Bombe« geplatzt. Der neue Feind hatte seine Trägerflotte ausgeschickt, um die mächtige amerikanische Basis in Pearl Harbour anzugreifen. Ohne Vorwarnung hatten die Japaner viele Schiffe außer Gefecht gesetzt oder an den Liegeplätzen versenkt.

Das war erst gestern gewesen. Sie sagte: »Das Haus ist leer, evakuiert.«

Sie gab Kipling den Schlüssel und sah zu, wie er die Tür aufstieß und dabei sein seltsames Pistolenholster öffnete.

»Ich gehe voraus.« Er ging in die Eingangshalle und sie folgte ihm auf den Fersen. Die Bewohner waren in aller Eile ausgezogen, sogar der Feldgeistliche war weg.

Sie lauschte auf das ferne Geschützfeuer. Die Armee war da, sie würde die japanische Invasion aufhalten. Der Stab mußte das alles vorhergesehen haben. Sogar ihr Brigadier hatte bestätigt, daß man die Kolonie bei einem Angriff nicht fallenlassen würde.

»Scheint alles in Ordnung zu sein.«

Sie folgte ihm nach oben. Auf halber Höhe lag zerbrochenes Glas, ein Fenster war während des Bombardements herausgefallen. Das Haus machte einen verlassenen Eindruck, und es roch nach Rauch, vielleicht noch von dem Luftangriff.

Kipling wartete darauf, daß sie die Appartementtür mit ihrem Schlüssel öffnete. Als sie den Schlafraum durchquerte, sah sie, daß die Decken noch auf dem Boden lagen, wo sie hingefallen waren, als sie sich in aller Eile angekleidet hatten.

Sie blickte auf die offenen Fenster, die klappernde Jalousie. *Oh Gott, Toby, ich liebe dich so.*

Sie sah zu dem zerknautschten Oberleutnant hinüber und fragte sich, ob sie laut gesprochen hatte.

»Ich packe meine Sachen. Es ist nicht viel.« Sie sah ihn wieder an, überlegte, wie er sie musterte. Nicht abschätzend, vielleicht noch nicht mal neugierig. »Wird es einen Luftangriff geben?«

Er zog ein Zigarettenpäckchen mit dem Aufdruck hervor: *Zollfrei – Nur für H.M. Schiffe.* »Jesus Christus, ich hoffe nicht!« Er grinste. »Verzeihung. Man hat mir gesagt, ich hätte keine Manieren.«

»Man hatte recht.«

Sein Grinsen wurde breiter. »Das ist die richtige Einstellung! Kopf hoch!« Er wurde wieder ernst. »Wenn es einen Angriff gibt, gehen wir unten in Richtung der anderen Häuser. Dieser Hühnerstall wird wie ein Kartenhaus zusammenbrechen, sollte eine Bombe in der Nähe einschlagen.«

Sie zog ein paar Blusen heraus und ihre Uniformjacke mit dem einen blauen Streifen. Sie war ärgerlich auf ihn, aber das half ihr, nicht zu weinen.

»Ich war hier glücklich. Können Sie das verstehen?«

Kipling betrachtete ihre Beine, als sie sich über die Schubladen beugte. *Darauf könnte ich wetten,* dachte er. Aber es freute ihn, daß es Toby Calvert gewesen war. Es war nicht schwierig, sich die beiden hier im Bett vorzustellen. Gleichmütig meinte er: »Das nehme ich an.«

Sie deutete in den anderen Raum. »Da drüben ist Scotch.«

»Zur Hölle, warum haben Sie das nicht gleich gesagt?«

Sie stopfte Kleidungsstücke in eine blaue Tasche und sah sich im leeren Zimmer um. Das Bild mit dem Shirepferden hing schief, sie rückte es gerade.

Leutnant Kipling mochte glauben, daß es nur ein gewöhnliches Zimmer war. Nur Sex und sonst nichts. Sie streichelte über das Bett. »Ich liebe dich, Darling!« Diesmal sprach sie laut. Als sie sich umdrehte, sah sie, daß Kipling sie beobachtete. In jeder Hand hielt er ein volles Glas.

»Hier. Das wird Ihnen guttun.«

Sie überlegte, ob sie sich weigern und einen schlauen Spruch ablassen sollte. Aber sie nahm das Glas und trank einen Schluck.

»Keine Sorge, die werden Sie herausbringen. Ich habe was von einem Schiff läuten hören. Von gewissen Leuten, Sie verstehen?« Er trank langsam. »Verdammt guter Stoff. Habe ich nicht mehr getrunken seit . . .« Er verspannte sich, als ein Auto Fehlzündungen hatte.

»Was ist mit der *Serpent*?«

Er zuckte mit den Schultern, als ob es ihn nichts anginge. »Der Skipper wird sich etwas einfallen lassen, nehme ich an. Ein prima Bursche.« Er lächelte dünn. »Für einen Berufsoffizier.«

Der Whisky brannte in ihrer Kehle, erfüllte aber den Zweck.

Er hob die Flasche und schüttelte sie. »Die machen wir leer, dann dackeln wir ab, in Ordnung?« Nachdem er die Gläser wieder gefüllt hatte, meinte er: »Ich hoffe, daß alles gut wird, Sue. Toby und der Skipper sind die feinsten Kerle, die ich je kennengelernt habe, seit . . .«

»Seit Sie Ihren Freund verloren haben?«

Er blickte sie prüfend an. »Dann hat er es Ihnen erzählt, der alte Quatschkopf.«

»Er mag Sie auch.« Sie wischte sich die Augen. »Das tue ich auch, trotzdem . . .«

»Ich weiß.« Er nahm ihre Tasche und kippte den Rest des Whiskys herunter. »Lassen Sie uns gehen.« Er sah zu, wie sie den letzten Schluck nahm. Ihre Augen blickten nachdenklich. Nicht nur wegen des Whiskys, vermutete er.

»Ich hatte erwartet, überall Soldaten zu sehen, die Stellungen ausheben, wie es die Marine an der Werft macht.«

»Die gute alte Festungsmentalität.« Wahrscheinlich würde die ganze Halbinsel in der Scheiße landen, dachte er.

Sie setzte ihren Hut auf und sah in das offene Schlafzimmer zurück, dann drehte sie sich um und folgte ihm in den Flur.

Kipling bemerkte: »An der Pier erwarten uns ein paar Boote, um mein Zeug vom Lastwagen in Empfang zu nehmen . . .« Er wirbelte herum, seine Hand an der Pistole. »*Jesus!*«

Sie starrten beide auf das Telefon im Flur, seine Klingel schien ohrenbetäubend zu sein.

Kipling entspannte sich, Faser um Faser. »Lassen Sie es klingeln. Wir gehen.«

Sie sah noch immer auf das Telefon. »Es könnte für mich sein.«

»Dann aber kurz und knackig.«

Sie nahm den Hörer ab. »Hallo?«

Sue erkannte die Stimme sofort: »Wo bist du, Ruth?« Sie hielt die Sprechmuschel zu und flüsterte: »Es ist die Krankenschwester aus dem Nebenzimmer.« Sie sah, daß er ungeduldig die Stirn runzelte. Dann fuhr sie fort: »Was ist los?«

Ruth Shelleys Stimme war so gut zu verstehen, als ob sie neben ihr stehen würde. Wie an dem Tag, als sie ihr Sonnenbad genommen hatte. Aber sie klang anders, flach und ohne Wärme.

»Sie sind hier, Sue. Auf dem Verbandsplatz. Ich wollte nur mit jemandem sprechen.« Ihre Stimme brach fast. »Und du hast geantwortet, liebe Sue.«

Sie spürte, daß Kipling dicht neben ihr stand, obwohl sie nicht gemerkt hatte, daß er sich bewegt hatte. Sue beobachtete sein Gesicht, als die Stimme fortfuhr: »Keiner macht sich eine Vorstellung!«

»Was ist los, Ruth? Erzähle!«

»Wir hatten viele Verwundete hier. Die Japaner überrannten uns. Sie erstachen mit ihren Bajonetten alle Männer in den Betten, draußen wurde geschossen.«

Dann war wieder Stille, als ob die Verbindung abgebrochen wäre. Dann ein neuer Versuch: »Sie packten meine Schwestern und haben sie wieder und wieder vergewaltigt. Ein Pfleger versuchte zu helfen, aber sie . . . sie haben ihm den Kopf abgeschlagen.«

Sue fühlte Kiplings Arm um ihre Schulter. »Kannst du weglaufen?«

»Sie haben mich eingeschlossen. Sie wußten nicht, daß hier ein Telefon steht.«

Dann erklangen Rufe und erstickte Schreie, wie aus der Hölle.

Ruth Shelley flüsterte: »Jetzt holen sie mich . . .«

Der Lärm im Telefon explodierte: Geräusche, Schläge und wildes, unmenschliches Gebrüll.

Dann begann Ruth Shelley zu kreischen, hoch und durchdringend, als sie vom Telefon weggezerrt wurde.

Kipling nahm den Hörer und legte ihn sorgfältig auf die Gabel. Er hielt den Arm des Mädchens, seine Finger waren erstaunlich zart.

»Sind Sie okay?«

Sie sah ihn an, ihr Gesicht war weiß wie Kalk. »Sie war nie verheiratet. Sie hatte mit Männern nicht viel im Sinn, verstehen Sie?«

Beide blickten auf das verstummte Telefon. Die schrecklichen Schreie schienen noch im stillen Flur widerzuhallen.

Sie traten in das dunstige Sonnenlicht hinaus. Zwei bewaffnete Soldaten standen neben dem Lastwagen.

»Ist das Ihr Auto?«

Kipling beäugte ihn ruhig. »*Sir.*«

»Wir haben Luftalarm, äh . . . Sir.« Das Wort schien ihm in der Kehle steckenzubleiben. »Folglich müssen alle Autos von der Straße.«

Kipling hörte das entfernte Brummen von Flugzeugmotoren. Er schätzte, daß sie nicht hierher kommen würden. Nach allem, was er gerade gehört hatte, würde das Hauptziel die Insel bleiben, die sogenannte Festung.

»Auf diesem Lastwagen liegt genug Sprengstoff, um sieben Straßen ausradieren zu können. Wollen Sie ihn während des Luftangriffs bewachen?«

Die beiden Soldaten blickten sich an. »Nun, ich nehme an ...«

Kipling streckte die Hand aus, um der Frau auf den Sitz zu helfen. Dann knurrte er kurz: »Nur noch eine Sekunde.« Er ging außer Hörweite und nahm sich die beiden Soldaten vor. »Wie ich sehe, tragen Sie Ihre Gewehre geschultert, gesichert und keine Kugel im Lauf, habe ich recht?«

Einer der beiden rief aus. »So sind die Befehle!« Der andere fragte ärgerlich: »Was geht Sie das überhaupt an?«

Beide schnappten nach Luft, als die schwere Luger in Kiplings Hand erschien. »Weil ihr beide jetzt tote Männer sein würdet, wenn ich ein Spion wäre. Das könnte auch passieren, solltet ihr noch einmal versuchen, uns aufzuhalten.«

Beide blickten dem Lastwagen hinterher, der in einer Staub- und Abgaswolke um die Ecke verschwand.

Mit rauher Stimme fragte sie: »Stimmt das wirklich mit der Ladung da hinten?«

Er grinste. »Natürlich. Aber es ist nicht gefährlich.« Er blickte sie grimmig an. »Es gilt dasselbe Prinzip wie bei den Frauen, man muß sie nur richtig behandeln.«

An der Pier warteten schon einige Marineboote. Kipling stützte sich auf das Steuer und sah zu der schlanken Silhouette der *Serpent* vor der Werft hinüber. Er murmelte: »Als wir ankamen, haben sie über uns gelacht. Wieder so ein Museumsstück, haben sie gesagt. Sie haben dem Skipper mit Konsequenzen gedroht, sollte er nicht bei der offiziellen Linie bleiben. Nun, jetzt sieht das alles etwas anders aus.« Doch der Ärger und die Bitternis verließen ihn schnell wieder. »Der Bursche, den Sie lieben, und ich muß sagen, daß ich noch nie einen Mann zuvor so beneidet habe, repariert einfach ein Wasserflugzeug, weil man ihm sagt, daß es getan werden muß. Ich bereite mich darauf vor, eine Menge Dinge in die Luft zu sprengen, weil das alles ist, woran die da oben denken können.«

Er blickte auf die leeren Straßen, die sonst von Menschen nur so wimmelten. »Ich nehme an, daß die Japse in ein paar Tagen hier stehen werden, vielleicht auch eher.« Er packte ihr Handgelenk. »Gehen Sie zu dem Unteroffizier an der Pier, er wird Sie zur Werft bringen. Bleiben Sie in Deckung.«

Sie stand neben dem kleinen Lastwagen, die Tasche in der Hand.

Er blickte sie fest an, das Bild des Zimmers vor Augen, die Schreie im Ohr. »Sie wissen doch, was man in dieser Firma sagt?«

Er sah, wie sie das Kinn vorschob. Mut und Stolz, sie lächelte sogar etwas. »Ich weiß, Paul. Man soll nicht eintreten, wenn man keinen Spaß vertragen kann.«

Esmond Brooke betrat das behelfsmäßige Büro auf der Werft und fand Kapitän zur See Albert Granville hinter einem mit Papieren übersäten Schreibtisch vor. Er war sowohl von normalen als auch von Feldtelefonen in Leinentaschen umgeben. Die Werft glich einem Ameisenhaufen, und weil nur noch die kleinsten Schiffe im Hafen waren, gab es genug Männer, die Schützengräben ausheben und Sandsacksperren auftürmen konnten.

Die *Tamar* war an eine freie Mooringboje verholt worden, und Granville und die meisten Offiziere seines Stabes waren in die beengten Büros und Arbeitsräume umgesiedelt worden.

Granville sah schrecklich aus. Wie so viele andere war er in der Nacht vor dem Angriff auf dem großen Ball gewesen. Er trug noch immer sein weißes Messejackett und die Orden, die er für diesen Anlaß angelegt hatte. An den Ärmeln waren Flecken, und sein normalerweise perfekt frisiertes Haar war völlig zerzaust.

Mit einem Bleistift deutete er auf einen Stuhl, während er weitertelefonierte. Aber der Stuhl war voller Akten, und Brooke war auch nicht nach Sitzen zumute. Er dachte daran, wie Barrington-Purvis mit der Nachricht vom Angriff in seine Kabine geplatzt war, an die Alarmsirene und das Donnern der Bomben auf dem kleinen Flugplatz.

Dann die Neuigkeiten aus Pearl Harbour.

Er hatte den Buffer sagen hören: »Na, das bringt die Yankees endlich von ihrem verdammten Tribünenplatz herunter auf das Spielfeld, nicht wahr, Schmarting?«

Pike hatte müde geantwortet: »Nur für uns kommen sie verdammt zu spät!«

Granville legte den Hörer auf. »Schon wenn man aufgelegt hat, ist alles wieder anders.«

Er stand auf und ging zu der großen Karte von Hongkong und den New Territories hinüber, die sein Stab bereits mit farbigen Nadeln und Aufklebern versehen hatte.

Der Chef des Stabes schnarrte: »Die Japaner brechen überall durch! Sobald sie auf erbitterten Widerstand treffen, umgehen sie ihn einfach und machen dann später, wenn es ihnen paßt, reinen Tisch.«

Brooke erinnerte sich an die wenigen Minuten, in denen er Lian in den Armen gehalten und ihr erklärt hatte, was vorging und was in naher Zukunft wahrscheinlich passieren würde.

»Was ist mit der Evakuierung, Sir?«

Granville starrte ihn dumpf an: »*Bumerang* war ein Fehlschlag, ein schrecklicher Fehler.« Seine Hand fuhr über bestimmte Teile der Karte. »Wir haben hier die Winnipeg Grenadiers und die Royal Rifles of Canada. Sie sind direkt aus Kanada und von den Bermudas hierhergekommen, völlig unausgebildet für diesen Schlamassel. Sie kennen sich nicht mal in dem Gelände aus. Sie haben keine Chance. Dann sind da das Middlesex Regiment und die Royal Scots, aber die sind zu wenige, um einer langen Belagerung widerstehen zu können. Die Rajputs stehen da oben . . .« Seine Hand fiel herunter. »Sie wissen, wie *die* sind.«

Brooke wußte es nicht, aber ihm war plötzlich kristallklar, daß die Front überall zusammenbrach, während sie hier darüber sprachen.

Granville wühlte in seinen Papieren und fluchte wütend, als er feststellte, daß sein Zigarettenetui leer war. Dann schien er sich an Brookes Frage zu erinnern.

»Wir machen natürlich, was wir können, aber es geht alles so schnell. Die *Islip* kommt zurück.« Er fand eine einzelne Zigarette und zündete sie dankbar an. »Endlich.«

Etwas in seinem Ton warnte Brooke. Und so überraschte es ihn kaum noch, als Granville ausführte: »Sie hatten Schwierigkeiten. *Dumbarton* wurde versenkt, und *Islip* ist knapp entkommen.«

Irgendwo fielen Bomben, und eine Handvoll schlecht positionierte Flak-Geschütze beschoß die Angreifer. Er mußte an Stallybrass denken und wie sich alle aufgeführt hatten, als er hier angekommen war. Das versteckte Amüsement, die Verachtung bei seinen Fragen nach einem Verteidigungsplan.

»Ich habe gesehen, daß *Tamar* an eine Boje verholt wurde.« Es war mehr das Bedürfnis, etwas zu sagen, als etwas zu erfahren.

»Ach ja. Sie muß versenkt werden, wenn sich die Lage weiter so schlecht entwickelt. Alle Geheimpapiere müssen vernichtet werden.«

Ein Melder blickte herein. »Oberleutnant Kipling hat die Wren herausgeholt, Sir.«

»Gut, gut, das ist schön.« Der Seemann blickte Brooke an und zuckte die Achseln.

Granville meinte vage: »Ich kann verstehen, daß General Maltby, der Armeekommandeur, es vorziehen würde, sich vollständig auf die Insel zurückzuziehen. Allerdings würde uns das hier nicht guttun.«

Brooke blickte auf seine Hände. Sie waren ruhig, obwohl er den Kapitän am liebsten angebrüllt hätte. Sollte die japanische Artillerie in Kowloon stehen, dann war sie nur achthundert Meter von diesem Raum entfernt.

Granville blickte auf ein anderes Telefon, das lautstark klingelte. »Sobald die Force Z über die Hunde herfällt, werden die Landungsboote und Versorger des Feindes rennen wie die Hasen!« Er schien davon allerdings nicht sehr überzeugt zu sein. Er nahm den Hörer ab. »Ja?«

Kipling betrat den Raum, um mit Brooke zu sprechen.

»Ich habe die ganze Ausrüstung, Sir.« Er blickte ausdruckslos zu Granville hinüber. »Und Sue Yorke, unsere Wren . . .«

Brooke wartete. Sie war tatsächlich *unsere* Wren geworden, so etwas wie ein Maskottchen.

»Sie hat einen Anruf von einem Verbandsplatz bekommen, als ich bei ihr war. Die Japse haben alle Verwundeten erstochen und die Krankenschwestern vergewaltigt. Den Geräuschen nach muß es ein Schlachthaus gewesen sein.«

»Wie hat Sue es aufgenommen?«

»Ziemlich gut, Sir«, grinste er.

Scharf sagte Brooke: »Ich will sie aus dieser Scheiße heraushaben.« Er sah Lians Gesicht vor sich, verzweifelt, bittend.

»Ich will nicht fortgehen und dich zurücklassen, Esmond. Etwas Schreckliches wird passieren.«

Es passierte genau jetzt.

Er fragte: »Will die Armee ihren Lastwagen gleich zurück?«

Kipling grinste. »Bei denen läuft es genauso ab wie bei unserem Haufen, Sir. Eine Unterschrift und schon gehört dir alles. Ich bringe ihn heute mit einer Fähre herüber.« Seine Augen blickten hart. »Ich denke, er wird noch gute Dienste leisten.«

»Gut mitgedacht.« Er kopfte ihm auf die Schulter. »Und danke, Paul.«

Kipling verließ das Zimmer. Es nervte ihn, wenn jemand nett zu ihm war. Er sah, daß Barrington-Purvis einen Arbeitstrupp auf der Pier musterte. Er würde sofort alles ändern.

Granville hatte den Telefonhörer aufgelegt. »Haben Sie eine Zigarette, alter Freund?« Er sah erschöpft aus.

»Ich rauche Pfeife, Sir.«

»Ach so.« Er betätigte eine Klingel. »Ich habe gerade eine Nachricht von der *Islip* bekommen. Ihre Beschädigungen sind größer als zuerst gemeldet. Sie hat ein paar Verluste, die wir aber hier ersetzen können.« Er blickte wieder auf seine Karte. »Diese Nadeln müssen umgesteckt werden. Sie sind wieder sechs Meilen näher gekommen.«

Ruhig erkundigte sich Brooke: »Was ist mit meinem Schiff, Sir?«

Der Kapitän schüttelte sein leeres Zigarettenetui und reichte es einem Melder. »Und bringen Sie uns ein paar Drinks, Campbell. Sie wissen, was ich mag.«

Er sah Brooke ernst an.

»Was auch immer passiert, die *Serpent* wird als letztes Schiff auslaufen, oder sie muß zerstört werden, damit sie dem Feind nicht in die Hände fällt.«

Brooke griff nach seiner Mütze. »Sie wird niemals in die Hände des Feindes fallen, da können Sie sicher sein.«

Granville sah ihm nach, wie er hinausging. Müde murmelte er: »Darauf verlasse ich mich!«

John Chau, der Dolmetscher der *Serpent*, blieb auf der steilen gewundenen Straße stehen, um Atem zu schöpfen. Er nahm seine Brille ab, die in der Hitze beschlagen war, dann blickte er über die rauhe Hügellandschaft, die fast baumlos war. Die See war nicht mehr zu sehen, und der Kampflärm war so gedämpft, daß er kaum noch real war.

Er hatte erwartet, daß man ihn an der Fähre nach Kowloon aufhalten würde, aber niemand hatte sich für ihn interessiert. In einer Stunde würde er in dem Dorf, wo er geboren wurde, in Sicherheit sein. Er war der Sohn eines hart arbeitenden Zimmermanns, der dafür gesorgt hatte, daß sein Sohn ein besseres Leben führte. Ein Leben, in dem er sich den Respekt seiner Arbeitgeber und Kunden sichern konnte. John Chau hatte das College besucht. Er war fleißig gewesen und hatte seinem Vater keine Schande gemacht. Seine Anstellung bei einer der größten Banken Hongkongs war die Belohnung gewesen.

Er hatte die komplexen, aber lohnenden Lektionen des Bankwesens gelernt und auch die gesellschaftlichen Seiten genossen, wenn er mit europäischen Bankiers zusammenkam, die Hongkong besuchten. Er hatte sich sogar zum Dienst bei der Freiwilligen Reserve gemeldet.

Er hatte einen scharfen Verstand, und so hatte er sich entschieden, die Marinebasis zu verlassen. Er hatte dabei keine Schamgefühle oder Gewissensbisse; es war die einzig richtige Entscheidung, bis die Kämpfe vorbei waren.

Im Dorf würde man ihn verstecken, bis sich das Leben wieder etwas normalisiert hatte. Irgendwann würde man wieder Banker benötigen. Seine verwitwete Mutter würde den Rest besorgen. Trotzdem war es ihm schwergefallen, sich von seiner schmucken weißen Uniform zu trennen und in die schlichte Arbeitskleidung zu schlüpfen.

Er bedeckte sein Gesicht gegen die Sonne. Chau dachte an seinen kurzen Einsatz auf der *Serpent*, wo er als Gleichberechtigter behandelt worden war. Er fragte sich, was aus dem Navigationsoffizier werden würde. Calvert mit dem Victoria Cross, über das er niemals sprach.

Auch das war so einfach gewesen. Er hatte mit Calvert in einer Kabine gewohnt. Es hatte ihn kaum Zeit gekostet, das Logbuch des Oberleutnants durchzulesen, sich über die Patrouillengebiete zu informieren und wie lange sie unterwegs sein würden.

Als SS *Kiang Chen* von dem japanischen U-Boot torpediert worden war, hatte er mit dem Kapitän, dem einzigen Überlebenden, gesprochen. Kurz bevor der gestorben war, hatte er ihm noch zuflüstern können, daß die Waffen, wie ausgemacht, an die Nationalisten ausgeliefert worden waren, genau wie die anderen geheimen Ladungen vorher auch.

Nur das unerwartete Auftauchen der *Serpent* hatte verhindert, daß die Besatzung des Kümos gefangengenommen worden war. Unter der Folter wäre die Wahrheit herausgekommen, und weitere Lieferungen wären unmöglich gewesen.

Charles Yeung, der mit seiner schönen Tochter wie ein Mandarin auf dem Peak residierte, würde ihm sein Schweigen vergolden. Zusammen mit dem Geld, das er sich zurückgelegt hatte, konnte er die nächste Sprosse der Leiter erklimmen, egal, wessen Flagge über dem Haus des Gouverneurs wehte.

Er ging die unebene Straße weiter, kaum außer Atem, trotz der vielen Meilen, die er schon zurückgelegt hatte. Er hatte immer Sport getrieben. Er hatte sogar mit ein paar Offizieren der *Tamar* Tennis gespielt.

Falls man ihn jetzt anhalten würde, hätte er nichts bei sich, was ihn belasten würde. Die Bank hatte ihm wegen der Bombenangriffe Urlaub gegeben, die Marine benötigte seine Dienste nicht mehr. Der Gedanke ließ ihn lächeln, wahrscheinlich würden sie ihn nicht mal vermissen.

Von der Hügelkuppe aus würde er das alte Kloster sehen. Als kleines Kind hatte er sich vor dem unheimlichen, geheimnisvollen Platz immer gefürchtet. Das Dorf lag direkt darunter. Außerdem würde er den großen Einschnitt der Deep Bay an der westlichen Küste der Territories sehen. Dort hatte sein Vater beim Bau von Fischkuttern geholfen, wenn er sonst keine Arbeit hatte.

Er blieb stehen, seine Nase hatte Brandgeruch aufgefangen. Eine schwache Rauchfahne wurde von der Brise an der heißen Hügelkuppe verweht. Vorsichtig kauerte er sich neben einer der Steinmauern der neuen Monsunabwässerkanäle hin. Sie sollten verhindern, daß die Straße überflutet oder noch schlimmer, weggewaschen wurde, denn eine andere gab es hier nicht.

Dann sah er es. Ein Armeefahrzeug lag auf der Seite,

der Innenraum qualmte noch. Ein verbrannter Leichnam hatte sich am Dach verklemmt, als sich der Wagen überschlagen hatte.

Die Straße wies viele tiefe Narben auf. Schwere Kugeln, konstatierte John Chau gelassen. Das Auto mußte von japanischen Jägern beschossen worden sein. Die Piloten brauchten nicht weit zu fliegen.

Er fuhr herum, als sich im dichten Gebüsch am Abhang etwas bewegte.

Ein Soldat. Er spürte, daß sein Herz schmerzvoll klopfte, als sich der in Khaki gekleidete Mann auf die Straße zog. Er war sehr jung. Ein Offizier mit einem Stern auf den Schulterstücken. Sein Gesicht war schmerzverzerrt, als er ihn von unten anstarrte. Er trug einen dieser komischen kleinen Schnurrbärte, den einige britische Offiziere zu bevorzugen schienen. Er ließ sie nur noch jünger erscheinen.

Fasziniert sah Chau zu, wie er ihm eine Hand entgegenstreckte. Es war offensichtlich, daß der Soldat schwer verletzt war und wahrscheinlich sterben würde. Er konnte wirklich nicht helfen.

Der junge Leutnant krächzte: »Helfen Sie mir! Lassen Sie mich nicht alleine!«

Er hatte wahrscheinlich stundenlang hier gelegen. Chau begann auf ihn zuzugehen, schüttelte sich dann aber ärgerlich. *Für den ist es zu spät. Ich kann nichts für ihn tun.*

»Nein, ich kann nicht . . .«

Das Gesicht des Offiziers lag auf den Steinen, seine Mütze fiel in den Staub. Er war sehr blond. Noch ein halber Junge.

»Mein Fahrer ist schwer verletzt . . .«, bettelte er voller Angst, alleingelassen zu werden.

Chau zwang sich, einen Blick auf die verkohlte Leiche im Wagen zu werfen. »Für den ist alles aus.« Er spürte eine wilde Entschlossenheit in sich aufsteigen. »Ich gehe jetzt.«

»*Oh Gott!*« Der Soldat versuchte, sich in Deckung zu bringen, aber die Schmerzen ließen es nicht zu.

Chau begann zu laufen. Es war das einzig richtige.

Schlagartig blieb er wie gelähmt stehen.

Fünf japanische Soldaten standen auf der Straße und beobachteten ihn schweigend.

Einer, anscheinend ein Offizier, machte eine kurze Handbewegung, so wie man eine Fliege verscheucht. Dann deutete er auf den ausgebrannten Wagen. Seine Stimme war tief und scharf. Chau versuchte zu lächeln und verbeugte sich respektvoll.

Ein japanischer Soldat warf sich sein Gewehr mit dem aufgepflanzten Bajonett über die Schulter, packte Chau und drehte ihn an die Mauer des Monsunabwassergrabens.

Er stand still, als der Soldat ihn durchsuchte. Er warf ein paar Zigaretten und seine Brieftasche auf die Straße. Der sterbende Offizier wurde über die niedrige Mauer gezogen, er schrie bei jeder Bewegung.

Als auch er an der Mauer lehnte, wurden seine Taschen durchsucht. Seine Papiere, die Armbanduhr, ein paar Briefe und sein Revolver wurden ihm abgenommen.

Der japanische Offizier, an dessen fremdartigem Helm in einem Netz Zweige und Blätter steckten, ging zur Mauer hinüber und sprach mit dem Leutnant in stockendem Englisch.

Chau verstand nicht, was er fragte, sah aber seinen Ärger. Wahrscheinlich war der verwundete Mann zu schwer verletzt, um noch zu begreifen, was vorging.

Dann folgte ein knapper Befehl, Chau fühlte, daß sich sein Magen zusammenzog, als der Soldat mit dem Bajonett hinüberging und es in ihn hineinstieß, wieder herauszog und nochmals zustieß. Alle sahen zu, als der Leichnam auf die Seite rollte, die Augen vor Schrecken weit aufgerissen.

Der japanische Offizier fragte: »Du! Wohin willst du?«

Chau schluckte schwer, dann schrie er auf, als ein Kolben seine Rippen traf, ein zweiter Schlag erfolgte auf der anderen Seite. Er wußte, daß seine Rippen gebrochen waren, er blutete und war unfähig, zu stehen oder zu sprechen. Seine

Arme wurden auf den Rücken gezogen, und jemand schlug ihn auf Kopf und Rücken. Er mußte sprechen, mußte alles erklären, aber er bekam kein Wort heraus. Sein Mund schien mit einer Flüssigkeit gefüllt zu sein, die ihn verbrühte. Er hörte sich schreien, als man ihn an die Mauer drückte. Seine Brille fiel herab, und er blinzelte verstört in eine Wasserlache. Sie war strahlend blau, als ob ein Teil des Himmels dort unten eingefangen wäre.

Er stöhnte, als ein Schlag seine Wirbelsäule traf, und er fühlte, daß etwas vor seinem Gesicht baumelte. Trotz der Angst und der Schmerzen erkannte er, was es war: seine Erkennungsmarke. Er hatte vergessen, sie wegzuwerfen. Langsam verlor er das Bewußtsein, aber zu langsam. Sie würden ihn töten. Mit einem Bajonett, wie den Mann, der ihn um Hilfe gebeten hatte.

Er versuchte, die Augen offenzuhalten; er spürte den Blutgeschmack auf den Lippen. Er würde sterben.

Dann spiegelte sich etwas anderes in dem blauen Wasser, aber die Zeit stand still. Es war nur ein Funkeln im Sonnenlicht, als die Schwertklinge herabsauste.

Zwei Soldaten packten seine Beine und warfen den enthaupteten Körper in den Graben. Dann waren die Soldaten verschwunden, die verlassene Straße gehörte den Toten.

Brooke stand auf der Brücke und betrachtete mehrere große Rauchsäulen, die in den kupferfarbenen Sonnenuntergang zogen. Die *Serpent* lag an der Pier, um mehr Treibstoff, Munition und soviel Ausrüstung an Bord zu nehmen, wie gerade noch gestaut werden konnte.

Tagsüber hatte es ein paar schnelle Luftangriffe gegeben. Tausende von Flugblättern waren herabgeschwebt, die die sofortige Kapitulation verlangten. *Stellt den nutzlosen Widerstand ein. Die japanische Armee garantiert das Leben und die Gesundheit aller, die sich ergeben!*

Kerr erschien auf der Brücke. »Wir sind gleich fertig, Sir.«

»Sehr gut. Wir verholen an die Boje, sobald die letzte Kiste an Bord ist.« Er blickte den Ersten an, dessen Gesichtszüge sich scharf in dem kupferfarbenen Licht abzeichneten. »Sonst noch was?«

»Unser Dolmetscher John Chau. Ich glaube, er hat eine Mücke gemacht.«

»Ich verstehe. Nun, ich glaube, wir benötigen ihn ohnehin nicht mehr.«

Trotzdem konnte Kerr die Enttäuschung spüren. Wahrscheinlich gab er sich wie immer die Schuld.

»Wie wird es wohl Toby Calvert gehen, Sir?«

»Ich habe ihm befohlen, sich zurückzumelden, sobald Charles Yeungs verdammter Pilot auftaucht.«

Was würde Lian jetzt machen? Sie wohnte mit Kapitän Granvilles hochmütiger Frau und einigen anderen Frauen in einem kleinen Hotel in der Nähe der Basis. Er konnte es nicht ertragen, daran zu denken.

»Ein Offizier kommt an Bord, Sir.«

Es war der ranghöchste Operationsoffizier, Commander Ian Gould. Er schmiß den Werftbetrieb mit links, während die Seeleute die Verteidigungsstellungen verstärkten und Splitterschutzgräben aushoben.

Brooke blickte nach Kowloon hinüber. Es war seltsam, Kowloon ohne die tausend glitzernden Lichter zu sehen. Wenn es still war, hatte man früher Musik aus den Bars im Umkreis des Hafens gehört. Jetzt herrschte Grabesstille, selbst Flakfeuer war augenblicklich nicht zu hören.

Er begrüßte den Operationsoffizier an der Brückenleiter. »Entschuldigen Sie, Sir, daß ich Sie nicht am Landgang erwartet habe.« Er blickte über die Glasscheibe auf die hochgereckten Rohre der Flak. »Ich muß hier oben bleiben, bis wir wieder an der Boje liegen.«

Commander Gould war ein untersetzter Mann, der für gewöhnlich sehr umgänglich war und der *Serpent* immer hilfreich zur Seite gestanden hatte.

Jetzt knurrte er kurz: »Schlechte Nachrichten, Esmond.

Verdammt schlechte Nachrichten. Ich habe es gerade aus Singapur erfahren. Admiral Phillips ist mit der Force Z ausgelaufen, um die Armee zu unterstützen. Er hatte keine Luftunterstützung – es scheint, daß man versehentlich einen Flugplatz geräumt hat. Mal wieder eine tapfere Geste, vermute ich . . .«

»Haben sie den Feind gestellt, Sir?«

Gould hörte nicht zu. »Es waren nur Stukas, keine schweren Einheiten. Die *Prince of Wales* und die *Repulse* wurden versenkt.« Er schien es selbst nicht glauben zu können. »Innerhalb einer Stunde! Beide weg, mit all diesen guten Männern!«

Brooke zog seine Pfeife heraus. »Darf ich, Sir?«

Also das war es. Er stopfte seine Pfeife, während ihn die anderen beobachteten und sich Gedanken über ihre Zukunft machten.

Innerhalb einer Stunde, hatte Gould gesagt. Das ging aber viel weiter. Innerhalb von nur zwei Tagen war in Pearl Harbour und vor der Küste Malayas das Gleichgewicht der Seestreitkräfte im Pazifik auf den Kopf gestellt worden.

Die Force Z existierte nicht mehr. Es würde für Singapur und Hongkong keine weitere Unterstützung geben.

Der Rauch der Pfeife stieg zum Feuerleitstand auf. Ein kleiner friedlicher Augenblick.

Brooke fragte ruhig: »Was sagt Kapitän Granville?«

»Er bespricht sich mit dem Gouverneur. Die Japaner verlangen, daß wir uns ergeben. Die BBC hat schon verbreitet, daß wir das nicht tun werden. Vertreibt sie von Stränden oder so ähnlich.«

Brooke blickte auf das schwindende Licht, das auf dem Wasser lag. »Ist wohl diesmal nichts mit den weißen Klippen von Dover, Sir.«

Gould schien sich zu schütteln. »Sagen Sie es Ihren Männern, Esmond. Wir werden mit der Evakuierung Kowloons morgen abend beginnen. Danach . . .« Er brauchte den Satz nicht zu vollenden.

»Danach wird die Werft unter Feuer liegen. Was dann, Sir?«

»Wer weiß, alter Bursche.« Gould drehte sich zu der dunklen Landmasse um. »Ich hatte mich von hier zurückgezogen. Sie haben mich gerufen, als hier die Bombe platzte.« Nur Brooke konnte die Tränen in seinen Augen sehen. »Ich liebe diese alte Hafenstadt. Ich kann nicht glauben, was jetzt passiert.«

Sie sahen ihm nach, als er verschwand. Dann meinte Kerr barsch. »Nun, er sollte möglichst rasch den Tatsachen ins Auge sehen.«

Brooke griff sich das Mikrofon, das ihn mit allen Männern im Schiff verband. Mit jenen, die am Ladegeschirr arbeiteten, und mit denen, die die Kanonen klar machten, falls es einen Luftangriff im ersten Morgengrauen geben sollte. Auch mit den muffigen überfüllten Wohndecks mit den nackten Pin-up-Girls und den Briefen nach Hause. Mit den Kessel- und Maschinenräumen und dem Funkraum. *Mit seinen Männern.* Kerrs plötzlicher Ausbruch stand stellvertretend für alle. Wenn ihre Zeit kam, dann durften sie sich nicht von der Inkompetenz und Dummheit beeinflussen lassen, die dieses Desaster verursacht hatte. Es waren Männer schon für weniger gestorben, aber diese hier hatten bereits so viel geleistet.

Er preßte den Sprechknopf. »Hier spricht der Kommandant . . .«

Mehr konnte er nicht tun.

18   Sonnenuntergang

Esmond Brooke lief über das abgedunkelte Stahldeck der *Serpent*. Die drei Schornsteine und die Aufbauten wurden von den grellen Blitzen des Geschützfeuers auf der anderen Seite des Hafens erleuchtet.

Unter seinen Füßen merkte er das nervöse Beben der

Maschinen. Es schien, als spürte das Schiff die Gefahr wie ein Tier, das Blut wittert.

Im Hafen selber waren nur wenige Geräusche zu hören, obwohl Brooke wußte, daß Hunderte von kleinen Fahrzeugen herumfuhren und sich ihren Weg durch den Schiffsfriedhof suchten. Jedes Wrack konnte ihnen den Boden aufreißen und die Besatzung in die Strömung schleudern. Aber auch darüber konnten seine Teerjacken noch Witze machen.

In diesem Hafen kannst du nicht ertrinken, weil du vorher an Vergiftung stirbst.

Die Evakuierung der Festlandstruppen hatte begonnen. Von ihren Einheiten versprengt, einige ohne Aufsicht und richtige Führung, waren sie voller Angst und Verzweiflung in die Docks von Kowloon geströmt.

Brooke hatte von Soldaten gehört, die disziplinlos von Bar zu Bar gewankt waren. Dünkirchen war ein geordnetes Desaster gewesen, dies hier war wilde Flucht.

»Werden wir hier heil rauskommen, Sir?«

Brooke blieb stehen und sah ein paar Männer bei den Davits des Motorboots stehen. Sie benötigten den Flitzer augenblicklich nicht, da die *Serpent* mit der Boje – dem Land – nur mit auf Slip geschorenen Drähten verbunden war.

»Schon halbwegs ausgelaufen«, hatte der Chief gemeint.

»Wir werden unser Bestes tun, Jungs.« Er hatte versucht, es ihnen so gut wie möglich zu erklären, warum sie den Hafen verlassen und nach Südwesten in die Werft von Aberdeen verholen mußten. In dem Durcheinander war schwer zu erkennen, ob sie alles verstanden hatten.

Die Endgültigkeit der Angelegenheit war am alten Depotschiff H.M.S. *Tamar* deutlich geworden. An der Boje liegend, waren die Ausrüstung und die Geheimpapiere von Bord geholt worden, dann hatte man ihre Versenkung vorbereitet. Die Arche, die jeder Soldat und Zivilist kannte. Es wirkte wie Verrat. Vor der Abenddämmerung war er noch einmal bei Kapitän Granville gewesen. Dieses Mal in einem feuchten, stickigen Keller, vom Gestank des Hafens nur einen Meter entfernt. Das Gebäude war anscheinend mehrfach von Bombeneinschlägen erschüttert worden, denn Kalkstaub lag auf Granvilles Karten und Funksprüchen.

Er hatte Brooke erzählt, daß der Zerstörer *Islip* in etwa einem Tag in Aberdeen eintreffen würde. Er benutzte sein RADAR, um sich ungesehen heranzuschleichen und feindlichen Patrouillen aus dem Weg zu gehen. Alle, die evakuiert werden sollten, würden an Bord geschickt werden, worauf die *Islip* wieder mit der Hilfe ihres Zauberauges in der Dunkelheit auslaufen würde.

Lian war schon mit anderen Offiziersfrauen in Aberdeen. Brooke würde dafür sorgen, daß sie mit ihnen fuhr. Es war ihre einzige Chance.

Als er sie im Hotel besuchte, hatte ihn ihre Bemühung, vor den anderen Frauen tapfer zu sein, tief berührt. Jetzt, da er auf die Brücke kletterte, hielt er inne, um das kleine goldene Medaillon zu berühren, das sie ihm um den Hals gehängt hatte. »Es ist meins, Liebster. Ich werde es zurücknehmen, wenn wir wieder zusammen sind. Es wird dich beschützen.«

Er blickte in das abgedunkelte Ruderhaus, wo Pike und die Männer an den Maschinentelegrafen zusammenstanden und auf die Befehle zum Ablegen warteten.

»Alles klar, Schmarting?«

Pike nickte mit seinem massiven Kopf. »Klar wie Kloßbrühe, Sir.«

Seine Augen leuchteten im Widerschein einer Reihe von Explosionen über dem Wasser. Die Boote fuhren noch immer hin und her, ertasteten sich ihren Weg, voll beladen mit erschöpften Soldaten und vielen Verwundeten – was würde aus ihnen werden?

Pike blickte ihn an. »Machen Sie sich keine Sorgen, Sir.« Er streichelte das Ruder. »Das Schiff wird uns nicht im Stich lassen.«

Weiter auf die offene obere Brücke. Nach dem Keller und den Zwischendecks war es hier erstaunlich kühl und erfrischend.

Kerr war so rücksichtsvoll, sich im vorderen Teil der Brücke aufzuhalten, abseits von Kipling und Barrington-Purvis. Letzterer trug ein weißes Hemd und weiße Shorts, während Kipling wieder in seine schäbige Khakimontur geschlüpft war. Ein ungleiches Pärchen. Es war Brooke schwergefallen, sie zu fragen, aber es kam niemand anders in Frage.

»Ich kann Ihnen nicht befehlen zurückzubleiben.« Er sah in ihre Gesichter, die vom fernen Geschützfeuer beleuchtet wurden. »Doch sobald Sie Ihre Aufgabe hier erledigt haben, stoßen Sie in Aberdeen wieder zu uns.«

Kipling sagte: »Es wird nicht lange dauern, Sir. Ich wußte, daß die Hunde früher hiersein würden, als man uns weismachen wollte.«

Es gab keinen Grund, mit ihm darüber zu streiten. Man hatte ihnen versichert, daß die Armee die Front eine Woche halten würde, vielleicht sogar zwei. Aber die Japaner würden morgen dort drüben sein, drei Tage nach dem Einmarsch in die New Territories. Es war unglaublich.

Barrington-Purvis näselte: »Ich habe den Befehl über die Männer der Basis, die uns assistierten werden, Sir?« Er klang wie ein Schüler, der eine Lektion wiederholt. Dabei wirkte er sehr ruhig, vielleicht zu ruhig, aber auch sehr entschlossen.

Kipling würde sicher im Schutz der plötzlichen Dunkelheit grinsen.

»Noch eins, Sir, die alte *Tamar* wird nicht untergehen. Das Versenkungskommando hat nicht an die zusätzlichen Deckshäuser gedacht, die sich wie Auftriebskörper an der Oberfläche halten werden!« Er blickte auf das Leuchtzifferblatt seiner Uhr. »Aber keine Sorge, ich hab' ein paar Sachen mit, die das ausbügeln werden.«

Überraschenderweise streckte er seine Hand aus. »Für

den Fall, daß wir es nicht packen sollten, war es schön, Sie kennengelernt zu haben.«

Barrington-Purvis sagte ruhig: »Ich bin froh, daß ich auf dem Schiff geblieben bin, Sir.«

Stimmengemurmel begleitete sie, als sie zur Reling gingen, wo ein Lotsenboot wartete, um sie an Land zu bringen. Ein anderer Lotse wartete in der Nähe, bereit, den Zerstörer hinauszuleiten.

Calvert bemerkte: »Irgendwie ergänzen sich die beiden auf eine komische Weise.«

Brooke blickte ihn an. Calvert würde in Aberdeen das Schiff verlassen, um sich bei der Ankunft des Piloten zu vergewissern, daß das Wasserflugzeug flugfähig war und Charles Yeung rausbringen konnte. So hatte es wenigstens Kapitän Granville gesagt.

Brooke hatte ärgerlich gefragt: »Haben Sie das Oberleutnant Calvert gesagt?«

»Das ist Ihre Aufgabe.«

Da hatte Brooke gemerkt, daß der weltgewandte Kapitän begann, die Nerven zu verlieren. Er hatte sich gefragt, ob Commander Gould es auch schon festgestellt hatte.

Er stieg auf die Grätings neben dem hohen Brückenstuhl. Jetzt war es wie immer: Gladstone Dock in Liverpool, St. John's in Neufundland oder Malta während eines Luftangriffs.

»Maschinen auf Stand-by!«

Kerr trat zu ihm. »Viel Glück, Sir.« Er hatte seine große Taschenlampe in der Hand, um die Festmacherdrähte beim Loswerfen beobachten zu können.

»Etwas Können wäre auch nicht schlecht.«

Immer ein Späßchen. Lächle, verdammt! Aber es war nie ein Spiel. Wenn man das dachte, war man schon tot.

Calvert beugte sich über die Karte, die Haube verdeckte ihn.

Wahrscheinlich dachte er an sein Mädchen, machte sich Sorgen. *So wie ich um Lian.*

Er hörte den Maschinentelegrafen schwach läuten und dachte an die wartenden Männer, die er gesehen und mit denen er auf ihren Stationen gesprochen hatte. Anscheinend waren sie froh, etwas tun zu können.

Würden sie nicht auslaufen, würde die *Serpent* zu einer hilflosen Zielscheibe werden.

Kerr hatte die Back erreicht und stand vorne im Bug. Obwohl er sie nicht sehen konnte, wußte er, daß Bill Doggett und die anderen bereitstanden, um den gefährlich schlagenden Draht einzuholen.

»Stand-by, Sir.« Das war Podger Barlow, der Torpedooffizier, der auf der Brücke aushalf, weil zwei Offiziere fehlten.

»Lotsenboot an Backbord voraus, Sir!« Onslow schien für den Moment seinen tragischen Verlust akzeptiert zu haben.

Lian würde wissen, daß sie ausliefen. Sie wußte immer alles. Zum Glück kam sie hier raus. Das schöne Haus würde nicht mehr lange von den Luftangriffen verschont bleiben. Ihre Schwester war noch immer in ihrem Krankenhaus und hatte starrsinnig erklärt, daß sie ausharren würde. Über ihren Mann Harry war nichts Genaues bekannt. Jetzt, wo Amerika gewollt oder ungewollt im Krieg war, konnte es sein, daß er in seine Heimat zurückwollte, um nicht in einer britischen Kolonie festzusitzen, wie er es ausgedrückt hatte.

»Mitternacht, Sir.«

»Danke.« Er berührte das Medaillon unter seinem Hemd. Es war ein Teil von ihr. Jetzt war Mitternacht. Dreizehn Tage bis Weihnachten. Es war besser, nicht daran zu denken.

Er blickte auf das abgedunkelte blaue Licht am Heck des Lotsenbootes. »Beide Maschinen voraus langsam!« Er sah den Chief an seinen Hebeln vor sich. Sie hatten das oft miteinander besprochen. Jeder traute dem anderen.

Er rief: »Alles los!«

Kerr wiederholte den Befehl, dann folgte das metallische Klicken des Sliphakens. Männer rannten mit dem klappernden Draht am Geschütz A vorbei nach achtern.

»Alles los vorne, Sir!«

»Ruderhaus!«

»Bootsmann, Sir.«

»Sehen Sie das Hecklicht des Lotsenbootes?«

»Jawohl, Sir, ich habe noch jüngere Augen als meine Jungs auf Ausguck.«

Sie fuhren, das Wasser gurgelte an der Bordwand, der messerscharfe Bug folgte dem blauen Licht.

Gelegentlich polterten Wrackteile gegen die Seite. Sie würden noch wochenlang von der Strömung hin und her getrieben werden. Bittere Erinnerungen.

Brooke dachte an die schäbige Würde des Man Mo Tempels. Wo sie ihn gefunden hatte, wie sie gewußt hatte, daß er dort sein würde.

Er hörte Kerr auf die Brücke kommen und ein paar kurze Worte mit Calvert wechseln.

Hongkong, die magische Stadt, hatte sie gesagt. Würden sie jemals zurückkehren können? Zusammen?

Calvert meldete: »Kein Steuerkurs, Sir, bis der Lotse uns verläßt.«

»Danke, Pilot.« Aber er starrte auf die Insel, die in völliger Dunkelheit lag; nur ein paar Feuer flackerten, die nach dem letzten Bombenangriff noch nicht gelöscht waren. Ab morgen würde es sinnlos sein, Luftalarm zu geben, weil die Japaner dann Kai Tak benutzen würden, das nur dreieinhalb Meilen von der Werft entfernt lag.

Als er wieder hinblickte, war die Marinebasis verschwunden. Er fragte sich, ob Kipling und Barrington-Purvis noch dort standen und ihnen hinterherblickten. In seinem Inneren wußte er, daß sie es taten.

Leutnant Nigel Barrington-Purvis sah müde zu, wie sein Kamerad sich mit einem Messer an einem frischen Brot zu schaffen machte. Kiplings Hände waren nicht allzu sauber, aber der Anblick der Brotscheiben, fingerdick gebuttert und mit Corned Beef belegt, machte ihm deutlich, wie hungrig er war.

Es war fünf Tage her, seit sie nebeneinander gestanden und doch meilenweit voneinander entfernt zugeschaut hatten, wie der schlanke Zerstörer von der Boje abgelegt hatte. Sie hatten das plötzliche Rauschen des Schraubenwassers gehört und all die anderen bekannten Geräusche, wie das Sausen der Ventilatoren und das Klingeln der Maschinentelegrafen. Dann schien es nur Sekunden zu dauern, und schon war das Schiff verschwunden.

Seitdem hatten sie nach einem Plan gearbeitet, den sie von Commander Gould bekommen hatten.

Sogar Barrington-Purvis war von der behenden Art und Weise beeindruckt, in der Kipling mit Hilfe einiger Seeleute der Basis die Sprengladungen an bestimmten Maschinen, Pumpen, Versorgungsgütern verdrahtet hatte, unbeeindruckt von gelegentlichen Schüssen aus Kowloon.

Am ersten Tag hatte die Werft pausenlos unter schwerem Beschuß gelegen, dazu kamen noch ein paar Luftangriffe. Der Lärm war entsetzlich gewesen, doch die Verluste erstaunlich gering.

Eine japanische Abordnung war in einem Boot mit einer großen weißen Fahne über den Hafen gekommen. Sie kamen im Auftrag ihres Kommandeurs Generalleutnant Takashi Sakai, um die Kapitulation zu fordern. Das wurde verweigert, und die Beschießung begann wieder.

Barrington-Purvis hatte beinahe erwartet, daß Kipling eine massive Sprengladung unter den Füßen der japanischen Delegation zur Explosion bringen würde. Er hatte noch niemanden so voll kalter Wut gesehen.

»Sehen Sie sich diese Schweine an. Alle so sauber und korrekt. Sie sind völlig sicher, daß wir die weiße Flagge respektieren, während ihre Leute herumlaufen und unschuldige Menschen umbringen und vergewaltigen! Ich würde auf die verdammte Parlamentärsflagge scheißen!«

Es war nicht mehr möglich, sich ohne Deckung zu bewegen, denn der Feind schoß gelegentlich über die achthundert Meter Wasser und hoffte, daß jemand getroffen wurde. Aber die wahre Gefahr saß auf der Insel, wo sich in verlassenen Gebäuden Scharfschützen eingenistet hatten. Kipling hatte eine Handgranate durch ein zerbrochenes Fenster geworfen, worauf nach der Explosion ein paar kurze Schreie zu hören waren.

Kipling blickte ihn an, als ob er vermutete, woran er dachte.

»Nehmen Sie das. Ist eine Art Sandwich.«

Barrington-Purvis biß vorsichtig ab. Er hatte nie etwas Besseres gekostet. Sogar der Senf war perfekt. Er konnte sich nicht vorstellen, wo Kipling das aufgetrieben hatte. Auch Bier war vorhanden. Kipling hatte sogar zwei Muggen gefunden. Erklärend hatte er gesagt. »Ich habe das Bier im Hafenwasser gekühlt, man kann nicht vorsichtig genug sein.«

Sie beendeten ihr Essen, und Barrington-Purvis suchte nach einer Zigarette.

Kipling öffnete eine Büchse. »Handgerollt, alter Junge, aber guter Ticklerstabak.«

Sie rauchten langsam und lauschten den fernen Explosionen nur mit einem Ohr.

»Äh, was glauben Sie, macht die *Serpent*, Paul?«

Kipling wischte sich eine Bortkrume vom Kinn. »Sie macht sich klar zum Auslaufen, vermute ich. Sobald die *Islip* abgehauen ist, ziehen sie Leine.« Er zog eine Grimasse. »Ich würde es jedenfalls tun.«

Barrington-Purvis blickte zur Seite. In Kriegsgefangenschaft. Das konnte immer passieren. Aber nicht bei diesem gnadenlosen Gegner.

Kipling beobachtete ihn. »Man hat behauptet, daß die Insel gehalten werden kann. Auf Befehl von oben. Nun, Sie sind ein traditioneller Berufsoffizier, wie schätzen Sie die Lage ein?«

Barrington-Purvis blickte ihn scheel an und suchte nach Sarkasmus, aber da war keiner.

Er stand auf und setzte sich sofort wieder, als ihn Kipling am Ärmel festhielt. »Bleiben Sie hier, alter Junge, Sie sind zu jung, um jetzt schon zu sterben.«

Barrington-Purvis schlug die Augen nieder. »Ich will hier weg, Paul. Auf dem Schiff ist es etwas anderes.« Er blickte schnell auf, ängstlich, ob er mit seinem Geständnis einen Fehler gemacht hatte.

Kipling nickte zufrieden. »Das paßt mir.« Er war plötzlich sehr ernst. »Ich glaube, daß die Japse sehr bald kommen werden.« Er blickte auf die Kriegsflagge über einem der Gebäude. Sie war durchlöchert, wehte aber mit einer seltsam widerspenstigen Tapferkeit. »Sie haben uns dreimal zur Übergabe aufgefordert. Das ist nicht die Art der Japse. Das heißt, sie waren noch nicht soweit.« Er zerdrückte die Kippe mit seinem Stiefelabsatz. »Jetzt sind sie es.«

»Ich verstehe.«

Ruhig meinte Kipling: »Wir haben hier getan, was wir konnten. War sowieso eine verdammte Zeitverschwendung.« Er zwinkerte, als eine Granate über die Werft heulte und in einem der benachbarten Häuser einschlug. »Ich muß Ihnen etwas zeigen.« Wie alte Männer stolperten sie geduckt zu einem der Verschläge. Kipling zog den Schlüssel für das Vorhängeschloß hervor, dann fiel trübes Sonnenlicht in das Innere.

Barrington-Purvis rief aus: »Ein Motorrad!«

Kipling grinste. So konnte man es auch nennen. »Eine Royal Enfield, von der Armee, wie es aussieht. Gute Maschinen. Ich habe kürzlich eine auf der Kingston Umgehungsstraße gefahren. Lief wie der Teufel.«

Barrington-Purvis blickte ihn forschend an: »Woher haben Sie die?«

»Machen Sie sich darüber keine Gedanken. Sagen Sie mir lieber, Nigel, wie weit ist es nach Aberdeen?«

Er runzelte die Stirn und sah irgendwie traurig aus, daß der Befehl ausgeführt war und er wieder aus dem Leben, das er am besten kannte, herausgerissen wurde.

»Ungefähr drei Meilen, glaube ich, etwas mehr auf der Küstenstraße.«

»Die nehmen wir, alter Junge.«

»Aber was ist mit unseren Befehlen?«

»Wir haben getan, was man uns gesagt hat. Unser tapferer Kapitän zur See Granville ist schon in Aberdeen.« Er kniff ein Auge zu. »Ich kann mir kaum vorstellen, warum. Und der liebe alte Commander Gould hat mehr zu tun, als sich um uns zu kümmern.« Ungeduldig fügte er hinzu: »Sind Sie dabei?«

Barrington-Purvis biß sich auf die Lippe. »Sehen Sie, es tut mir leid, wie ich mich benommen habe . . .«

Kipling grinste. »Ich war auch kein Engel, nicht wahr?«

Er bemerkte die plötzliche Entschlossenheit des Leutnants, als er hervorstieß: »Dann los.«

»Ich kontrolliere nur noch das Benzin. Ich habe mir heute morgen einen Kanister ›geborgt‹. Hoffentlich ist der Inhalt richtig. Vertrauen ist gut, aber, wie meine alte Großmutter zu sagen pflegte, man kann vom Etikett nicht immer auf die Marmelade schließen.«

Hart setzte er hinzu: »Heute nacht wird es passieren. Sollten wir es aus irgendeinem Grund nicht schaffen, fallen Sie den Hunden nicht in die Hände – lebend meine ich! Verstanden?«

Er packte eine Tasche mit Handgranaten, wieder ganz der schäbige Pro. »Sie sind alle scharf, vier Sekunden Zünder. Nur für den Fall, daß jemand mit uns diskutieren möchte.«

»Wann werden wir fahren?« Er hätte nie gedacht, daß er jemals auf Kipling hören würde.

»Das Haupttor ist offen, oder besser, das, was von ihm

übrig geblieben ist. Ich muß am Treibstoff schnüffeln. Danach können wir loslegen, sobald es Ihnen paßt.«

Commander Gould erschien aus dem Dunst. »Sie fahren ab? Passen Sie auf sich auf und danke für die Hilfe.«

Sie schauten ihm hinterher, und Kipling murmelte: »Verstehen Sie jetzt, was ich meinte? Es könnte ihm nicht gleichgültiger sein.«

Fünfzehn Minuten später saß Kipling breitbeinig auf der khakifarbenen Maschine und trat den Anlasser. Er drehte am Gas, bis der Schuppen vom Lärm erzitterte. Dann rief er: »Alles an Bord. Lassen Sie die verdammten Dinger nicht fallen!«

Barrington-Purvis kletterte auf einen zusammengerollten Gasschutzmantel und faßte Kipling um die Hüfte. Dann hielt er die Luft an.

Ein paar Soldaten an der Barrikade riefen Hurra, als sie vorbeifuhren. Kipling hoffte, daß sie sich nicht die Nummer des Motorrades notierten. Er hörte, daß ihn sein Mitfahrer fragte: »Was ist, wenn das Schiff schon ausgelaufen ist?«

Kipling legte sich über, um die Maschine in eine steile Kurve zu steuern. Er dachte an das Gesicht des Skippers, als er sie verabschiedet hatte. Er rief zurück: »Keine Sorge! Er wartet!«

Der Fahrtwind brannte in seinen Augen, als er das Gas weiter aufriß. Das konnte auch alles in einem völligen Fehlschlag enden. Er legte sich wieder über und spürte, daß Barrington-Purvis seine Bewegung kopierte. Er lernte schnell.

Fehlschlag oder nicht, jedenfalls würden sie zusammen sein.

Oberleutnant Toby Calvert wischte sich die Hände an einem sauberen Handtuch ab und blickte auf das vibrierende Flugzeug. Die großen Tore waren offen und ließen das Sonnenlicht auf den Rumpf und das Cockpit scheinen. Ihm war bewußt, daß die beiden Mechaniker, die ihm geholfen hatten, nervös waren und sehr genau auf das ferne Geschützfeuer lauschten, auf das unterdrückte Rattern automatischer Waffen. Sie hatten gute Arbeit geleistet. Er grinste. *Alles was jetzt benötigt wurde, war ein guter Pilot.*

Er hörte eine Tür schlagen und dann Charles Yeungs üblichen Hustenanfall, nachdem er eine Zigarette ausgedrückt hatte. Yeung kam heran, seine Augen waren ausdruckslos.

»Er kommt nicht. Das Boot ist umgekehrt. Der Kapitän fürchtete um sein Leben. Also haben Sie sich die ganze Arbeit umsonst gemacht, mein Freund. Es tut mir leid, aber ich dachte . . .« Er drehte sich um, als eine Autotür auf dem Werftgelände zufiel. Es war gefährlich genug, bei Nacht zu fahren, aber am Tag, wenn die japanischen Flugzeuge ständig am Himmel waren, war es fast Selbstmord.

Ein Schatten fiel auf den Boden: Charles Yeungs Butler Robert Tan. Er sprach mit seinem Herrn, blickte dabei aber Calvert an.

»Sie haben Besuch, Leutnant, Sir.«

Calvert verschluckte sich, als er die kleine, schlanke Frau in Uniform mit dem Jackett über dem Arm aus dem Sonnenschein in das kühle Dämmerlicht des Hangars hereintreten sah.

»Sue! Was zum Teufel machst du denn hier?«

Die letzten paar Meter rannte sie und warf ihre Arme um ihn.

»Die *Islip* ist gestern in der Abenddämmerung ausgelaufen.« Sie drückte sich an ihn. »Schick mich nicht weg! Ich will bei dir bleiben!«

Er hielt sie fest. »Mr. Yeungs Pilot ist nicht da.«

»Ich weiß, ich hörte es in Aberdeen. Niemand hatte schuld, daß ich die *Islip* verpaßt habe.« Sie sah zu dem grauhaarigen Yeung hinüber. »Sie haben es ihm nicht gesagt!«

Charles Yeung hob die Schultern. »Ich war gerade dabei.« Er blickte Calvert gelassen an. »Der Feind ist in der

Nacht an einer Stelle gelandet, die Sie North Point nennen, und an der Taikoo-Werft. Die Entsatzarmee von Chiang Kai-Shek konnte nicht durchbrechen, um uns zu helfen. Jetzt werden sie es nicht mehr schaffen. Wir sind noch nicht erledigt, aber morgen wird die japanische Armee die Insel in zwei Hälften gespalten haben.«

Er ging zu Calvert und legte seine Arme um ihn und das Mädchen.

»Ich werde hierbleiben, jemand muß die Menschen führen. Ich habe Ihr Leben umsonst gefährdet.« Er drückte ihre Schultern und lächelte. »Nehmen Sie das Wasserflugzeug und fliegen Sie das Mädchen, das Sie lieben, in Sicherheit. Sie können es, und Sie müssen es tun.«

In Calverts Kopf drehte sich alles, als er das wartende Flugzeug ansah. Er hatte Angst.

Sie blickte ihm ins Gesicht, als könne sie jeden seiner Gedanken lesen. »Wenn wir wegfliegen, Toby, wohin könnten wir fliegen?«

Calvert nahm ihren Arm, und zusammen gingen sie an den Rand des Docks.

»Die *Serpent* wird bald auslaufen. Die Japaner werden Aberdeen angreifen und überall dort, wo Schlupflöcher sind.« Er machte eine Pause, weil er kaum wußte, was er sagen sollte. »Ich kann das Schiff finden, weil ich den Kurs kenne, den der Skipper nehmen wird. Er wird nicht losfahren, bevor er sicher ist, daß die *Islip* außer Gefahr ist.« Seine Augen blitzten wie im Fieber. »Dann könnten wir in der Nähe des Schiffs wassern, egal, was dann passiert . . .« Er drückte ihre Schulter. »Du verdammte kleine Närrin, bist du deshalb gekommen, weil ich es ohne dich nie schaffen würde?«

Charles Yeung meinte ruhig: »Ich werde hier warten, um zu sehen, ob es klappt. Falls Sie es nicht schaffen, werde ich versuchen, Sie zu verstecken.« Er blickte sie gerade an. »Wenn man Sie gefangennimmt, wird man Sie töten.« Er sah zur Seite. »Am Ende.«

Das Mädchen flüsterte: »Bitte, Toby. Wir haben nichts zu verlieren.«

Er spürte, wie sie zitterte. Wahrscheinlich dachte sie an die schrecklichen Schreie am Telefon.

Abrupt sagte er: »Die *Serpent* wird jetzt auslaufen, wie ich den Skipper kenne.« Er faßte einen Entschluß. »Wir müssen los, sofort!«

Die Türen wurden ganz aufgeschoben, und das Sonnenlicht überflutete sie. Es war noch früh am Morgen. Der Morgen, an dem der holländische Pilot hätte ankommen sollen.

»Er zog seine beste Uniformjacke über die verschmutzten Hosen. Die Jacke mit den goldenen Schwingen auf dem linken Ärmel und dem Purpurband auf der Brust. Er lachte. »Wenn schon, denn schon!«

Yeung half dem Mädchen auf einen Schwimmer und dann ins Cockpit. »Alles Gute, meine Freunde!«

Dann saß Calvert neben dem Mädchen und kontrollierte die Anzeigen. »Keine Fallschirme, wie du weißt.« Dann winkte er aus dem Schiebefenster und hielt den Atem an, als erst einer, dann beide kraftvollen Alfa-Romeo-Motoren röhrend ansprangen.

Sicherheitsgurte waren vorhanden, und er vergewisserte sich, daß das Mädchen angeschnallt war. Dann küßte er sie überraschend und spürte ihre Erwiderung. Er rief: »Du hast mir etwas wiedergegeben, was ich verloren glaubte.«

Dann schob er die Gashebel langsam nach vorne und merkte, wie sich das Flugzeug über das Wasser zu bewegen begann. Es schüttelte sich, als wolle es das Element erst einmal prüfen. Niemand schien sie zu beobachten, aber als er über die Schulter blickte, sah er den grünen Rolls-Royce auf dem Hof stehen. William, den Fahrer daneben. Er wußte, daß Charles Yeung den Wagen zerstören würde, so wie er das Wasserflugzeug zerstört hätte, würde er es nicht vor den Japanern in Sicherheit bringen.

Sie rasten an ankernden Handelsschiffen vorbei, ob sie verlassen oder zerbombt waren, konnte er nicht erkennen.

Er fühlte eine Erregung in sich, an die er sich kaum noch erinnern konnte. Es war wie eine Droge.

Er rief: »Jetzt geht's rauf, Sue!« Sie packte die Gurte mit beiden Händen.

»Ich liebe dich!«

Er sah sie nicken und ihm etwas antworten, aber das Röhren der beiden Motoren übertönte alles und machte jeden anderen Gedanken unmöglich.

Schneller und schneller. Ein weiteres Schiff ragte an Steuerbord auf. Er hatte den Eindruck, daß Sue die Augen schloß, weil sie glaubte, die Flügelspitze würde von der schiefliegenden Brücke abrasiert. Dann sah Calvert die offene See. Freies Wasser. Sie hatten abgehoben. *Sie flogen.*

Unter ihnen sah er einen großen Leichter, der eine gewaltige Heckwelle hinterließ. Er war mit Soldaten vollgepackt, die sich wie die Sardinen zusammendrängten. Sogar die arme alte Swordfish hätte diese Badewanne nicht verfehlen können. Er flog Zick-Zack-Kurse, um den Leuchtspurgeschossen zu entgehen, die von einer einzelnen Kanone stammten. Aber der raubvogelähnliche Schatten des Flugzeugs strich schon so tief über der See, daß auf dem Wasser zwei Heckwellen zu entstehen schienen. So als würden ihnen zwei Tiefseedämonen folgen.

Er blinzelte, als er im hellen Licht die Instrumente einstellte. Ein schneller Blick auf den Kompaß. Er sah hinunter und war erstaunt, in der Seite des Flugzeugs große Einschußlöcher zu sehen, durch die das Sonnenlicht hereinkam. Sue streckte die Hand nach ihm aus, doch bevor sie etwas sagen konnte, rutschte sie zur Seite.

Calvert fühlte, daß das Flugzeug an Höhe verlor und geigte. Er hatte die Kontrolle verloren.

»Oh, mein Gott, Sue!«

Sie streckte noch einmal ihre Hand aus, hatte aber keine Kraft mehr.

Calvert rief: »Ich bin bei dir, Liebling! Verlaß mich nicht!«

Sie lächelte ihn an, doch als er schon Hoffnung schöpfen wollte, wurde das Lächeln starr. Sie fiel gegen ihn, und zum erstenmal sah er das Blut.

Wie lange er flog und auf welchem Kurs, wußte er nicht. Er rief ihren Namen und erzählte Episoden ihrer Liebe. Dann sah er im Dunst die *Serpent*. Sie bewegte sich langsam auf einen konvergierenden Kurs. Die See ringsherum war hellgrün, flach, genau die Gewässer, die sich der Skipper aussuchen würde, wenn er kämpfen mußte.

Sie würden das Flugzeug sehen. Die Flak würde es verfolgen, aber der Skipper würde Bescheid wissen – wie immer.

Calvert ging tiefer. Er spürte den Wind auf dem Gesicht, als er das Fenster öffnete. Dann faßte er hinüber und drückte ihr die Augen zu. Sie schien schlafend neben ihm zu liegen.

»Ich muß noch etwas erledigen, liebe Sue.« Er konnte vor Tränen kaum noch etwas erkennen. »Danach bringe ich dich nach Hause.«

Als er über den schlanken Rumpf raste, sah er all die bekannten Gesichter zu ihm hinaufstarren. Außerdem bemerkte er die ungewöhnlich großen Gefechtsflaggen, die an der Gaffel und den Rahen des alten Zerstörers wehten.

Er nahm den Hut des Mädchens mit dem blauen Abzeichen. Auch er trug Blutspuren.

»Sie werden dann Bescheid wissen, Sue. Nichts kann uns mehr trennen.«

Der Hut wurde ihm vom Luftstrom aus den Fingern gerissen, dann schloß er das Fenster wieder.

Der Backbordmotor hatte Aussetzer, aber sie würden es schaffen.

Auch hier lagen ankernde Schiffe und ausgebrannte Hulken. Er stieß tief hinunter, um den leuchtend grünen, tödlichen Leuchtspurgeschossen zu entgehen.

Dann sah er die Schiffe. Zwei Zerstörer in Kiellinie, die auf die offene See zuhielten, nachdem sie ihr mörderisches Werk vollendet hatten. Aber zuerst würden sie sich mit der kleinen *Serpent* befassen müssen.

»*Und mit uns, ihr Schweine!*«

Er legte ihre kleine Hand auf seinen Schenkel. Sie war warm, als ob sie noch lebte.

Die ersten Kugeln trafen das Flugzeug, und Calvert wußte, daß er schwer verwundet worden war, obwohl er nichts fühlte.

Dann war da nur noch das Nichts.

»Tee, Sir?«

Brooke richtete sich in seinem Stuhl auf und griff in der Dunkelheit nach der Mugg. Er fühlte sich steif und kalt. Ausgebrannt.

Langsam kam er zu sich und blickte sich auf der Brücke um. Das Schiff war in Verteidigungsbereitschaft, seit sie Aberdeen verlassen hatten. Alle Nahbereichswaffen waren besetzt.

Wie bei Trafalgar, dachte er, vor der Schlacht gibt es Essen und saubere Kleidung.

Die *Serpent* hatte nach der *Islip* den Hafen verlassen. Er hatte das Risiko nicht eingehen können, vor Anker liegenzubleiben, nachdem Meldungen über bevorstehende Landungen eingegangen waren, die dann später auch bestätigt wurden.

Es war ein trauriger Augenblick gewesen, als die *Islip* schließlich abgelegt hatte. Sie waren alle entsetzt gewesen über das Ausmaß der Schäden, die ihr feindliche Bomben zugefügt hatten, als sie gestoppt und versucht hatte, Überlebende der torpedierten *Dumbarton* zu bergen. Es waren nur sehr wenige gewesen. Stallybrass war nicht darunter.

Eine Bombe war genau neben der Bordwand der *Islip* explodiert, die andere hatte das Vorschiff getroffen. Die Explosionen und der Splitterhagel hatten beide vorderen Geschütze außer Gefecht gesetzt und zwanzig Männer getötet, andere waren verwundet worden. Ihr Kommandant, der bullige Ralph Tufnell, war gefallen, und sein Erster Offizier hatte übernommen.

Doch der Maschinenraum war in Ordnung, ebenfalls alle Luftabwehrwaffen und das RADAR.

Brooke war einmal an Bord gewesen, um ihnen Glück zu wünschen und ihnen ein paar Karten zu bringen, weil viele der ihren bei dem Angriff zerstört worden waren.

Er hatte Lian nur noch ein Mal gesehen. Mit anderen Frauen stand sie zwischen den Matrosen, die Stahlhelme und Schwimmwesten trugen. Sie hatte ihn durch ein verschlossenes Bullauge angesehen und ihre Hände flach auf das Glas gelegt. Er hatte dasselbe auf der anderen Seite gemacht. Dann war sie zur Seite geschoben worden, und ein Seemann hatte die Panzerblende heruntergeklappt. Danach waren die Befehle zum Ablegen erfolgt.

Die *Islip* war schnell in der Dunkelheit verschwunden. Granville hatte ihm versichert, daß Geleitschiffe sie auf dem letzten Teil der Fahrt schützen würden. Bis nach Batavia auf Java waren es zweitausendzweihundert Meilen Richtung Süden. Die *Islip* konnte das in drei Tagen schaffen, die australische Eskorte würde vorher zu ihr stoßen.

Aber es hatte auch einen Funkspruch gegeben, daß feindliche Zerstörer im Osten operierten. Der Geheimdienstbericht hatte von zweien gesprochen. Einer sollte zur großen *Asasio*-Klasse gehören, der andere erheblich kleiner sein. Es hätte auch eine ganze Flotte sein können. Die Schiffe der *Asasio*-Klasse waren mit sechs 12,7-cm-Kanonen und acht Torpedorohren bestückt. Sollte *Serpent* die beiden nicht aufhalten, würde der kleine Vorsprung der *Islip* nichts nützen. Er dachte an Calvert und fragte sich, was er machte. Er war erstaunt gewesen, als man ihm erzählte, daß sich Sue Yorke geweigert hatte, mit der *Islip* zu fahren. Unsere Wren.

Brooke blickte auf die Haube des Kartentischs und stellte sich Calvert und sein Mädchen vor. Sie wollten heiraten, hatte er gesagt.

Er hatte seinen Männern erklärt, was sie erwarten konnte. Davor hatten sie zugesehen, wie der alte Zerstörer

Thracian Aberdeen verlassen hatte. Er war ihrem Schiff ähnlich, aber weniger gut bewaffnet. Er war schwer beschädigt worden, als er chinesische Dschunken gejagt hatte, auf denen sich japanische Soldaten befanden, die eine Landung versuchen wollten. Die Dschunken hatte er zerstört, sich aber den Boden an Unterwasserfelsen beschädigt. Ohne Bewaffnung und Ausrüstung war er aus Aberdeen ausgelaufen und bei einer kleinen Insel auf Grund gesetzt und aufgegeben worden. Es war ein trauriger Anblick gewesen und ein bitterer Augenblick für die Crew. Aber sein Schicksal schien die Besatzung der *Serpent* nur entschlossener werden zu lassen.

Es war eine erfreuliche Abwechslung gewesen, als Kipling und der Leutnant an der Pier erschienen waren. Sie waren verdreckt, grinsten aber und hatten gewinkt, bevor sie an Bord geklettert waren. Innerhalb weniger Sekunden war ihr Motorrad verschwunden gewesen. Irgend jemand mußte auch noch die Hoffnung haben, entkommen zu können.

Bevor die *Serpent* ausgelaufen war, hatte Granville Brooke mitgeteilt, daß der Gouverneur von Hongkong, Sir Mark Young, in London nochmals um Hilfe gebeten hatte. Er hatte deutlich gemacht, daß die Insel nicht mehr zu halten sein würde, sollte der Feind erst einmal gelandet sein. Churchills Antwort war unnachgiebig gewesen: Widerstand sei zu leisten, *damit der Feind den höchsten Preis an menschlichen Leben und Material erleiden müsse.*

Jetzt, wo die Japaner auf dem North Point standen, konnten sie die Marinewerft von der Höhe aus beschießen und sie zusammen mit der Batterie in Kowloon in ein mörderisches Kreuzfeuer nehmen.

Kerr kam unter der Kartentischhaube hervor und nahm sich eine Mugg heißen Tee. Er war ein guter Wachoffizier, aber es war ungewohnt, nicht Calvert dort zu sehen.

»Es wird bald hell werden, Sir.«

Sie fuhren sehr langsam auf die Nordwestküste von

Lamma Island zu. Die See war schwarz und weit, aber in einer Stunde würden sie die Insel Hongkong wiedersehen und auch Aberdeen, das sie im Dämmerlicht verlassen hatten. Mehr konnte er nicht tun. Hier war es flach, nicht tief genug, um mit einem großen Zerstörer wilde Manöver auszuführen. Wenn sie nahe genug dran waren, würden sie den Feind mit Torpedos angreifen. Sie würden alle vier verschießen – das war die große Stunde des Torpedooffiziers. Er hatte seine Männer für letzte Instruktionen zusammengeholt. Die Torpedorohre hatten keinen Schutz. Es mußte schnell gehen. Der Chief wußte Bescheid. Alle wußten, was sie erwartete.

Für den Lecksicherungstrupp waren zwei neue Helfer an Bord gekommen, zwei Mitglieder der Kapelle der Royal Marines, einer durch einen Bombensplitter am Bein verletzt. Sie hatten versucht, die *Islip* vor dem Auslaufen zu erreichen. Völlig erschöpft, fast im Delirium, waren sie auf das Deck der *Serpent* getorkelt und hatten von den schrecklichen Szenen berichtet, die sie gesehen hatten, als sie an den japanischen Patrouillen vorbei nach Aberdeen geschlichen waren.

Überall lagen Leichen, ein großer Teil der Stadt brannte. Die Japaner waren wie in Ekstase, hatte der Korporal erzählt, sie erschossen, erstachen und enthaupteten Soldaten und Zivilisten. Auch wenn die *Serpent* im kommenden Kampf sinken sollte, würden die beiden Seesoldaten wenigstens unter Gesichtern und Stimmen sein, denen sie vertrauten.

Kerr meldete: »Alle Wasserbomben sind gesichert und dann versenkt worden.« Er zwang sich zu grinsen. »Der Bootsmann meint, der Gewichtsverlust macht das alte Mädchen leicht wie eine Feder.«

Es war besser, die Wasserbomben zu opfern, als daß eine feindliche Granate das ganze Heck wegriß.

Brooke blickte auf seinen Schatten. Wurde es schon heller? *Habe ich Angst vor dem, was kommen wird?*

Er griff in die Tasche und berührte Calverts Victoria Cross, das Bert Kingsmill in einer Schublade gefunden hatte, als er die Kammer seeklar gemacht hatte.

»Es erschien mir nicht richtig, es dort zu lassen, Sir!« Er war sehr betroffen gewesen. Brooke spürte, daß er sich langsam entspannte. Es würde hier nicht viel sicherer sein, dachte er.

»Nummer Eins, Sie wissen, was Sie zu tun haben, sollte hier oben etwas schieflaufen?«

»Jawohl, Sir, kämpfen!« Kerr schluckte schwer. Brooke packte seinen Arm. »Denken Sie an das Schiffsmotto: *Tödlich für den Feind.*«

Er sah das Wasser glitzern. Der Augenblick vor der Dämmerung. Was würde das Licht enthüllen?

Kerr sah auf die Uhr. »Zeit, Sir.«

»Danke, Dick.« Er spürte, daß Kerr ihn anstarrte. »Machen Sie eine Runde im Schiff. Die Männer sollen weitersagen: ›Schiff klar zum Gefecht!‹ Jetzt ist Zeit für ruhige Vorbereitungen, nicht für Hektik. Verklickern Sie ihnen das.«

Aus den Sprachrohren erklang Gemurmel, als die Männer ihre Gefechtsstationen einnahmen. Ein paar letzte wasserdichte Schotte wurden geschlossen. Brooke hörte das Quietschen des großen Entfernungsmessers, mit dem sich Barrington-Purvis samt seinen Leuten auf das Unvermeidliche vorbereiteten.

Wir haben uns alle verändert. Nach allem, was ihm Kipling erzählt hatte, der hochnäsige Leutnant wohl am stärksten.

»Bootsmann am Ruder, Sir. Kurs null-zwei-null liegt an, beide Maschinen sieben-null Umdrehungen.«

Brooke stand auf und griff nach der Rückenlehne seines Stuhls. Er spürte, wie die Vibrationen durch die Arme in seinen Körper geleitet wurden.

Sie waren eins.

»Schiff klar zum Gefecht, Sir!« Kipling klang gelassen, dann fügte er hinzu: »Ich hoffe, daß Toby klarkommt.«

Onslow sprach leise mit seinen Signalgasten und blickte herüber, als Brooke meinte: »Gefechtsflaggen – was halten Sie davon, Yeo?«

»Habt ihr gehört, Jungs? Auf geht's und ein bißchen plötzlich!« Zu Brooke gewandt, sagte er: »Damit werden wir ein tolles Bild abgeben.«

Brooke dachte an seinen Vater. Er würde davon nie mehr etwas erfahren.

Es war schon viel heller, und er konnte Rauch in der Brise riechen. Bald würden sie Land sichten.

»Ein Schiff, Sir, an Backbord voraus!«

Brooke blickte durch sein starkes Fernglas. Es war eine große stattliche Dschunke, die sich majestätisch unter ihren seltsam fremden fledermausartigen Segeln vorwärts bewegte. Sie lief aus, die Heimat hinter sich lassend.

Wieder war Geschützdonner zu hören, eine gnadenlose Beschießung von Menschen, die nicht zurückschlagen konnten. Feuer waren zu erkennen, auflodernde Flammen und Funkenregen, wo die Granaten in der Inselmitte einschlugen. Dort kämpften Männer verbissen um jedes Haus, jedes Zimmer, mit Handgranaten, Gewehr und Bajonett, bis nichts mehr da war, mit dem man kämpfen konnte.

Der Rauch schmeckte bitter, übel. Ein leerer Rumpf trieb vorbei – verlassen. War die Besatzung getötet worden? Niemand konnte die Frage beantworten.

Sie waren auf See, und das Tageslicht bahnte sich seinen Weg durch die Qualmwolken.

Kerr war zurück, er hatte seine Augen überall. »Dort ist Land, Sir. Lamma Island an Steuerbord voraus. Lange kann es nicht mehr dauern.« In seiner Stimme war weder Hoffnung noch Furcht.

Die Sonne ging auf. Rot und Orange waren die Farben, wie die Flammen darunter. Die Back- und die vordere 10,2-cm-Kanone mit den zusammengekauerten Bedienungsmannschaften, die in ihren Brandschutzanzügen wie Mönche aussahen, schälten sich heraus. Das Geschütz war schon geladen. Ein Kanonier wartete mit der nächsten Granate.

Brooke nahm das rote Telefon ab und hörte sofort die Bestätigung des Chiefs.

»Wir nähern uns dem Fahrwasser, Chief. Eine Hand für den König, nicht vergessen!«

Brooke konnte sich vorstellen, wie der Chief über den alten Marinewitz grinste und ihn für seine Heizer und Reiniger wiederholte. Dort unten zählte nur das Ablesen von den Lippen.

Tageslicht. Der Vorhang hob sich. Er blickte wieder durch sein Fernglas und studierte die zerstörten Schiffe, die etwas über drei Mielen entfernt vor Aberdeen lagen. Der Rauch lag dicht und tief, er bedeckte die Hügel und stieg nur langsam in die Höhe.

»Flugzeug, Sir!«

»Alle Kanonen, Achtung!« Das war Barrington-Purvis, scharf und präzise.

Brooke lausche auf das entfernte Brummen der Motoren. Es kam von Steuerbord, vielleicht aus der Repulse Bay.

Kerr rief aus: »Das ist kein Kampfflugzeug, Sir!« Er blickte die anderen gespannt an. »Glauben Sie, daß er es ist, Toby?«

»Flugzeug in grün acht-null, Sir!« Der Ausguck klang verwirrt. »Keine Höhenangabe, es fliegt fast *im* Bach.«

Brooke stellte sein Glas nach und fühlte einen Kloß im Hals, als das schwarze Wasserflugzeug an einem verlassenen Frachter vorbeischoß und dann auf ihn eindrehte.

Kerr rief: »Der Buffer soll ein Kletternetz vorbereiten!« Er schwenkte seine Mütze über dem Kopf. »Er hat's geschafft! Ich wette, er hat unsere Wren auch dabei.«

Brooke schnappte: »Kommando zurück!« Er bewegte das Glas sehr vorsichtig, während das Schiff sanft unter ihm stampfte und rollte. Plötzlich war ihm alles völlig klar. Die Löcher, die silberhell in die Seite und den einen

Flügel gestanzt waren. Einer der Motoren zog eine Rauch-fahne hinter sich her.

Die Männer brüllten und winkten, als das Flugzeug über sie hinwegzog, über die Gefechtsflaggen, die sich leuchtend hell gegen den Himmel abzeichneten. Die Rufe verstummten, als die Männer die Beschädigungen erkannten und nur ein Gesicht im Cockpit sahen. Brooke sah Calverts Arm, der ungewöhnlicherweise in seiner besten Uniformjacke steckte. Er winkte dem Schiff zu. *Mir zu.*

Etwas flog aus seiner Hand und trudelte nach unten auf die See.

Ihr Hut. Also war sie bei ihm. Nun hatte er nichts mehr, wofür es sich zu leben lohnte.

Das Wasserflugzeug drehte wieder ab, und zehn Sekunden später quäkte der Lautsprecher des Artillerieoffiziers: »Schiff! Peilung grün eins-drei-null! Entfernung viertausend Meter!«

Brooke kletterte auf seinen Stuhl. Die drei Kanonen der *Serpent* waren Erbsenschleudern, verglichen mit der Feuerkraft des Feindes. Sie schwangen in die angegebene Peilung herum. Geschütz A direkt vor der Brücke war so weit wie möglich nach achtern gedreht. Er befahl: »Voraus voll!« Er dachte an Peter Barlow und seine geliebten Torpedos. Sollte ein Treffer einschlagen, bevor er sie lancieren konnte, würde das Schiff in der Mitte auseinanderbrechen.

Sie werden denken, daß wir Schutz unter Land suchen. Sie müssen es denken.

Er sah Mündungsfeuer aufblitzen und hörte dann das häßliche Kreischen einer Granate über den Köpfen.

»Steuerbord zehn . . . Recht so! Neuer Kurs null-sechs-null.« Für die Torpedomixer mußte es die Hölle sein. Bis die *Serpent* ihre schnelle Drehung machte, standen sie mit dem Rücken zum Feind.

Zwei weitere Granaten explodierten in der See, eine warf eine Wassersäule auf, die wie ein Eiszapfen aussah.

Splitter schlugen in den Rumpf.

Kerr rief: »Der kleine Zerstörer läuft voraus, Sir!«

Brooke versuchte seine Lippen zu befeuchten, die staubtrocken waren.

Ein Gong klingelt blechern, und aus dem Feuerleitstand schnarrte Barrington-Purvis: »Feuer frei!«

Das Deck schüttelte sich unter drei scharfen Abschüssen, aber es lag so viel Rauch über dem Fahrwasser, daß die Einschläge sonstwo liegen mochten.

»Flugzeug, Sir!« Es war fast ein Aufschrei, dann versagte dem Ausguck die Stimme, als das Wasserflugzeug um ein verankertes Schiff herumgekurvt kam. Es flog so niedrig, daß es fast auf dem Wasser zu surfen schien. Ungläubig blickte Brooke hin, dann traf ihn die Erkenntnis wie ein Schlag in den Magen. »Hart Steuerbord! Torpedoangriff!«

Er wartete nicht darauf, daß sie abgefeuert wurden, sondern kletterte das schräge Deck hinauf, als das Ruder hart überlag und *Serpent* fast eine Pirouette drehte, um den vorderen Zerstörer in das Visier von Podger Barlow zu bringen. Brookes Augen hingen an dem schwarzen Wasserflugzeug. Er wußte, daß es wieder und wieder getroffen wurde, als es hochzog. Auf dem Scheitelpunkt quoll Rauch unter dem Cockpit hervor, und einer der Schwimmer riß ab.

Er hörte sich gebrochen flüstern: »Du verdammter, idiotischer, *tapferer Narr*, Toby.«

Der große Zerstörer schwang herum und präsentierte seine ganze Länge, als das herabstürzende Flugzeug wie eine Bombe auf der oberen Brücke explodierte. Alles stand in Flammen, kleine Gestalten flüchteten voller Panik. Wahrscheinlich glaubten sie an einen voll beladenen Bomber.

Auch der vordere Zerstörer drehte ab. Drei von Barlows Torpedos verfehlten das Ziel, wobei einer an einem Felsen explodierte und der vierte den kleinen Zerstörer an der Backbordseite traf. Eine Wassersäule schoß in die Höhe, aber man hörte kaum eine Explosion. Eine Rauchwolke hing über dem Schiff, das sich schon auf die Seite zu legen begann.

Der Chief würde es hören, es fühlen. Der Torpedo hatte den Maschinen- oder Kesselraum getroffen.

Brooke hörte Barrington-Purvis durch seinen Lautsprecher rufen. »Hoffentlich werden diese Schweine geröstet!« Es klang, als ob er schluchzte.

Brooke packte die Stuhllehnen und sah voll Erstaunen auf den tiefen Schnitt an seinem Handgelenk. Er stieß hervor: »Schadensberichte und Verluste, Dick!« Jemand verband ihm die Wunde, ein anderer rief begeistert: »Der dicke Bursche ist aufgelaufen!« Die Männer, die erwartet hatten, daß sie sterben würden und das akzeptiert hatten, tanzten herum und klopften sich auf die Schultern wie die Verrückten.

Sogar Kipling sah ihn mit so viel Emotionen an, daß er nur einen knappen Satz herausbrachte. »Sie sind unser einziger Verletzter, Sir.«

Sie halfen Brooke wieder in seinen Stuhl. »Bringen Sie sie auf Kurs, Nummer Eins.« Seine Stimme klang formell. »Wir folgen der *Islip*.«

Kerr wischte sich das Gesicht und die Augen mit seinem Ärmel ab, aber er konnte seinen Blick nicht vom Kommandanten lassen, der in die Tasche griff und den Orden hervorholte. *Für Tapferkeit*.

Während die Propeller das Schiff auf den neuen Kurs brachten, stand Brooke auf. Er salutierte nicht, nahm aber die Mütze ab, während er die Rauchsäule betrachtete, die von dem gestrandeten Zerstörer aufstieg.

»Danke, Pilot. Für Tapferkeit. Die oben haben kaum eine Ahnung, was das heißt.«

Bei Sonnenuntergang waren sie immer noch nicht aus der Luft oder von Seestreitkräften angegriffen worden. Aber die *Serpent* ließ die Gefechtsflaggen gesetzt. Sie war alt, aber sie war ein Zerstörer und würde wieder kämpfen, auch wenn sie keine Torpedos mehr hatte.

Nach zwei Tagen ständiger Bereitschaft und Anspannung, während sie von den Wasserbomben und Barlows

Aalen befreit nach Süden brausten, rief Brooke seine Offiziere auf die Brücke. Sie waren müde und unrasiert, weil sie Tag und Nacht auf den Gefechtsstationen gewesen waren. Tee, Rum und Dosenwürstchen. Aber hinter dem Kiel addierten sich die zurückgelegten Meilen, und es gab selbst von den größten Nörglern keine Beschwerden.

»Alle anwesend, Sir.« Kerr konnte sich nicht helfen, er mußte auf den leeren Kartentisch blicken. »Außer einem.«

Brooke sah ihn starr an. *Nicht jetzt, um Himmels willen. Das fehlt mir noch.*

Er räusperte sich. »Ich habe einen Funkspruch bekommen.« Er sah, wie ihre Augen zwischen seinem Gesicht und dem Zettel hin- und herwanderten und war dankbar. »H.M.S. *Islip* hat den Hafen mit den Geleitern gestern abend sicher erreicht. Es hat keine Zwischenfälle gegeben.«

Sie hätten begeistert ›Hoch‹ rufen sollen, wie sie es sonst immer getan hatten. *Sie war in Sicherheit.* Aber sie wußten, daß da noch mehr kam.

Er blickte in die müden, abgespannten Gesichter. Nach diesem Einsatz würden sie wahrscheinlich auseinandergerissen und auf andere Schiffe geschickt werden, wie es bei der Navy üblich war. Er wußte, daß sie alle nicht fortwollten, trotz allen Messegeschwätzes. Es würde nie wieder eine andere *Serpent* geben, wie schon sein Vater gesagt hatte.

Er räusperte sich nochmals. »Ich muß Ihnen mitteilen, daß Hongkong kapituliert hat. Die Admiralität hat bestätigt, daß alle Sendungen von Hongkong Radio eingestellt wurden.«

Er blickte auf das wie mit einem Lineal gezogene Kielwasser zurück.

Er wußte, daß sich die Neuigkeit in Sekundenschnelle im Schiff herumsprechen würde. Das wurde schon deutlich an der Stille, die über dem Deck hing wie der Rauch über der brennenden Insel.

Matrosen sahen betroffen zur Brücke hinauf. Zwischen ihnen stand der Korporal der Seesoldaten.

»Ist der Mann Hornist, Nummer Eins?«

»Jawohl, Sir.«

Brooke beugte sich über das Sprachrohr. »Maschinen stopp!« Zu Onslow fügte er hinzu: »Lassen Sie die Flaggen wegnehmen, bitte. Das Schiff hat gezeigt, was es kann.«

Onslow nickte verstehend.

Der Korporal erschien auf der Brücke, das Horn hing an seiner Hüfte.

»Sir?«

»Heute haben wir viele gute Freunde verloren.« Er dachte an den treibenden Hut der Wren auf dem Wasser. »Spielen Sie bitte den ›Last Post‹.

Dann salutierte er.

Kerr folgte seinem Beispiel, als die vertraute Melodie über den Wellen erklang.

Der letzte Sonnenuntergang. Für die Zurückgebliebenen.

Epilog

Commander Esmond Brooke, D.S.O., D.S.C., Royal Navy, blieb im Schatten des großen Kriegerdenkmals stehen und blickte über den Hafen nach Kowloon hinüber. Es war ein ganz ungewöhnliches Gefühl, so als ob er Hongkong mit den Augen eines Fremden sah.

Auf allen Seiten pulsierte hektischer, lautstarker Verkehr, herrschte die Farbenpracht, an die er sich so gut erinnern konnte. Überall wurde gebaut, viele der Gebäude wurden höher, als er erwartet hatte. Er stellte fest, daß die Chinesen noch immer etwas gegen stählerne Gerüste hatten und weiter ihre gefährlich aussehenden Bambuskonstruktionen benutzten.

Im Hafen lagen wieder so unglaublich viele Schiffe wie vor sechs Jahren, als die *Serpent* hier zum erstenmal eingelaufen war. Sechs Jahre, fast unglaublich. Zwei Jahre war es her, daß die Japaner schließlich kapituliert hatten.

Die Spuren der brutalen japanischen Besatzungsherrschaft waren noch sichtbar, aber es gab auch überall den Aubauwillen von Männern mit Weitsicht, die den Reichtum und das Wachstum der Kolonie fördern wollten.

Er sah auf den kleinen Lotsenkutter, der in das offene Wasser auslief, um wieder einen Frachter oder Tanker hereinzubringen. Vielleicht war es dasselbe Boot, das die *Serpent* durch die Untiefen, die Wracks und versenkten Schiffe geleitet hatte, als sie nach Aberdeen ausgelaufen waren . . .

Er drehte sich um und überschattete seine Augen, um das nüchterne Kriegerdenkmal zu betrachten. Es war eine Kopie des Denkmals von Whitehall. So viele Namen. Es würden noch mehr werden, wenn die Endabrechnung erfolgt war. Er dachte an die Tausende und Abertausende von Männern und Frauen, die jetzt ins Zivilleben entlassen wurden, und deren ganze Jugend aus Krieg bestanden hatte. Es würde für sie eine neue Welt sein. Er lächelte. *Für mich auch.*

Er fuhr erschrocken herum, als eine Abteilung Seeleute vorbeimarschierte und ein Unteroffizier schnarrte: »Die Augen rechts!«

Er war also nicht unsichtbar. Er erwiderte den Gruß und war fast überrascht, nach all den langen Monaten auf dem Atlantik seinen weißen Ärmel zu sehen. Man hatte ihm eine brandneue Fregatte anvertraut, und er hatte seine alte *Serpent* abgegeben.

Auch sie war in den Atlantik zurückgekehrt, aber er hatte sie nie wiedergesehen. Es schien, als würde sie darauf bestehen, daß es so blieb. Alle bekannten Gesichter waren auf andere Schiffe verteilt worden, nur Chief Ian Cusack, der Gnom, war bis zum Ende an Bord geblieben.

Ein glückhaftes Schiff, während viele andere Schiffe, die stärker und neuer waren, zerstört wurden. *Serpent* hatte überlebt.

Aber 1945, zwei Monate vor dem Kriegsende in Europa, hatte das legendäre Glück auch die *Serpent* verlassen. Irgendwo östlich von St. John, Neufundland, als sie vom Konvoi abgestellt worden war, um nach Überlebenden zu suchen, war sie torpediert worden. Es hatte niemand überlebt.

Eine kurze Meldung in den Radionachrichten mit dem üblichen Satz: »Die nächsten Angehörigen sind benachrichtigt worden.«

Also war der Chief auch da bei ihr gewesen. Er war es noch.

Kerr war befördert worden und hatte eine Korvette bekommen. Trotzdem hatte er es geschafft, zur Hochzeit nach Portsmouth in die Kathedrale zu kommen. Sogar Kipling war dagewesen, zerknautscht wie immer, aber er hatte über das ganze Gesicht gegrinst, als er Lian den Arm reichte. Brooke war unter den erhobenen Degen hindurchgegangen. Zwei Passanten waren stehengeblieben, um zuzusehen: ein junger Leutnant und eine noch jüngere Wren.

Einen Augenblick lang spürte er, wie sich der Druck ihrer Hand verstärkte. *Das hätten Sue und Toby sein können.* Als er wieder hinblickte, waren sie verschwunden.

Brooke ging ans Ufer und sah den Traktoren und Bulldozern zu, die hart arbeiteten, um neues Land zu gewinnen und die Narben des Krieges zu beseitigen.

Er blickte auf die Uhr. Sie würde oben auf dem Peak bei ihrer Schwester Camille sein. Das große Haus oder besser, was davon übrig war, sollte verkauft werden. Für den Erlös wollte man an das Hospital einen neuen Flügel anbauen. Camille sollte hier Chefarzt und und Verwalter werden.

Wie viele andere auch, die unter der japanischen Besatzung gelebt hatten, war Camille in sich gekehrt und auch ihrer Schwester gegenüber distanziert. Brooke konnte sich nicht vorstellen, was sie erduldet hatte. Aber er vermutete, daß das Hospital ihre Therapie war. Ihr amerikanischer Ehemann Harry war interniert worden. Er hatte dort für die kranken und ausgezehrten Gefangenen gesorgt, so gut er das ohne Medikamente und ausreichendes Essen konnte. Schließlich war er an Beriberi gestorben, einer der Mangelkrankheiten, die er im Fernen Osten hatte studieren wollen.

Brooke drehte sich um, um weitere Ehrenbezeigungen von vorbeilaufenden Seeleuten zu vermeiden. In sechs Monaten würde er hier fortgehen. Die Navy verlassen. Früher hatte er diese Aussicht gefürchtet, jetzt konnte er es kaum erwarten. Aber ein Landkommando in Hongkong war etwas anderes. Lian war bei ihm. Keine Trennungen mehr. Keine tapferen Abschiedsszenen.

Dann zurück nach England. Ein Freund hatte angemerkt: *England wird nie wieder sein wie früher, aber zumindest gehört es uns.*

Ein Blick auf die Uhr. Sie kam, er spürte es.

Er ging die Straße hinunter und blieb schließlich vor dem imposanten Gebäude der Hongkong und Shanghai Bank stehen.

Er fühlte sich plötzlich unsicher, nervös. Vielleicht hatte die Rückkehr sie nach so langer Zeit umgestimmt?

Er hörte, daß ein Taxi anhielt. Er ging hin, um sie in Empfang zu nehmen. Sie trug einen weißen Anzug. Ihr Haar war offen, weil sie wußte, daß er es so liebte. Sie schaute ihn an. Neben ihr stand ihre Tochter Charlotte und hielt ihre Hand. Es war die Miniaturausgabe der schönen Frau, die auf ihren geliebten Mann wartete.

»Du bist früh dran. Ich wußte es«, sagte sie gelassen.

»Ging alles glatt, Lian?«

Sie berührte seinen Arm und nickte ernst. »Du solltest dir keine Gedanken machen, Es-mond. England ist jetzt meine Heimat.« Sie blickte auf die geschäftige Straße. »Aber das hier wird immer mein Vaterland bleiben.« Sie lächelte. »Komm jetzt.« Sie nahmen das Kind in die Mitte und betraten zusammen einen kleinen grünen Garten. In einer Ecke stand ein schlichtes steinernes Denkmal mit einem sandgefüllten Messingkessel für Räucherstäbchen davor. Auch Blumen lagen dort, einige waren frisch, andere in der Sonne vertrocknet.

Schweigend standen sie vor der Bronzeplatte und erinnerten sich. Die Inschrift war in Englisch und Chinesisch verfaßt.

Zum Gedenken an Charles Yeung, einen Patrioten, der gestorben ist, damit andere leben konnten. Unter der japanischen Besatzung riskierte er alles, um seinen Mitbürgern in Hongkong zu helfen.

Schließlich wurde er verraten und von der japanischen Militärpolizei verhaftet, die ihn sechs Tage lang folterte. Danach starb er.

Mögen sein Mut, seine Stärke und seine Prinzipien ewig leben.

Brooke hob seine Tochter in die Höhe und führte ihre Hand über die Inschrift, während Lian Orchideenblüten in eine der Schalen legte. Sie verbeugte sich kurz. Er wußte, daß sie betete. Dann stellte sie sich neben sie und flüsterte: »Du siehst, mein Vater, wir sind zurückgekommen.«

Brooke hörte ihn fast lachen. Yeung hätte es gefallen.

Zusammen gingen sie auf die Straße zurück, und Hongkong nahm sie mit offenen Armen auf.